# 日本の敬語論

ポライトネス理論からの再検討

滝浦真人

大修館書店

語用論とは、相対的な距離の表現についての研究である。

(George Yule, *Pragmatics*. p. 3)

# はじめに

本書の主題は、「敬語とは何か?」という問いそのものである。この問いに対する答えは時代の中で変遷してきた。一面それは、敬語自体の性格が時代によって変化してきたことの反映でもあるだろう。だがそれ以上に、敬語像の変遷は、敬語についての論が時代の要請を受けやすいものだったことの方をより強く反映しているように思われる。敬語像なしの論は構築しえないが、日本の敬語研究においては敬語論の構えが「敬語とは何か?」の答えと直接に結びつく。ならば、敬語と同時に敬語論が考察されなければならない。『日本の敬語論』というタイトルを冠した所以である。

本書はそうした観点から、敬語研究の思想史的捉え直しをおこない、現在に至る敬語論の構えを確認しながら、敬語論の現在と今後がどう展望され得るかを素描しようとする試みである。やや長くなるが、あらかじめ、本書が問題にする論点とその背景事情について見ておこう。

明治時代半ば、まもなく二〇世紀を迎えようというころになって、体系としての敬語がにわかに学問研究の対象となる。それは、前時代にあっては身分制社会システムの言語的現れだったものが、身分制の終焉による社会的変動の中で対象化され意識されるようになったことの結果でもあるだろう。しかし「敬語」は、初期敬語論においてすでに〝日本の誇り〟として描かれている。明治半ばとは、「国民国家日本」の建設が加速し、「国語」の必要が説かれ始めた時代である。「敬語」とは、「国民国家」を支える「国語」の精神的アイデンティティーとして見出された対象であった。

ただし、敬語研究には前史があった。外国人宣教師たちが日本語の敬語について詳細な記述を残していたからである。なかでもロドリゲスのものはきわめて水準が高い。彼らは日本社会の外部者として、いわば人類学者のごとく日本社会と日本語を丸ごと鳥瞰することを得た。そして敬語をコミュニケーションのシステムとして抽出し記述した。明治に入っても、外国人教師たちは同様の外部的視線をもってこのシステムを捉えた。たとえばチェンバレンの記述はロドリゲスと同様の視線で書かれている。

この前史における財産は、明治に始まる敬語研究に受け継がれなかった。それは初期敬語論者たちが、西洋という彼岸から此岸を見る視線を拒絶し、日本語の内部にあって日本語の〝本質〟を語り出すことを強く欲望したからである。彼らの目にロドリゲスやチェンバレンの記述が〝オリエンタリズム〟の言説として映ったとしても不思議はないし、彼らの営為が自らの言葉で自分を語るという積極的行為であったことも事実だろう。しかし、彼らがあくまで〝西洋に伍してゆく非西洋〟としての日本と日本語を語ろうとしたとき、その言説もまた内部への閉塞を生んでゆく。敬語は、あるいは言霊の幸う国の象徴となり、あるいは日本的推譲の美風や君臣相和する親愛の情の結晶として語られることになる。そうしてロドリゲスらの仕事は、日本の敬語論に接続されることなく放棄される。

初期敬語研究を担った人々——三橋要也、山田孝雄、あるいは松下大三郎ら——は、いずれも国学の流れに属する人物であり、その意味ではこうしたありようを国学的閉塞と見ることもできるだろう。実際、明治半ばにヨーロッパに留学し、彼ら〝国学派〟とは一線を画していた上田万年は、敬語研究自体を評価しなかった。また、続く世代の中には、時枝誠記や三上章といった根本的批判者たちも現れた。しかし、山田において獲得された敬語研究の基本的な構えは、現在に至ってなお影響力を保ち続けているように見える。その構えとは「敬語は敬意の表現である」というスタンスであり、そのもとでは、敬語の本質は発話主体の〝心〟の表現としての敬意に求められる。本書ではこれを〈敬意〉の敬語論と呼び、その系譜を三橋、山田、さらに戦後の代表的敬語観をつくった金田一京助らを中心に論じてゆく。

これに、敬語を人間関係についての認識の表現と見る、時枝に代表される立場が対立する。本書ではこれを〈関係認識〉の敬語論と呼び、その系譜としてロドリゲス、チェンバレン、時枝、三上らの議論を検討してゆく。時枝や三上がロドリゲスやチェンバレンを踏襲したわけではないが、彼らの議論は日本語敬語の「相対敬語性」への着目という点で一つに収斂する。相対敬語においては、話し手・聞き手・言及される人物という三者間の人間関係の中で敬語使用が変動し、とりわけ聞き手が誰であるかが鍵を握る。そこに着目することは、言及される人物に対して話し手自身が抱く「尊敬感情」としての敬意とその人物について言語的に表現される敬意とを分離したうえで、後者を話し手による〈関係認識〉の表現として記述してゆくことを意味する。敬語の説明原理を話し手の内なる敬意に求める〈敬意〉の敬語論の枠組みは、この相対敬語に対して有効な説明を与えることができない。しかし、〈関係認識〉の敬語論もまた端的な敬意否定論と受け取られ、それに対する拒絶反応から核心部分が理解されなかった。

第Ⅰ部では、明治以降の敬語研究史とその前史を、こうした〈敬意〉と〈関係認識〉の相克の歴史として思想史的に描き出す。その作業は、〈敬意〉の敬語論が明治以来一貫して敬語論の主流であり続けたことの背景要因を確認すると同時に、〈関係認識〉の敬語論がもっていた可能性を改めて取り出す試みとなるだろう。

山田らの〈敬意〉と時枝らの〈関係認識〉の対立は、主体の敬意とシステムとしての敬語との対立と見ることもできる。人は制度に従いながら主体的に行為する。敬語においても同じことで、人は敬語というシステムの中で、相手や言及される人物との関係を主体的に表現しようとする。〈敬意〉の敬語論は、発話主体の主体性において敬語を見ようとした——ただしその主体はいわばユートピア的な主体だった。〈関係認識〉の敬語論は、人が敬語を用いて発話するときに依拠する使用原則と、発話されたときに敬語が表示する機能的意味とに目を向けた——それは主体なき関係論に見えた。こう考えるならば、二つの立場の対立は、敬語を用いて発話するという行為全体のどこに光を当てるかの相違に起因すると見ることができよう。

この点に関して本書は、二つの敬語論を各々検討に付すだけでなく、この対立を含んだ平面自体を更新する道を探りたいと思う。システムと表現すべき人間関係とに規定される〝選ばされる〟ものとしての敬語と、表現しうる人間関係を遂行的に構築する〝選びとる〟ものとしての敬語を、ともに論じることのできるような議論の平面が必要だと考えるからである。

それにはブラウン&レヴィンソンによって立てられた「ポライトネス理論」の構えが有効だろう。この理論は、背景の一方の極を人類学的なタブーと儀礼についての理論に置き、あいだに対人関係の社会学を挟みながら、もう一方の極を、発話の意味と発話者の意味との創造的不一致を扱う語用論に置く。タブーや儀礼は、人が社会的に行為する際に依拠し、また、人がおこなった行為に対して意味付与をするシステムの一部である。他方、語用論は、意味を超えた意図のコミュニケーションを問題にする。それゆえ、このポライトネスの平面は、敬語の意味論に加え、敬語の語用論の可能性をも開いてくれるように思われるからである。

しばしば誤解されているが、この理論は、人がコミュニケーション行為をするときの従うべき「規則」を取り出そうとするものではないし、あるいはまた、人が人間関係の円滑化を図ろうとして「戦略」的に用いる手段のリストを提示しようとするものでもない。コミュニケーションは、社会システムと言語システムによって拘束される受動性と、発話者が意図に基づいて行為する能動性との両面によって構成され、しかもこの二つの面は実際に発話され解釈される言葉において色分けされていない。ポライトネスの理論はこの認識の上に立って、選ばされつつ選びとるものとしてのコミュニケーション行為を「ポライトであること」を軸に捉えようとする。

では「ポライトネス」とは何だろうか？　鍵となるのは、聖なるものに対する二様の態度の取り方、すなわち、距離を置くことと距離を詰めることである。社会学者のデュルケームやゴフマンによって展開させられたこの考え方からすれば、ポライトネス理論とは端的に対人的な〈距離〉の理論となる。そこから敬語の機能を考えれば、相手を上または遠くに置き、直接の指示を回避しようとする敬語は、典型的な距離化の表現である。他方、相手を上にも遠くにも置かず、直接の指示を厭わない非敬語の表現は、相手との間に距離を置かない脱距離化の表現として機能する。この枠組みにおいて、敬語の使用は、対象人物との間に距離があること・距離を置きたいことを表現する行為であり、敬語の不使用は、距離がないこと・距離を置きたくないことを表現する行為である。

こうして敬語はポライトネスの部分となり、敬語論をポライトネス論へと接続してゆくことができるだろう。さらにいえば、〈距離〉という尺度を得ることで、敬語以外の手段でも、距離化と脱距離化の機能を果たすものであればポライトネスの観点から捉えることが可能となる――たとえば呼称の問題系などがその典型であろう。第II部は、ポライトネス理論を〈距離〉の理論として位置づけ直し、その視界の中で敬語論とポライトネス論とを接続しようとする試みである。

〈敬意〉と〈関係認識〉の対立には仲裁者たちも現れた。しかしその仲裁には、敬語論のイデオロギー性が微妙に影響することになる。後世の研究者たちは初期敬語論のイデオロギー的側面を捨象し、テクニカルな主張の部分のみを「科学的」に扱おうとしてきたように見える。だが、「敬語」が初めから〃日本の誇り〃として語られ出した事実を思い起こすとき、整然とした装いの整合を保つために加えられたさまざまな力を見極めることは、「言語学」的な議論にとっても必要なことではないだろうか。

その典型と思われるのが、山田孝雄を提唱者とする「人称説」である。日本語にはヨーロッパ系言語のような人称代名詞が存在せず、主述間での人称の一致も見られない。しかし山田は、使用される敬語の種類によって人称が暗示される現象をもって、ヨーロッパ諸言語の人称と同等の「文法的」機能であると主張した。この点でも山田と時枝は対立するが、この対立は山田の説を洗練させる方向で〃仲裁〃され、時枝の説は結局のところ放擲される。ところが、この学史的な対立を再検討してみると、山田の論の強引さと強いイデオロギー性が見えてくるとともに、人称説という説の根拠自体の脆弱さが明らかになる。一方、時枝の主張は現在いうところの「語用論的」観点に近かった。本書は、真の調停は「敬語の語用論」のうちにあるという主張をすることになろう。

相対敬語としての日本語敬語のシステムでは、敬語の使用／不使用を決める〈視点〉の位置が決定的である。視点を話し手から切り離し、そこから見える人間関係を〈距離〉の関係として表現する。その距離は量的なものではなく、関与する諸人物を〃ウチ〃的な関係と〃ソト〃的な関係とに振り分ける線引きの仕方において表現される。つまり、敬語の使用は対象人物がソト的な関係の中に置かれることを表示するのであり、それゆえ、ある人物に敬語を用いることは、他のウチ的な関係に置かれた人物に敬語を用いないこととつねに表裏をなす。

こうした観点から、第III部では〈視点〉と〈距離〉による敬語の語用論を提案する。そこでは、久野暲によって提唱された視点と共感度の理論が援用される。そのつどの敬語の使用／不使用それ自体が人間関係をソトとウチとに振り分ける言語行為であると捉えることによって、敬語の意味論のみならず、話し手が語用論的に表現しようとした〝含み〟をも説明的に記述できるはずである。

第III部の議論は、本書の中で最も「言語学的」であり、言語学に不慣れな読者には少し読みにくさがあるかもしれない。だが筆者としては、本書の最後に提示される小さな理論化の試みが、ポライトネス論に接続された敬語論の一つの姿であることを示したいと考えた。それはまた、敬語の思想史の中で継がれてこなかったものたちの接続の結果でもある。

# ▼目次▲

《凡　例》

・文献の引用に際して、旧字体の漢字は新字体に改めた。旧仮名遣いについては、特殊なもの以外はそのままとした。

・引用中、適宜読み仮名を振った。原著ですでに振られていた読み仮名があって、補った読み仮名と区別したい場合には、原著のものを片仮名で、補ったものを平仮名で表記した。

・引用中、〔　〕で括った部分は引用者（滝浦）による補足である。

・引用の出所について、たとえば「時枝［一九三八／一九八〇］三三五頁」のように表記している場合、頁数は年の新しい方の版や論文の所収本によるものである。

・欧文文献の引用中、ibid.とあるのは「同上書」または「同上箇所」のことである。

・文例（用例）について、語用論的に不適切なものには＊印を、特殊な文脈では適切だが通常は不適切なものには??印を、不適切というほどではないが不自然さが残るものには?印を、それぞれ文頭に付した。

# 日本の敬語論

――ポライトネス理論からの再検討

# I

# 敬語の思想史

## ――〈敬意〉と〈関係認識〉の相克

# 1 システムの鳥瞰者たち——ロドリゲスとチェンバレン

## ▼継がれなかった前史

敬語が一つの語彙範疇として「敬語」という輪郭を与えられ、個々の語法を超えた体系的次元で捉えられるようになるのは、十九世紀末つまり明治も半ば以降のことである。このことは、敬語研究という営みが百年と少しの歴史しかもっていない事実を意味する。(1) 第I部ではその敬語研究の営みについて検討をする。この百年あまりの敬語研究は、そこに継がれなかった前史をもっている。その前史をたどることから始めよう。敬語研究が置き去りにしたものを確認することは、敬語研究の現在をも照らし出すことになるだろう。

日本語敬語の体系的な記述は明治のはるか以前に存在していた。一六～一七世紀にかけて日本を訪れた宣教師たちが幾冊かの日本語文法書を残しており、なかでも、江戸時代初頭にイエズス会士ロドリゲスが著した『日本大文典』には、質量ともに抜きんでた敬語の記述が含まれている。一九世紀末と一七世紀初頭、そこにはほぼ三百年のタイム・ラグがある。

宣教師たちの仕事はポルトガル語（やスペイン語）で書かれていたために、明治以降の研究史にほとんど継承されなかった。「キリシタン語学」の成果がまとまった形で紹介されるのは一九四二

［昭和一七］年の土井忠生『吉利支丹語学の研究』によってであり、それ以前には、一部の研究者には存在を知られていても実際に読まれるには至らなかった。さらに、紹介された後も、その水準の高さに対する感嘆は示されても、実質において受容されることはなかった。すでに半世紀が経過していた敬語研究とは関心のありかが決定的に異なっていたからである（詳しくは次章で検討する）。

　このことは、先駆的研究が人知れず埋もれてゆくという、ある意味ではありふれた事態にすぎなかったとも見える。しかも、宣教師たちの研究は本部への報告と後続の宣教師たちの教育用に書かれたものであり、また、ロドリゲス『日本大文典』の伝本はイギリスの二箇所に一揃いずつ現存するのみというのであれば（土井［一九四二／一九七一］三六頁）、それが孤立的な位置にとどまったのも無理からぬことではある。しかしながら、明治期に敬語研究のきっかけを作ったB・H・チェンバレンがロドリゲスを読んでいたとなれば、事情は少々変わってくるのではないだろうか。彼は一八八六［明治一九］年から「帝国大学」の教師を務めており、その講義を通じて弟子たちもまたロドリゲスを知っていた。

　チェンバレン[2]は、一八八七［明治二〇］年一〇月の「日本亜細亜協会」における発表で、数ヶ月前にパリの「海外伝導会」所蔵の写本を精読する（peruse）機会を得たと述べている（同、九七-九八頁）。そしてその発表からちょうど一年後の一八八八［明治二一］年一〇月に、*A Handbook of Colloquial Japanese*（通称『日本語口語便覧』［英文］）をロンドンと東京で刊行する。チェンバレンの弟子であり、のちに日本人で初めて言語学の講座を担当することになる上田万年も、ヨーロッパ留学の直前に書いた文章「欧米人の日本言語学に対する事跡の一二」で、「我がチャンバレン氏」と師を讃えながらロドリゲスの業績を紹介している（上田［一八九〇／一九六八］一八五-一八六、一八八頁）。このように、ロドリゲスの名と彼の残した財産は、チェンバレンを介して、たしかに知られていた。とすると、ロドリゲスが敬語研究の主軸に受け継がれてゆかなかった原因は、単に三百年のタイム・ラグではない何かにあったと言うべきだろう。

その経緯は次章で見ることにして、本章ではロドリゲスとチェンバレンの敬語論の内容を確認しておく。チェンバレンの『日本語口語便覧』にロドリゲスの名前が登場するわけではない。しかし、独立の一章として書かれた「敬語（Honorifics）」の章頭近くで述べられる敬語使用の条件は、以下で見るように十分ロドリゲス的である。[3] もし、明治中期に始まる日本の敬語研究がこのチェンバレンを受け継いでいれば、それはロドリゲスの基本的な見方を受け継ぐことになったはずだし、そうなればその後の道行きも異なったものになっただろう。日本の初期敬語論はロドリゲスを受け継がなかったというよりも、同時代のチェンバレンの何かを受け継がなかった。

### ▼チェンバレンの“使用条件”

ロドリゲスとチェンバレンに共通するのは、敬語を〈使用〉の観点、すなわち、敬語がいかなる場合にいかに用いられ、いかなる場合に用いられないか、という点から見たことである。『日本大文典』も『日本語口語便覧』も実用的な語学書としての側面を合わせもっていたから、〈使用〉を一つの軸として据えることはむしろ当然であり、使用基準抜きに「敬語」という道具を説明することの方が不自然だっただろう。すくなくともこのことは、日本語を対象化して捉える視線にとっては、敬語の使用基準を解明することがそのまま日本語敬語の核心に触れる意味をもっていたということを示している。のちに論じるように、敬語を内面的な〝心〟の表現と見る論者たちは、敬語の使用条件の問題を決して取り上げなかった。この点で両者ははっきりとした対照をなす。

ここではまず、敬語の使用条件が簡潔に整理されているチェンバレンの方から見てみよう。チェンバレンは、敬語の使用条件として四つの点を挙げている（実質的な条件となるのは一〜三の部分である）。そのままつぎに訳出する。（Chamberlain［1888/1889］sec. 393より。なお、引用中、第二版で新たに書き加えられた箇所を［　］で括って示す。）

三九三節　敬語の使用は、四つの主な条件が指針となる。それは以下の通りである。

一　尊敬形（honorific forms）は、聞き手の動作や所有物について語る際に用いられる。それに対し、軽卑形［ないし謙譲形］（depreciatory［or humble forms］）は、自分自身のことについて語る際に用いられる。言い換えれば、我々なら一人称で表すだろうものは自己卑下的（self-depreciatory）となり、二人称で表すだろうものは賛辞的（complimentary）となるのである。

二　その他の人（我々なら三人称と呼ぶであろうもの）について語る際には、敬語は、その話題の人物が、話し相手よりも地位が上である場合か、または、その人物がその場にいて、目上でなくても、すくなくとも対等である［か、礼儀上そう見なされる］場合に限って用いられる。

三　敬語の使用には、話し相手や話題の人物に対して払おうとする敬意の多少に応じた度合いが存在する。

四　敬語は、原義を失って、単なる丁寧な話体の標識へと沈下する傾向がある。ときに、完全に無意味となることもある。

このうち、条件一は、その後の敬語論に受け継がれた（ただし、［Ⅲ-1］で見るように、西洋語の人称と結びつける形で過剰に受け継がれた）。逆に、最も受け継がれなかったのが、条件二である。条件二が重要なのは、単にそれが「話題の人物」の地位を敬語使用の要件として挙げているからではない。とくに、「話題の人物」の地位を「話し手」との関係において問題にしているのではないという点を忘れてはならない。それは、「話題の人物」の地位を、「話し相手〔＝聞き手〕よりも地位が上である場合か、……」という具合に、「聞き手」との相対的な位置関係において取り上げている点でこそ重要なのである。後世の用語で言えば、話し手から見て敬うべき（目上の）人物をすべて敬語的上位として待遇するシステムは「絶対敬語」と呼ばれ、それに対して、聞き手と登場人物との人間関係に応じて敬語の使用／不使用が変動するシステムは「相対敬語」と呼ばれる。チェンバレンは、日本語敬語をまさしくその相対敬語性において捉えていた(4)。

日本語敬語の「相対敬語」性が語られるとき、〝相手によって敬語の使い方が変わる〟というほどの意味で用いられることは少なくないが、それで表されるのは事の半面だけであることに注意しよう。相手によって使い方が変わるだけのことならば、話し手の目から見れば聞き手の位置はそのつど決まっているのであり、そのかぎりにおいて基準は「絶対的」であるとさえ言うことができる。敬語の使用が「相対的」なのは、「話題の人物」と「聞き手」との相対的な位置関係次第で敬語の使用／不使用が分かれるからなのであり、言い換えれば、「相手＝聞き手」の位置が決まっているだけでは敬語の使用を決定づける十分条件にはならないからである。

チェンバレンの挙げる条件二は、このように日本語の敬語使用にとってきわめて重要な一点を突いたものだった。だが、その後の敬語論の流れの中では、五〇余年ののちに時枝誠記や三上章が同様のことを主張するまでの間、完全に等閑視され続けることになる。

### ▼ロドリゲスの敬語論

チェンバレンの基本的スタンスは、条件一〜三のすべてにわたってロドリゲスと合致している。条件一は、日本語敬語の体系が「尊敬（honorific）／謙譲（humble）」の二範疇を基本とすることを述べたものであり(5)、条件三は、条件一に対する注釈的な位置にあると見て差し支えないだろう。

これらの点にさきの条件二を合わせたものは、ロドリゲスが詳細に記述した敬語の使用原則のほとんど要約として読むことができる。

ロドリゲス(6)の通称『日本大文典』(João Rodriguez, *Arte da Lingoa de Iapam*)は、江戸時代最初頭の一六〇四-〇八［慶長九-一三］年にかけて長崎のセミナリオ（長崎学林）で刊行された。全体で五〇〇頁近い大部な三巻本の中で、約二〇頁がもっぱら敬語の説明に割かれており、豊富な具体例とともに敬語の分類と使用原則が説かれている。以下、その特徴を、チェンバレンとも対応させながら眺めてみることにしよう。

まず、敬語の基本的分類について、ロドリゲスは、「敬語動詞」と「謙語動詞」の用法を説明した一節で次のように述べる。

○この国語には、尊敬の助辞を伴はなくてその語の性質上それ自身に一定の敬意を含むいくつかの動詞がある。それらは尊敬せられる第二人称及び第三人称に対してのみ使はれる。

それとは別の動詞で、一定の丁寧と謙遜の意を持ったものがあって、目下の者から目上の人に対して使はれる。これらはその語を使って話す場合の話し対手なりその座に居る人なりに敬意を払ひ、かかる動詞の示す動作をする者又はその語を使って話す者を卑下させるのである。

（一六四丁裏［ロドリゲス（土井訳註）一九五五、五九〇頁］）

いうまでもなく、「敬語動詞」と「謙語動詞」という分け方自体がすでに、「尊敬（honra）／謙譲

(humildade)」という対立的な二範疇を基本としていることの反映である。さきのチェンバレンの条件一において、「謙譲（humble)」の語が「軽卑（depreciatory)」の言い換えとして第二版で加筆されていた点は、このロドリゲスとの関係を考える上で示唆的である。また、「丁寧（cortesia)」という語は、他の箇所でも「謙譲」と明確に区別しては用いられておらず、ロドリゲスの分類も基本的には二分法的スタンスである。(これは、いわゆる「丁寧語」の発達が室町時代以降本格化するものであることを考えれば、むしろ自然なことである。)

さきの条件二に相当する点、すなわち、待遇関係を規定する要件については、まず総論的に、話し手・聞き手・同席者・話題のすべてが関与することが強調される。「同席者」まで考慮に入れた敬語論は、他にほとんど類例を見ない点で特筆に値する。

○この国語の〔……〕敬語は、誰が話すか、誰に向かって、誰の前で、又どんな事柄に就いて話されるかといふことのすべてが必要な条件なので、〔……〕常にそれらの点に考慮を払ひながら論ずることができる。(一五八丁表［同、五六八頁］)

日本語敬語の相対敬語的性格についても、ロドリゲスは関与要素を様々に操作しながら、敬語の使用が要素間の相対的な関係によってしか決まらないことを、いくつもの「附則」によって具体的に説明する。それらの「附則」をさらに一般化して定式化するといったことはなされていないが、あらためて全体を眺め渡してみれば、ロドリゲスの視点が、話し手・聞き手・同席者・話題の人物のどこに最上位者がいるか？

に合わされ、その変動に伴う聞き手との相対的位置関係の変化が焦点となっていたことがわかる。

○尊敬すべき人に向かって、召使が主人の事を話すとか、子供が親の事を話すとか、妻が夫の事を話すとか、又その反対に夫が妻の事を話すとか、又近親の一方が他の者の事を話すとかする場合には、卑下の助辞 Marasuru（まらする）との複合動詞か謙語動詞かを使ふのが最も普通である。その言ひ方では話す対手の人を尊敬して、その動詞の示す動作をする者を卑下させるのである。例へば、〔……〕（有馬修理申しまするは、先日った〔xenjitta〕御懇ろのお使かたじけなうござる）（二六七丁裏〔同、六〇〇頁〕）

ここでは、いわゆる「身内敬語」の抑制に関する事柄が述べられている。(7) ロドリゲスは「身内」というカテゴリーをとくには立てておらず、この場合は最上位者が「聞き手」であることになるので「話題の人物」に対する敬語は抑えられる（引用中の例でいえば、話し手の主人のことを「有馬修理申しまするは」と尊敬語を用いず表現する）という一般的性質から説明を導き出している。(8)

最上位者が「同席者」である場合も、通事としてのロドリゲスの仕事からすれば重要性が高いのは当然である。

○他人の言ったこととか言ひ附けとかを伝へる場合に、尊敬すべき人からの言ひ附けをその人の言った通りの一語一語そのままに伝へるのであると、常に話し対手《あいて》の地位を考慮して、それに応じた丁寧さの高い語か低い語かを使ひ、更に尊敬すべき人の前で話すのであれば、その人に対して払ふべき敬意の度合に応じて、ある卑下の助辞か言ふといふ意味の敬語動詞かを用ゐて文末を結ぶのである。（一六七丁裏〔同、六〇〇頁〕）

最上位者が「聞き手」であれば聞き手に敬意を払い、最上位者が「同席者」であれば、同席者の方に配慮して「聞き手」に対する敬語は多かれ少なかれ抑制される、というわけである。

「話題の人物」が複数いて、それらの人物間に上下の関係が存在する場合というのも、敬語の使用に細心の注意が求められる典型的なケースと言えよう。

○尊敬に値する人に就いて話す場合に、他の極めて貴い方の事が話の中に入ってくると、貴さの程度の低い人に就いて話すのには、一層貴い方への敬意を示してMarasuru（まらする）を使ひ、又既に述べたやうにMarasuru（まらする）に尊敬の助辞Rare（られ）なりVo（お）の先行したAri（あり）なりを添へることができる。デウスに対してわが主とか聖徒とかを語り、天子に対して貴族のことを語る場合などがそれである。例へば、〔……〕（サンタ・マリヤは御主ゼズ・キリシトを度々抱き参らせられた。）（一六三丁裏〔同、五八五―六頁〕）

○助辞Marasuru（まらする）に就いて述べたと同じやうに、二人の人に就いて話すのに、共に尊敬に値する人々で、一方が他方よりも多く尊敬せられるべき場合には、少しく劣るけれどもこの助辞〔＝「奉る」〕に敬語のRare（られ）、又は、Tamǒ（給ふ）を添へたものを使ふ。例へば、〔……〕（サンタ・マリヤはゼズ・キリシトを抱き奉り給ふ。）

（一六四丁表〔同、五六七頁〕）

マリヤもキリストも当然ともに貴い存在であるけれども、前者を後者より上位に遇することはできない。それゆえ、

「サンタ・マリヤは御主ゼズ・キリシトを度々抱き参らせられた。」

「サンタ・マリヤはゼズ・キリシトを抱き奉り給ふ。」

において、「参らせ」や「奉り」の語によってキリストがより上位であることを明示しつつ、同時に「られ」や「給ふ」によって、マリヤもまた尊敬に値することが示されるのである。

チェンバレンの条件三に相当するような、「敬意の度合い」に関する記述が多いことも、ロドリゲス敬語論の一つの特徴と言える。一つだけ例を挙げておく。

○同輩とか少しく目下に当る者とかでそこに居ない者に就いて話す場合、又従属関係はないが尊敬すべき人でそこに居ない人に就いて話す場合には、Yomareta（読まれた）、Cacaruru（書かるる）、Mǒsaruru（申さるる）などの如く、与へ得る最低の敬意を示すRaruru（らる

る）を使ふか、Xineta（死ねた）、Xinaximatta（死なしまった）などを使ふかする。

（一六七丁裏［同、六〇〇頁］）

この記述からは、現代語における程度の軽い敬語「れる・られる」の使用と類似の状況が、ロドリゲスの時代にもそう変わらぬものとして存在していたことが窺われる。とりあえず確かなことは、敬語の使用が社会言語学的大原則と語用論的グラデーションとの両方を併せもつものであることを、通事ロドリゲスが柔軟かつ正確に理解していたことである。

### ▼〈関係認識〉の敬語論

ロドリゲスとチェンバレンの敬語論は、敬語語彙の意味論的な体系のみならず、日本語敬語の〈使用〉における相対敬語性を正しく位置づけて全体を構成した点に、最大の特徴と突出した先駆的価値があった。もっとも、日本の敬語論の中には、いわゆる身内敬語の使用や天皇の自敬敬語に特徴づけられる古代語の絶対敬語的性格を根拠に、相対敬語性を付随的な（あるいはすぐれて〝現代語的〟な）性質として限定的に捉えようとする傾向が根強いこともまた事実である。しかし、すくなくとも中世末期にまで遡る時代の支配階級の敬語が、ロドリゲスの立てた原則や附則によって記述されるようなものだったとするならば、それを見ることなく絶対敬語性を基軸に据えることにはかなりの無理がある。(9) その点で相対敬語への彼らの目配りは、敬語研究の座標を定める大きな財産となるはずのものだった。にもかかわらず、肯定的にであれ批判的にであれ、その後の敬語研究に摂取されることはなかった[10]。

敬語の相対性を取り上げたのが外国人ロドリゲスとチェンバレンであったことは偶然ではないだろう。彼らの日本語に向けるまなざしは、いうなれば人類学者のそれだった。彼らは社会を生きている内側からの視線をもたない。それは社会全体と身分制そのものを対象化する視線である。対人的相互行為における言語的交換の日本的システムを観察し、敬語使用の対象・関与者・生起条件・方向性のすべてが考察の対象となった。社会システムを反映する言語的システムの中から敬語という体系を括り出し、その相対性を抽出するためには、内部から自己を規定するのではない外部の視線が必要だったと言ってもよい。

日本の敬語論は、外部の視線という貴重な経験を礎とすることなく出発した。そしてその学問的営為は決して平らかに進行したとは言えない。ともあれここでは、敬語を人間関係認識の表現装置と見る敬語論を〈関係認識〉の敬語論と呼ぶことにして、次章では敬語の支えを発話主体の内発的〈敬意〉に見出そうとした敬語論の誕生をみてゆくことにする。

# 2 発見された敬語——三橋要也と山田孝雄

### ▼三橋要也の「他称敬語／自称敬語」

日本人の手になる体系的な敬語論は、一八九二［明治二五］年になってようやく、そして幾分唐突に現れる。三橋要也の論文「邦文上の敬語」（『皇典講究所講演』七十一・七十三号）がそれである。三橋要也[1]は、国学者の弟子となったのち「皇典講究所」に学んだ、国学的な流れに属する人物である。戦前の代表的な敬語学史『敬語史論考』の著者石坂正蔵は、その「皇典講究所」を、日清戦争までの明治前半において敬語に主題的な関心が払われた例外的な場所として挙げている（石坂［一九四四］一三三–一三四頁）。なかでも、敬語に「敬語」という輪郭を与え、その「分類」や「必要」を考察した三橋の論考は、ひときわ異彩を放っている。

敬語体系についての三橋の考察は、「最初の敬語分類、他称敬語・自称敬語の二分法が見られる」と言われるように（大石［一九七七］三二頁）、「他称／自称」の別によって「尊敬／謙譲」に相当する二範疇に敬語を大きく分類し、のちに山田孝雄が広めることになる「人称説」の先がけとなった。「他称敬語」と「自称敬語」についての三橋自身の定義は次のようなものである。

敬語は、其の他人の上を言ふと、自己の上を言ふとによりて、これを二種に分つべし。他称敬語、及自称敬語これなり。
㈠他称敬語　他称敬語とは、己が対したる人（二人称）、及己が談話の上に載すべき人（三人称）を、尊敬する時に、其の人、及その人に附属せるもの、及其の人の動作存在等に、用うるものをいふ。〔……〕
㈡自称敬語　自称敬語とは、己が対したる人（二人称）、及己が談話の上に載すべき人（三人称）を、尊敬する時に、自己、及自己の動作存在等に、用うる者をいふ。〔……〕自称敬語の或る者は、其の用ゐらるゝ区域広くして、我が尊敬すべき人に対して、自己の動作存在をいふに止まらず、自己に関係なきも、其の談話上に載すべき者の、動作存在等を称する泛《はん》称敬語ともなることあり。
（三橋［一八九二］／北原編［一九七八］八頁）

「人称」という語を用いてはいるが、「他人の上」「自己の上」という言い方からして、ここでの「他称／自称」は領域的な概念と見るのが自然だろう。「他称敬語」における「その人に附属せるもの」とは対象人物の領域に属するもののことであるし、「自称敬語」の下位カテゴリーとしての「泛称敬語」とは、話し手側の領域に属する〝事実上自称と見なす他称〟のことである。これらを無理なく取り込むことのできる三橋の分類は穏当であると言えよう。（敬語と「人称」の問題については［Ⅲ-1］で詳しく検討するので、ここではこれ以上触れない。）

この分類について三橋は、古来の語学者で敬語を区別した者はいなかったので今ここに自分の創意によって仮の名称をつくった、という趣旨のことを述べる（同、八頁）。だが、この言葉は額面どおりには受け取れないだろう。三橋の言及する「人称」概念が西洋語の文法概念であることは明らかであり、それを日本語の敬語と結びつけるという発想が一足飛びに導出されるものとは考えにくい。前章に見たチェンバレンの「条件一」と見比べてみれば、三橋の定義の内容がかなり類似していることは確かであるし、『日本語口語便覧』と同じ一八八七〔明治二〇〕年に文部省から発行された和文のテキスト、ビー・エッチ・チャンブレン〔＝チェンバレン〕『日本小文典』にも、

> 敬語働詞〔＝動詞〕は、他人の事をいふ時敬ふために用ふるものにして、卑下働詞は、己を謙遜するときに用ふるものなり
>
> （チャンブレン［一八八七］第十一章「働詞の種類」百五十節、七八頁）

という記述がある。[2] 憶測を恐れずに言えば、三橋がチェンバレンのテキストを併せ読んで下敷きにした可能性は高いのではないかと思われる。

ただし、三橋がチェンバレンを参照していたとしても、語の意味論的な分類と言える「尊敬／謙譲」とは異なる分類として、「他称／自称」の領域的なカテゴリーを立てたのは三橋その人にほかならない。この点は積極的に評価されてよい。

## ▼〝発見〟される敬語

三橋は、敬語の分類が自分をもって嚆矢とすることを主張する。しかしその通りだとすると、三橋の論文の出現はあまりにも唐突すぎる。三橋が「嚆矢」でありうるとすればそれは、三橋が西洋人の手になる先行研究との接続を否定するというまさにその点にかかっているように思われる。じつは、この論文で最も印象的なのは、ほとんど「強烈な」と言うしかないナショナリスティックなトーンである。論文は、おおむね次のように始まっている（冒頭部分の大意を、三橋の用語にはなるべく手を入れずに現代語で記す）。

自分は前に、本邦古文の特色が世界各国に超絶するものであることを述べた。本邦が万国に卓越しているのは、皇統が一系であられるにとどまらず、万事が有形無形とを問わず善良美好であって、他国の企てが及ぶものではないからであり、そのことを示すために言語文章の長所の一部を述べたのである。

我が国の言語文章を漢土（＝中国）や西洋のそれと比較してみると、構造が異なるだけでなく、語の活用変化などにも著しい相違がある。なかでも際立っているのは、我々はつねに相当の敬語を用いて意を伝えるのに対し、かの地ではそのようなことがないことである。我が国では、「君猟せり」という事柄を「大君御猟し給へり」のように何重にも敬語を用いて表現するが、漢土では「王遊猟」と言うのみだし、英国でも A king is hunting. などと言うばかりで、少しも敬語を用いないようなのである。

（三橋［一八九二］／北原編［一九七八］七頁より）

古代を絶対化する第一段落の内容は、本居宣長以来の国学的流れの中に置くことができるだろう。けれども、それに続けて三橋が、「漢土西洋」への対抗的な意識も顕わに「我が国の言語文章」とその「敬語」を際立たせようとしたことの背景には、この論文の発表された一八九二年という時期の問題が存在している。この年は一八九四年から初めての国家間近代戦争「日清戦争」を遂行することになる近代日本にとって、すでに戦争準備がほぼ整った前夜なのである。そうした時代的空気の中で、「漢土」とは獲得すべき植民地対象としての清国であり、「西洋」とは植民地獲得の競争相手である欧米の列強であった。

つぎに見るように、三橋の敬語観それ自体は典型的な儒教的敬語観である。しかし、そこに「儒教」を見ることは、儒教の故郷である「漢土」と、宣長がしきりに排した「さかしらな漢意《からごころ》」の肯定を意味してしまう。他方、さきに見たように、三橋の敬語分類は、おそらくそのベースを西洋人の発見に負っている。しかし三橋は、外部的視線によって内部を語るのではなく、あくまで内部から語り出すことを強く欲した。それゆえ、敬語論は彼から始まるのでなければならなかった。

その一方で、三橋の言語的ナショナリズムには、あって然るべき後ろ楯が欠けている。〝日本語の優秀性〟と〝その粋たる敬語〟とを力説しながら、しかし、標題の「邦文上の敬語」をはじめとして、三橋の論には「日本語」はもとより「国語」という言葉すら用いられていない。じつは、標準語の制定に熱心だった上田万年が洋行から帰国するのは、三橋の論文から二年後の一八九四［明治二七］年のことであり、上田の働きかけで政府に「国語調査委員会」が作られるのはさらに先の一九〇二［明治三五］年のことである。つまり、三橋の時代にはまだ、「日本語」や「国語」の優秀性を説こうにも、〝どの方言でもない〟ものとしての口語「日本語」も〝国家語〟としての「国語」もまだいわば理念にとどまっていた[3]。

三橋の論は、こうした時代の中で生まれた。そこで、三橋のナショナリズムを時代の重力として割り引いて考えようとするのも一つの行き方ではあるだろう。戦後の敬語研究史ではそれが流儀だったようにも見える。しかし本書では、その行き方を採らないことにする。なぜなら、ひとたびそこを割り引いてしまうと、日本の敬語論がなぜこのように始まったのかについての問いが閉ざされてしまうからである。日本思想史学の中村春作は、多くの研究書が敬語の「分類」や敬語の「特徴」の列挙から議論を始め、「敬語とは何か」という問いを慎重にはぐらかしていることに疑問を呈している。まず問われなければならないのは、日本において「なぜ今も敬語が問題として人に意識されるのか」ということ自体であり、その問いは「当然『敬語』論の思想史的把握の中で議論されるべきことなのである」と（中村［一九九四］一三五-一三六頁）。〝外部〟への対抗的な視線の中ではじめて〝内部〟が対象化され、その「敬語」が〝発見〟されるとともに「敬語研究」が誕生したという、問題系の発生過程をこそ見ておかなければならない。

中村は、三橋の敬語論の思想史的意味を論じたなかで、次のように述べている。

……明治二〇年頃から、そして明治末年になって「敬語」研究が使命感を持って始まったという事実は、思想史的に見れば、大いに示唆的なことである。すなわち、「国民-国家」（ネーション・ステイト）、そして「国語」の創造=想像が行われた時代と期を一にして「敬語」意識が顕在化した、つまりは有意味な名称としての「敬語」が誕生した、ということである。

（同、一三八頁）

つまり、「国民国家日本」の編成と相即しながら生み出された産物が「国語」であったのと同様に、その副産物が「敬語」であり、その根拠づけが「敬語研究」だったという事の側面を、三橋の論文の出現は語っているのである。一八九〇年に「教育勅語」が発布され、「大日本帝国を、天皇家を総本家に戴く一大家族国家とする」国体論的イデオロギーが国家側から出されてきたことの影響を付け加えることもできる（小熊［一九九五］四九頁）[4]。そう言ってよければ、三橋の敬語論は時代に待たれていた言説だった。

『敬語史論考』の中で石坂正蔵は、江戸期の国学者たちは日本語における敬語法の発達を、「彼らがその反動として立つた支那の言語との比較から」何故「日本語の誇りとして強調しなかつたか」と、口惜しそうともとれる口調で問うている（石坂［一九四四］一〇五頁）。だが、〝日本語の誇りとしての敬語〟というイデオロギーは、自然に現れてくるかに見えてじつはそうではない。明治になっても、石坂自身が詳しく紹介している事例が示すように、敬語は日本の後進性の表れでさえあった。

たとえば、明治一八年ごろから盛んになった言文一致をめぐる議論の中には、矢野文夫の「日本文体文字新論」のように口語と文語の分離を説くものがあった。その際、根拠とされたことの一つは、口語において「貴賤尊卑の等級」を示す語尾が常に要求されることがそれを文章語として用いる「一種の妨碍」となる、というものだった（同、一一〇-一一三）。つまり、敬語法の発達という同じ事柄が、むしろ言文一致の障害として捉えられていたのである。

敬語が「日本語の誇り」となり得るためには、「民族」や「国家」といった概念枠の中に置き入れられなければならない。その意味では三橋の敬語論は、「国民国家」の要請に添いながら、西洋や中国と反照し合う日本語の〝本質〟を日本語の内部から語り出そうとする、いわば手探りの営みだったと見ることができる。

## ▼儒教的敬語論のディレンマ

敬語語彙の語誌を中心に沿革を述べた後、三橋は敬語の存在理由を説いてその〝優秀性〟の証しを立てようとする。

三橋の説く「敬語の必要」には、「文章上の必要」と「社会上の必要」とがある。まず「文章上の必要」において、敬語は「文章を美ならしむる所以の一要具」とされる（三橋［一八九二］／北原編［一九七八］一九頁）。具体的には、敬語によって厳粛な文章は一層厳粛となり、優美な文章は一層優美となる、と言われるのだが、その説明として三橋がおこなうのは、ただ実際の文章から敬語を取り去って並べてみせることと、敬語を取り去られた文章は厳粛さと優美さが損なわれてしまうと同語反復的に断じることである。

三橋が力点を置くのは、第二の点すなわち敬語の「社会上の必要」である。そこに披瀝される彼の敬語観――それは端的に彼の敬語意識である――は、つぎに要約するように、それ自体としては儒教的な色彩がきわめて濃い。

社会の構成員各々がもつ徳義によって社会の団結は安定するが、さらに徳義の高尚な形態である恭敬の心があれば、「君臣上下貴賤尊卑」の各々はその分を守り各々の位に安んじることができる。そうした恭敬の顕在化したものが礼であって、礼は一方では「行為上の礼」となり、他方では「言語上の礼」すなわち「他称自称の敬語」となる。社会の秩序を維持する上で礼が必要であることは衆目の一致するところであり、それゆえ、「言語上の礼」である「敬語」が必要であることは論を俟たない。(5)（同、二〇-二一頁より）

敬語が体現するのは「礼」であり、その「礼」を支えるのは「恭敬」であり「徳義」である、と説く三橋の論には、敬語の根拠を個々人の精神性とその集合体たる社会の精神性の内に見ようとする敬語意識がある。もっとも、「適宜にこれ〔=敬語〕を用ゐなば、上下尊卑の分、貴賤長幼の別、多く筆を労せずして、躍々紙上に現れ来る」（同、二〇頁）と直截に言う三橋の場合、「礼」の観念が表示するものはまだ〝長幼の別・身分の別〟であって、そのかぎりにおいて彼の意識はまだそれほど儒教的身分社会から抜け出てはいない。

長幼や身分の秩序も人間関係の一つである。しかし、彼の敬語論をロドリゲスのような〈関係認識〉の敬語論と見ることができないのは、敬語の最終的な根拠が、使用における関係認識とはまったく異なった〝民族的心性〟の次元に求められるからである。三橋は論の最後を次のように締めくくっている（そのまま引用する）。

さて我が国の文章言語に、かく多くの敬語の用ゐられたるは、即我が国は、外つ国人もこれを称して、君子の国、礼儀の俗と賞賛したりしが如く、上古より人情の敦厚にして、礼儀のよく行はれたること、かの漢土西洋等の国々に優れりしを、証するに足りぬべし。礼儀よく行はれぬ。故に君臣上下の分、常に厳正にして、数千年来国家の体相を、変ずること無かりき。敬語多く用ゐられぬ。故に言語文章その美を益して、古来言霊の幸ふ国、言霊の助くる国の名をも保ちき。要するに君子の国には、君子は宜はしき言語あり、礼儀の俗には、礼儀を具へたる文章ありしなり。余は敬語を存して、永く我が国言文の真価を、失はざらしめむことを望むと共に、我が国をして、久しくこの令名を保たしめんことを希ふものなり。（同、二二頁）

説くべき核心が、「礼儀」と「敬語」とが「漢土西洋等の国々に優れりし」ことである以上、三橋は自分の敬語論を「儒教」の名で語ることができない。かつて本居宣長が『古事記伝』や『玉勝間』において、ひたすら「漢意《からごころ》」を排して「上つ代の実《まこと》」を絶対化したように、三橋もまた「本邦古文」の〝優秀性〟をあらためて述べるところから論を始める。そして「礼儀」の体現者たる敬語の存在も、古来変わることなく幸ってきた「言霊」の一様相として捉えられなければならなかったのである。

このように、三橋の敬語論は、典型的な儒教的敬語意識を内実としながら、それを「国民-国家」の論理として置き直そうとした最初の企てであった。三橋が敬語の根拠に見ようとした「礼儀」の精神性を〈敬意〉と呼ぶこともできようが、しかし、三橋の〈敬意〉はまだ十分に個々人のうちに内面化されていない。敬語の論理が近代的な装いを獲得するには儒教色が払拭されなければならない。それをしおおせたのが、つぎに見る山田孝雄であった。

### ▼山田孝雄の〝自然〟の論理

明治三〇年代になると口語文法が書かれるようになり、それに伴って敬語研究も加速する。とりわけ、松下大三郎や三矢重松らによって敬語分類についての考察が進み、対話の相手に対する敬語（いわゆる「丁寧語」に相当）を第三の範疇として加えた「尊敬／謙譲／丁寧」的な三分法の枠組みが整備されてゆくことになる。たとえば、松下大三郎は、用言における待遇表現を「主体待遇／関係待遇／対者待遇」に三分している（松下［一九〇一］）。敬語研究における分類学的方向性の基礎は、この時期にほとんど出揃ったと見てよいだろう。

そうした方向とは軌を一にせず、独自の敬語論を説き続けて、初期敬語研究を代表するに至ったた人物がいる。山田孝雄[6]である。山田は一九二四［大正一三］年に、敬語研究史上初のモノグラフとなる『敬語法の研究』を出版する。山田のこの書は、「人称」概念を軸として、日本語敬語の関係暗示的な機能が西洋語の人称と同等の文法機能をもつと主張した、いわゆる「人称説（称格説）」によって広く知られることになる[7]（［Ⅲ-1］参照）。

山田もまた、三橋と同様、日本語の敬語が世界に比類ないものであるとの主張から論を起こす。三橋と違うのは、山田が西洋人チェンバレンの言葉を、

されぱかのチャムバレン氏は曰はく「世の如何なる言語といへども日本語より多くの敬語を有するものなし」と[8]。（山田［一九二四／一九七〇］一頁）

のように、権威として引用している点である。この点を含め、これから見てゆくように、山田の構築する論理は戦略的に練られたものという印象が強い。

その最たるものは、山田が敬語における身分関係の表現機能に副次的な位置づけしか認めようとしない点である。山田はこう述べる。

もとよりこの敬語は上下貴賤の区別をあらはすに適すといへども必ずしも階級制度の結果とのみいふべからず。人は人として相交る間に互にその人格を重んじ、その才能知識、徳望、品格等を尊ぶに於いて、それを言語によりて表明することこれ実に自然の人情にしてそれの存する

はこれわが民族間に推譲の美風の行はるるによるものなれば、寧《むし》ろ嘉《よ》みすべき事なりとす。

（同、一一二頁）

つまり、敬語が現在のような姿をとるに至ったのは「自然の人情」の結果であり、敬語が身分関係の表現にも適しているのは事実であるにせよ、それは副次的な産物にすぎない、とする論理である。山田が、中古・中世から近世にかけての敬語の用法を知らなかったのではもちろんない。階級制度の厳しかった時代には敬語も過剰に繁雑なものとなったけれども、それは悪しき弊だったのであり、その証拠に明治という「自由平等の新時代」が訪れてから、敬語は適度に簡素化されて「復活」した、と山田は次のように力説する。

人或はいはむ。敬語は専制時代の階級制度を背景として発達したるものにして、自由平等の新時代には排斥すべきなりと。これ亦《また》皮相の見（ママ）にして全く敬語の真意を知らざる徒の言のみ。もとより階級制度の著しかりし時代にはそれを背景として敬語が異常に発達したりしは疑ふべからずといへども、それも実はただ形式的に繁文縟礼《はんぶんじょくれい》となりたるのみにして、その繁雑なる形式は明治維新以後社会の状態の改まると共に漸《ようや》くにすたり、今やその古の繁文縟礼を知るもの殆《ほとん》どなくなりたるにあらずや。しかも敬語はなほ依然として一定の方式を以て行はれてあるのみならず、口語の敬語法の如きはかへりて候文の敬語法よりも実質上進歩し発達せる所あること本書に説く所の如きにあらずや。されば吾人はいふ。敬語は明治維新以後かへりて活発の生

命を得て復活せりと。（同、四―五頁）

山田はこうして、敬語を身分的な上下関係の表現手段と見ることを拒否する。それに代わって、「敬語は礼儀の自然に言語の上にあらはれたるものなり」（同、二頁）と彼が提示する敬語の存在理由は、三橋と同じ「礼儀」である。けれどもそれは、三橋が「礼儀よく行はれぬ、故に君臣上下の分、常に厳正にして……」と述べたのと同じ「礼儀」ではない。それは、自発的に人びとが「相推譲する」（同、二頁）ことの沈澱たる民族的な「推譲の美風」（同、二頁）が形になったものだと言うのである。

三橋同様の「礼儀」の敬語論を説きながら、山田はそれが〝自然〟であることを強調する。山田の論理の核心とはすなわち、敬語が身分制と重なったのは歴史の偶然であって、本来敬語は〝自然〟に育まれたものであり、それゆえ、敬語体系が発達するということ自体が「美風」の存在の証しにほかならない、というものである。そしてその〝自然〟を強調することは、同時に〝不自然〟を明確に排することでもなければならない。そこで山田が持ち出すのは、明治の口語敬語と古代敬語との類縁性を強調するという、今から見れば相当に突飛な論理である。

> そのかくいふ所以はかの万葉集及びその以前の文献に伝ふる敬語の現象と現代の口語の現象とが共に活力に富み生気に満ちて、一道の気脈相通ずるものあるにかかはらず、候文乃至《ないし》中古の雅文の敬語には形式の整へる点はありとしても生気乏しかりしを以てなり。されば吾人は現代

を以て敬語の衰期と目することなくかへりて復古更新の盛時なりと目するものなり。かの敬語の衰滅を説くが如きは全然国語を知らざる徒の妄言のみ。（同、吾頁）

山田にとっては、平安時代から江戸時代に至るまでの敬語はすべて次第に〝不自然〟さを増してきた敬語であり、「新時代」明治の口語敬語こそが、奈良時代の敬語と「気脈相通ずる」ものである。最終章において山田は、上代の用例に見られる天皇の自敬敬語にわざわざ言及し、それが明治の口語敬語において再び類例を見るに至ったと言う。

されども、ここにこの敬語の変遷の或点に関して一言すべきことあり。そは他にあらず、かの紀記万葉などに屢見る敬語の一現象としてわが至尊が御みづからの事を宣ふに敬称の語を用ゐらるることなり。たとへば応神天皇が、

しなたゆふ、ささなみ路を、すくすくとわがいませば、木幡の道に逢はししをとめ。云々（古事記、中）

とうたひ賜ひ、雄略天皇が、

おほ君はそこを聞かして、玉まきの胡床《アグラ》に立たし、しづまきの胡床に立たし猪《シシ》待つとわがいませば、さ猪《イ》まつとわがいませば云々（書紀、十四）

とうたひたまひしが如き、至尊の尊きは勿論ながら、御自らの事に敬称の語を用ゐたまへる事、これ従来多少の惑となれる点なり。今吾人はこれを口語の敬語法に照して考ふるにはこ

れ実に、吾人が、第三章第四節に説ける所のある者と一道の生気相通ずるものにして君臣の間に親愛の至情溢るるものありて和気靄《あい》々《あい》たる愛をあらはさせ賜へる所なりと釈するを得るなり。（同、四〇七頁）

引用中で「第三章第四節に説ける所のある者」とされているのは、

「おかあさん（母の自称）はあのしろい花がすきです。」

「そのうちににいさん（兄の自称）がこしらへてやらう」

「先生（第一人称）がかいてあげます。」（同、一八二、一八三頁）

における「おかあさん」「にいさん」や「先生」の用法のことである。たしかに、自敬敬語とこれら敬称的呼称の「反転自称」と呼ばれる用法とは、他者から敬語的上位に遇される人物がその待遇表現を引き取って自称的に用いる点で重要な共通性をもっている。(9) しかし、この場合、すくなくとも「おかあさんは……お好きです」のように述語部分にも敬語が用いられているのでなければ、明治の口語敬語と古代の敬語との類縁性を示す事例と見ることはできない。しかし山田は、それらはともに「親愛」の情に満たされた「愛」の表現である以上「両者いづれも国民の真の声なりと認むるを至当とすべきなり」と結論づけて、慌ただしく稿を閉じてしまう（同、四〇七頁）。山田にとって、敬語はどこまでも、「国民の精神生活の核心に触るるものありてかく健全に発達せしもの」と言われるものでなければならなかった（同、四四頁）。

こうして山田は、上代と明治とを絶対敬語の時代として特権的に位置づけようとする。しかし、古代の敬語と当代の敬語のみを〝自然〟とすることは、その間に入る多かれ少なかれ相対的であるはずの敬語をすべて〝不自然〟とする。古代的絶対敬語の肯定と相対敬語の否定との、どちらが鶏でどちらが卵であるかは判然としないが、そこで確かなことは山田が、結果的に、そして意図的に、〈関係認識〉の敬語観を注意深くあらかじめ葬り去ろうとしていることである。

### ▼〈敬意〉の敬語論

本居宣長に連なる国学的な系譜の中では、漢語流入以前の「皇国の上代」を混じり気のない純粋性そのものと見て絶対化することが常套的な論理となった。その点からすれば山田の論理もそこに連なる異曲であることになる。しかし、そうした純粋性を汚す〝不純物〟として山田が排したものは、明治維新によって現実に排された「身分制」であり、また、「候文」に代表されるそうした過剰性の表れとしての「繁雑な」敬語だったのである。山田の論理が現実とのフィクショナルかつリアルな一致を作り出すことに成功した点は、きわめて重要である。

敬語の存在を〝日本語の誇り〟とすること、敬語の根拠を「礼儀」に見ようとすること、そして、純粋性そのものと見なされた古代との一体性を強調すること。このかぎりにおいて、三橋要也と山田孝雄は同じ敬語意識の上に立っている。しかし、三橋の論が、過去をもって現在の正統性を根拠づけようとする地点に留まっているのに対して、山田の論は、同時代的に西洋に伍してゆくに足る「国語」の基礎づけをするために、現在と未来を根拠づけるにふさわしい過去を制作しようとしているように見える。日本語の近代を論じた小森陽一は、「ナショナルな言語は、常に、過去に遡るそぶりをしながら、未来に向けて、現在において制作される」と言う（小森［二〇〇〇］九頁）。山田の敬語論は、まさしくこうした意味において、すぐれて「ナショナルな」言説であった。

ではその後、山田の敬語観は時代とともに忘却されただろうか。否である。「推譲の美風」と「礼儀」と「敬語」の三位一体の中で、「推譲の美風」をたとえば「思いやり」と置き換えてみればわかるように、この円環は今なお広く流通していると言わなければならない。[10] 山田の敬語論は、「自然」の観念を鍵とし、敬語と身分制との結びつきを解除する外見を作り得ていたがゆえに、世に受け入れられやすいものとなった。「上下貴賤の区別」を一転「親愛」の情に置き換えることによって、人びとが〝内なる自然〟のままに敬語を使うという敬語像が描き出された。

明治半ばからおおむね大正までの初期敬語研究を担った学者たちは、みな国学的な流れに属する人々であった。三橋、松下、三矢らは「皇典講究所」（＝「国学院」）の出身であり、山田もまた国学者といってよい。今や忘れ去られているこの事実は、あらためて確認されるべきことのように思われる。彼らとは対照的に、たとえば、チェンバレンの弟子でありヨーロッパから言語学の方法論を持ち帰った上田万年は、敬語の問題にまったく関心を示していないのである。

上田は、前章で触れた「欧米人の日本言語学に対する事跡の一二」の中で、「言語学者の二大学派」として「古学派」と「科学派」を挙げ、自らは事実上後者を認じる。[11]「古学派」とは「国学者の謂ひ」であり、そしてその派の主旨は「皇国の上代、更に外国の語交へざる言詞あり」の類なのだと言って、上田は「古学派」を揶揄する（上田［一八九〇／一九六八］一八四頁）。「科学派」として「科学的国語学」を唱えた上田にとっては、国学的なバイアスの中で主題化されてゆく敬語は、自分のコミットするべき対象ではなかった。[12]このように日本の敬語研究は国学的な関心の中で始まりを得たのであり、まずはそのことが記憶されなければならないだろう。

敬語は上田の言う「古学派」が〝発見〟した対象である。ただしそれは、〝外部〟を意識せざるを得ない「新時代」において、迫りくる〝外部〟に対抗すべき〝内部〟が創出される過程の中ではじめて〝日本の誇り〟として〝発見〟された。そして〝発見〟の後では、それが創出された過程自体が忘れ去られたのである。明治前半の敬語研究を総括して石坂正蔵が述べている次の言葉は、力点の置き方も含めて面白い。

> 要するに自由な西欧との交通によつて我国の文化の全面が影響されたのに洩れず、言語待遇の関心や研究に於ても西洋の言語（主として英語）との比較若《もし》くは対比によつて自覚が促された事を認めざるを得ない。しかし更には二十年台に於ける古典復興、日本的なものへの反省と運動の大きな力を思はざるを得ないのである。（石坂［一九四四］一三九頁）

石坂の言葉は、前段と後段を逆にしなければならない。つまり、「敬語」は、「日本的なもの」を確立するという時代の欲求のもとで見出され「西洋の言語」に対置された。そして、山田が強調したその〝自然〟は、本居宣長を論じた子安宣邦が言うように、宣長以来の国学的言説の近代的バリエーションである。

「自然」といった観念は、むしろあの「異国」という他者像の反照としての観念的な構成物である。「自然」といった観念をもって自己の同一性を形成しようとする言説自体が、あの「異国」という他者像を前提とする国学的言説の、近代におけるきわめて安直な再生の言説なのである。（子安［二〇〇〇］六三頁）

だが、この〝自然〟の論理は強力である。戦後になると、山田の〝内なる自然〟は個々人に内面化され、〝心〟の表現としての敬語が語られてゆくことになる。ここに、三橋に始まり山田を経て戦後の金田一京助らに続く一つの系譜を見ることができる。以下その構えを、次章で取り上げる時枝誠記が批判的に評した言葉を借りて、〈敬意〉の敬語論と呼ぶことにしたい。

# 3 〈敬意〉の実体論批判——時枝誠記

## ▼時枝誠記と〈敬意〉の否定

山田孝雄『敬語法の研究』から十数年後、時局にも歓迎されすでに主流の座にあった礼儀＝敬意の敬語観[1]に対して、時枝誠記[2]は反駁を開始する。時枝の敬語論は、敬語が〈敬意〉の表現であるという大前提を疑い、敬語論の根幹にかかわる変更を迫るものだった。

主著『国語学原論』（以下『原論』と略記）の中で、時枝はそれまでの敬語研究を短く評している。彼はそこで、松下大三郎による「敬意の対象の所在（＝敬語分類）」についての詳細な論と山田孝雄による「称格的呼応の現象を以て敬語の眼目と」する論（＝人称説）を「特異なもの」として別格扱いしつつも、全般的には従来の敬語研究は、品詞論的分類による法則性の追求か個々の語の意味用法の吟味にすぎなかったと述べる。それに続けて彼は次のように言う。

敬語の本質、敬語と敬語ならざるものとの限界等については、敬語は敬意の表現であり、それは我が国民の敬譲の美徳に基くものであるといふ様な説明以上には出てゐない。このことは敬語研究の甚しい欠陥であつて、敬語について論じようとするならば、先づ敬意の表現とは如何なることであるか、その本質その意味について深く考へて置かねばならない。
（時枝［一九四一］四三二-四三三頁）

従つて、敬語的表現を通して我々の了解し得ることは、話手の尊敬謙譲の美徳の有無といふことではなくして、話手がかゝる相互関係を弁別するわきまへの程度如何の問題である。この様にいふことは、敬語を以て日本人の推譲の美徳の顕現であるかの如き説をなすものに対して、殊更に異を立てる様であるが、先づこれらの考を打破しなくては、敬語の真の面目は発揮することが出来ないのである。（同、四七三頁）

「敬語研究の甚しい欠陥」であり、「先づこれらの考を打破しなくては、敬語の真の面目は発揮することが出来ない」とまで時枝が批判する対象とは、彼が一応評価を与えたかに見えた松下や山田の敬語観そのものである。[3] なかでも、〈敬意〉の表現としての敬語とその基盤にある民族的心性という具合に二重化された敬語観に対する批判の重点が、以下で見てゆくように、大前提たる前者すなわち〝敬語＝敬意の表現〟という等式の方にあったことは、あらためて確認しておいてよい。

しかし、時枝の敬語論に対しては、発表後まもなくから、そのバックボーンたる独自説「言語過程説」の大きさに対する賞賛と、敬語の大前提を否定しかねないスタンスへの困惑さえ含んだ批判とがないまぜになったような一種不思議な評価がなされ、その後も結局のところ、大勢において評価のそうした両義性は変わらなかったように見える。いち早く時枝敬語論を詳細に紹介し批判を加えた石坂正蔵は、一九四四［昭和一九］年の『敬語史論考』において、時枝国語学を未完の「巨艦」に擬した戦時的な比喩をもって次のように評した。

　時枝国語学は漸く進水を終つたばかりの巨艦で、その完全な艤装《ぎそう》は今後に残されてゐる。それかあらぬか、学界からの全面的な批判検討はまだ為されてゐない。これは一面時枝国語学の体系の大きさを物語るものと言へよう。構想力に対するには構想力を以てせねばならない。此と戦ふ者は廣袤《こうぼう》数千里の戦線を予期しなくてはならない。（石坂［一九四四］一八五頁）

その「廣袤数千里の戦線」は次第に消耗戦の様相を帯びてくる。『原論』からちょうど一〇年後に書かれた論文の中では、石坂は困惑と批判のトーンを少し強めながら次のように書いている。

　現代国語学界に於ける時枝国語学ほど不思議なものはない。その言語過程説とその学説をそのまゝ受け取るものは少い代りに、その影響を受けないものは稀である。消化されない巨大な異質物、しかしその摂取なり超克なり発展なりの上にでなければ、国語学は正常な進歩を遂げることは出来ない。敬語研究もまたさうである。（石坂［一九五二］／北原編［一九七八］七〇頁）

食べようとしても消化されない、が、食べずに済ますことはできない。石坂は、消化不良を抱えながらも時枝敬語論の超克に最も精力を傾けた、つまり最もよく〝食べた〟一人である。しかし、後で見るように、石坂をはじめ論者たちの時枝批判を読むと、彼らの批判の核心が時枝の論の核心とことごとくすれ違っている様を見ないわけにはいかない。

　時枝の議論を細かく見てゆくと、反論を先取りする際の少しずつの断言の強さや小さな勇み足が目につくし、文法論の根幹たる詞辞二分論の実際の適用にはかなりの無理があることもまた指摘されているとおりである。(4) そのためにその一つ一つが（正しく）批判の対象となるのだが、しかし、それで一応の時枝批判が成り立ってしまうがゆえにかえって、時枝敬語論の可能性の中心については最後まで主題的に取り上げられなかった憾みが残る。そして、さらに厄介なことには、時枝自身が自ら選んでその核心を薄めてしまった側面も見逃すことはできない。それらの点を明らかにすべく、時枝敬語論を読み解いてゆくことにしよう。

### ▼「詞」の敬語と「辞」の敬語

　時枝は、人が〈敬意〉という「観念」を抱くこと自体を否定するわけではない。実際、時枝がさしあたって敬語を分類してみせるときの定義には、すべて「敬意」という語が含まれており、それを見ただけでは彼の真意はつかみにくい。「敬意の表現と云《い》はれて居る事実」は次の三者に区別されるという（時枝［一九三八／一九八〇］三二四-三二五頁、時枝［一九四一］四三六-四三七頁、［ ］内は時枝［一九四一］で新たに書き加えられた部分）。

(一)　敬意をさし表す所の表現

(二)　敬意に基く表現［の制約］
(三)　敬意の直接的表現

「さし表す」か「基く」か「直接的」かの違いとされるこのもってまわったような区別は、しかし、じつはそれらが「敬意の表現」であることを示したいがためではなく、むしろ「敬意の表現」ではないことを言いたいための区別だと考えた方がわかりやすい。

(一)「敬意をさし表す」のは、たとえば「敬う」「尊敬する」のような語である。そこでは、たまたま語の指示対象が客体的な「概念」としての〈敬意〉であるにすぎず、したがってそれらは「敬意の表現」ではないし、そもそも「敬語」と呼ぶこともできないものである。(二)「敬意に基づく」とされるのは、「いたゞく」や「差上ぐ」のような敬語である。それらは、〝動機づけ〟としての〈敬意〉によって語の選択が「制約」を受けた結果として用いられる。表現行為に〈敬意〉が関与するかぎりにおいてそれを「敬語」と呼ぶことはできても、〈敬意〉は表現されている当のものではなく、したがってそれらの語は「敬意の表現」とは呼べない、と時枝は言う。(三)「敬意の直接的表現」においてようやく、文字どおり〈敬意〉が表現されることになり、「ます」や「ございます」のようないわゆる丁寧語がこの範疇に配当される。これらの語は、観念としての〈敬意〉をじかに表現するところに存在意味があり（逆に言えば、それ以外には意味内容をもたない）、ここではじめて「敬意の表現」としての「敬語」という言い方が可能になる。しかし他方で時枝は、これを

「敬辞法」と呼び換えて「敬語」から区別しようとさえするのであり、実際、㈡の敬語だけを端的に「敬語」と呼んでいる箇所も少なくない。

そうなると、〈敬意〉という同じ言葉を用いながら時枝がしようとしたのは、つまるところ、それらが〝敬語＝敬意の表現〟という等式には収まらないということを逆説的に示すことだったと言わなければならないだろう。では、この区別は一体何を表しているのか。各定義の時枝による説明的な言い換えと、より一般的な用語との対応を補足して（〔　〕内）、㈠～㈢を再び掲げてみよう。

㈠　敬意をさし表す所の表現（例「敬ふ」「尊敬する」）
　「詞」の非敬語

㈡　敬意に基く表現［の制約］（例「いたゞく」「差上ぐ」）
　「言語の素材の表現（詞）に現れた敬語法」（時枝［一九四一］四四三頁）
　「詞」の敬語〔＝「素材敬語」（尊敬語・謙譲語）〕

㈢　敬意の直接的表現（例「ます」「ございます」）
　「言語の主体的表現（辞）に現れた敬語法」（時枝［一九四一］四六五頁）
　「辞」の敬語（「敬辞法」）〔＝「対者敬語」（丁寧語）〕

ここで、「詞」は「概念過程を含む」「概念語」として、名詞や動詞のようないわゆる「内容語」に相当し、「辞」は「概念過程を含まぬ」「観念語」として、助詞や助動詞のようないわゆる「機能語」に相当する（時枝［一九三八／一九八〇］三四頁、時枝［一九四一］三二‐三三頁）[5]。時枝にとって、敬語論は自らの「詞辞二分論」の恰好の実験場としての意味合いをもっていたから、敬語の区別が「詞」と「辞」の対立と平行的であり、しかもそれが唯一の必要な区別であることが示せれば、詞辞二分論自体の正当性が証明される（すくなくとも証明の一歩にはなる）ことになる。

右の㈡と㈢が各々「詞」の敬語と「辞」の敬語であるが、時枝以後の展開に目をやれば、それらは「素材敬語」（いわゆる「尊敬語／謙譲語」）と「対者敬語」（いわゆる「丁寧語」）の区別として受け継がれてゆくことになるし[6]、現代風に（たとえば原田信一のように）「命題的敬語」と「発話行為的敬語」の対立として置き直せば、それはほぼ時枝が考えたとおりの次元の相違として捉えることができる（この点は［III‐1］であらためて見る）。その意味では、敬語とのかかわりにおける詞辞二分論の構想は、先進的かつ大枠で正しかったと見てよいだろう。しかし、その一方で、「詞」の敬語≠「敬意の表現」、「辞」の敬語＝「敬意の表現」という対応づけは、詞辞二分論を正当化するための、いわば行き過ぎた演繹にすぎないのではないかという疑念を生むことにもなる。

事実、このあたりの時枝の論じ方はずいぶん念が入っている。たとえば、さきの区別の㈠として、わざわざ敬語ではないものを置いたのも奇妙なことである。しかも彼自身、「常識的にも、これを敬語とは云はない」（時枝［一九三八／一九八〇］三五頁）と付け加えているとなれば、それらはそもそも「敬意の表現と云はれて居る事実」ですらない不要な項目と受け取られても仕方がないだろう。しかし、時枝にとって、それは欠かすことのできないものだった。㈠はのちに、「敬意を客体化し、概念化する所の表現」（時枝［一九四一］四三六頁）と言い換えられている。彼があえてそれを入れたのは、おそらくは、㈠ではなく㈡の「敬意に基づく表現」を、〝敬意が概念化されたもの〟と言わせないための予防策である。すなわち、もし㈡を〝敬意が概念化されたもの〟と見るならば、

「概念」としての〈敬意〉を表現する　→　「詞」の敬語
「観念」としての〈敬意〉を表現する　→　「辞」の敬語

という図式が出来上がって、それはそれでいかにも成り立ってしまうかに見えるからである。しかし、〝敬語＝敬意の表現〟という等式自体を否定したい時枝にとっては、それを認めるわけにはいかなかった。そこで、〝敬意を概念化〟したものは、㈡ではなく㈠になってしまう、つまりまったく別系統の語になってしまうのだという念押しを、あらかじめしておく必要があったはずである。

それにしても、時枝はなぜそうまでして「詞」の敬語を「敬意の表現」ではないと言い張ったのか。詞辞二分論からの演繹によって敬語論を立てたからではないかとの疑念もそこから生じるだろうし[7]、そのことに故なしとはしない。さらにいえば、時枝自身の書きぶりもまた、しばしば循環的である[8]。しかし、少し先回りして言えば、詞辞二分論が影を落としているのはむしろ、時枝自身の敬語論に対する態度においてなのではないかと思われるところがある。あるいはまた、自らの敬語論が詞辞二分論との間で微妙な不協和音を奏で始めたとき、彼は敬語論を先鋭化するかわりに、詞辞二分論とほどよく調和する線のところで敬語論の方を収めてしまったようにも見える。その委細

は、具体的な表現例の取り扱いを見てゆくなかで明らかにすることができるだろう。

### ▼〈関係認識〉の敬語論

「詞」の敬語について「敬意の対象」を詮索するのは見当違いであるとの論を、時枝はいくつかの用例を通して展開している。ここでは、語「いたゞく」をめぐる考察を整理・再現しながら、論の主旨を確認してゆこう（時枝［一九三八／一九八〇］三四-三八頁）。

人から供された食事を「食ひます」ではなく「いたゞきます」と言って食べた場合、「敬意は、この語の概念内容に表現されて居るのではなく、この事実の表現過程に表されて居る」のだと時枝は言う。そのときに彼が否定形で語るのは、現実の多様な状況下で用いられる「いたゞく」のすべてを貫く共通の「敬意の対象」など、決して取り出して見せることはできないという点である。文例を三つ挙げる。（各々、後ろの括弧内に、設定された状況を示す。また、以下、文例には適宜番号を付す。）

(1)「遠慮なくいたゞきます。」（話し手＝動作主）
(2)「遠慮なくいたゞいたかね。」（話し手≠動作主、聞き手≠動作主、料理の提供者も別人）
(3)「さあ、御飯をいたゞきなさい。」（話し手＝母≠動作主、聞き手＝子供＝動作主）

とりあえず(1)では、「敬意の対象」が、話し手→聞き手の敬意として明瞭に見て取れそうに思える。しかし、時枝によれば、それは話し手と動作主が同一人物であるところからくる「誤認」であり、多様に可能な状況設定の一つの特殊なケースにすぎない。実際、「いたゞく」の動作主が話し手とも聞き手とも別人である(2)になると、「敬意の対象」を自然に同定することは困難である。「心持ち」の問題としてみれば、動作主↓料理の提供者という二者間の敬意を認めることはできるだろうが、言語表現の主体はあくまで話し手である。だからといって、話し手↓料理の提供者という敬意を云々しても、それは（単に動作主を無視するだけの）「我々の言語意識とは遙かに距つた説明」にしかならない。(3)ともなれば、もはや「敬意の対象」を問題にすること自体がほとんどナンセンスであって、無理に説明しようとしても、話し手であり料理の提供者である母が自分自身に対して敬意を払っているというような「不合理な説明」をするしかなくなってしまう、と時枝は説く。

要するに、時枝が否定形で語り続けたのは、「心持ち」としての〈敬意〉を問題にすることの不毛についてであり、それは〈敬意〉の実体論批判とも呼ぶべきものであった。〝気持ち〟としての〈敬意〉がどこかにある。しかし、言語とはそれをそのまま差し出すような道具ではない。とりわけ、「詞」が表すのは、それが捉える事態の〝概念化されたもの〟でなくてはならない。「いたゞく」という語について、「話者の誰かに対する敬意は問題ではない」と述べた後、時枝はこう続ける。

「食ふ」と云ふ事実、「貰《もら》ふ」と云ふ事実が、単にそれだけの事実として把握されず、特殊なる

> 関係の下に実現して居る事実として把握されたことを意味するのである。即ち同じ貰ふと云ふ事実にしても、同輩の間のやり取りでなく、上から下へのやり取りであると云ふ事実の把握が問題なのである。（時枝［一九三八／一九八〇］三三八－三三九頁）

話し手が「食ふ・貰ふ」と「いたゞく」とのどちらを「選択」するかは、話し手が端的に人間関係の上下をどのように把握しているかの表れである。いやむしろ、話し手は、自分が上下の関係を〝正しく〟認識していることを示そうと思うなら、（たとえばそれが上から下への物のやり取りなら）「食ふ・貰ふ」ではなく「いたゞく」を選択しなければならないのだ。こうした事態を時枝は、「（事物／事実の）特殊なるありかた」という言い方で繰り返し述べ、ゆえに敬語の使用には「特殊なる態度が必要とされる」とする。こうした時枝の敬語意識の要約的表現を、『原論』から何箇所か抜き出してみる。

> 〈敬語と非敬語の相違について〉異る所は、これらの事実を成立せしめてゐる素材的事物について、誰と誰との授受であるか、又その誰の間に上下尊卑が存在するかが考慮され、そして、それによつてこれらの事実が特殊なるありかたのものとして概念され表現されてゐることである。（時枝［一九四一］四四三頁）
>
> 国語の敬語は、既に述べた様に上下尊卑の識別に基く事物の特殊なるありかたの表現であり、もつと厳密にいへば、かゝる識別そのものの表現である。故に敬語に於いては、先づ事物

を把握する特殊なる態度が必要とされるのである。（同、四四九頁）

詞に関する敬語は、話手の敬譲の表現といはんよりは、素材の上下尊卑の関係の認識であり、話手のわきまへの表現であるから、実は敬意そのものの表現といふには遠いものである。

（同、四九八頁）

ここから明確に読み取れることは、時枝が敬語をその使用において定位しようとしていること、具体的には「上下尊卑の識別」を軸とする〈関係認識〉の概念化において同定しようとしていること、である。こうした敬語論の基本的な発想が［I-1］で見たロドリゲス的な敬語論であることは明らかだろう。その意味で、時枝の敬語論は、正しく〈関係認識〉の敬語論と呼ぶことができるし、「上下尊卑」の強調の方に引きつけて〝わきまえ〟の敬語論と呼んでも構わない。そして、そこにおける「詞」の敬語と「辞」の敬語の区別は、「概念」と〈関係認識〉を結びつけ、〈敬意〉は「観念」の領分とする形で、

「概念」化された〈関係認識〉の表現 → 「詞」の敬語
「観念」としての〈敬意〉の表現 → 「辞」の敬語（「敬辞法」）

としておけば十分だった。

時枝は、自らの敬語論をこう要約して構わなかったはずである。ところが、〈敬意〉の否定から

語り始めた時枝の書きぶりは、最後にまた再び同じ否定に戻ってしまう。右の最後の引用における「実は敬意そのものの表現といふには遠いものである」は、『原論』第五章「敬語論」の実質的な結びの段落中の言葉である。そして、その段落の最後は（さきの［注8］でも引用した言葉）「一は詞に属し、他は辞に属する所以である」（同、四九九頁）で閉じられてしまうのである。

### ▼敬語のダイクシスと〈視点〉

しかし、時枝の敬語論は、じつはもう一歩先まで進んでいた。今の用語で言えば、敬語における語用論的あるいはダイクシス的側面を、彼は明確につかんでいたからである。ところが、一九三八年の論文「場面と敬辞法との機能的関係について」で展開したある一節を、時枝は三年後の『原論』ではなぜかすっかり省いてしまっているために、そうした側面は後世ほとんど紹介・言及されることのないままに来てしまった。

時枝が挙げる文例の多くは、一方ではいわゆる「敬語使用の抑制」と関連する用法を、他方ではいわゆる「自敬敬語」につながるような（そう解釈され得る）用法を含んでいる。（以下、時枝［一九三八／一九六〇］三二八-三三五頁から引用。用例自体は『原論』とかなり共通している。）

(4)（銀行の客と電話交換手のやりとり）

問「重役の○○さんはおいでになりますか」

答「○○は只今外出致して居ります」（聞き手＝下女、身分の上下：話し手∨動作主）

(5)「○○さんは来られたか」（聞き手＝動作主）

「やあ、来たか」

(4)の応答「外出致して居る」で敬語が抑制されていることについて、「聴手の身分即客によつて、交換手対重役の関係が全然変容されたことを示すものである」（同、三二頁）と述べる時枝は、敬語使用の鍵が聞き手にあることを正確に理解している。(5)の用例はさらに重要度が高い。この場合、身分的には話し手の方が動作主より上と設定されているので、話し手と動作主が直接対面した場合には、敬語不使用の形が用いられて単に「来たか」となる。ところが、聞き手＝「下女」である場合に、同じ動作主について敬語を用いて「来られたか」と言って構わないのは、話し手が聞き手の位置を読み込んで、その位置から見た関係を敬語で表現するコードが存在するからにほかならない。「現今標準語に於ける習慣は、聴手を含めてその関係に於いて把握して居ることを示すのである」[9]（同）という時枝の説明は、聞き手ゆえに敬語が抑制される(4)と、聞き手ゆえに敬語が使用される(5)とを、同一基準の両極的な適用例として捉える可能性を開くはずのものだった。

話し手は「自己と表現素材と聴手との関係に就いての認識を習得しなければならない」（同、傍点引用者）と明確に述べられていたにもかかわらず、この聞き手の位置を基準とする視角は、『原論』ではその核心部分がうやむやにされてしまう。そしてもう一つ、敬語の語用論への決定的な一歩であり、しかし聞き手の基準もろとも彼自ら抹消してしまうことになる概念を、時枝はたしかにつかもうとしていた。彼はそれを「重点」という言葉で呼んだが、それは、今の用語で言えば、たとえば呼称における親族名詞の用法を説明する際の〈視点〉概念、あるいは、久野暲が機能的構文論の鍵概念として用いた〈視点〉概念と基本的に同じものである（［Ⅲ-2］参照）。

「かゝる〔上述のような〕事実の把握の仕方は、事実の重点の捉へ方によつても異つて来る」（同、三三頁）と述べたのに続けて、時枝は自敬敬語的な用例についてコメントする。

(6)「お父様が書いて上げよう」（話し手＝父＝動作主、聞き手＝子＝受容者）

前章でも触れたように、この用例は山田孝雄が、「親愛の意を表して物語る」のに用いる「特別の用法」であるとした用例の同類である（山田［一九二四／一九七〇］一八三頁）。ここで時枝は山田の説明を引き合いに出し、「父が自分自らを『お父さんが』と云ふのは、敬意の対象の問題として考へれば、自己を敬ふことになり、極めて変態的な敬語現象と云はなければならなくなる」（時枝［一九三八／一九八〇］三三頁、以下同）としてそれを排する。そこで問題なのは「概念的把握の重点の置き方」であって、父が自称詞として「お父さん」を用いることができるのは、話し手である父から聞き手である子へ「重点が全く移動された」からにほかならない。「父が自分自らを子供の位置に立つて把握し表現することは、即ち子供の世界に入ること」なのであり、その表現が「親愛の意を表す」ように感じられるのも、まさしくそれゆえのことなのである。

時枝のこの説明は、（最後の部分はともかくとして、）鈴木孝夫が日本語親族名詞のこうした反転自称的用法を説明した「子供中心語」という視点移動（テクノニミー）の考え方とまったく同一である[10]（鈴木［一九七三］第6章参照）。そして、移動する〈視点〉という概念装置をひとたび手にしてしまえば、その装置は、同一事態に対する話者の構えを示すものとして、たとえば「こそあ（ど）」のようなダイクシス（場面内指示）の延長線上に、〝敬語のダイクシス〟とも呼ぶべきものを捕らえ始めるのである。さきの議論に続けて時枝は次のように述べる。

右述べた如き概念的把握で（ママ）於ける重点の移動は敬語に於いてのみならず、一般的に存することで、

　彼は君の所に行きましたか
　彼は君の所に来ましたか

右の「行き」「来」は同一事実を重点を移動して表したのであり、

　もつとそつちを探して御覧
　もつと手前の方を探して御覧

に於いても同様で、「そつち」は話者より云つたことであり、「手前の方」は聴手より云つたことである。（時枝［一九三八／一九八〇］三三頁）

ここにおいて敬語は、〈視点〉概念を鍵として、「行く／来る」や「そっち／手前」なども相通

ずる問題系において捉えることが可能になる。そして、そこにあるのは当然、「話手」と「素材」と「場面」の三者間に生ずるダイナミックな関係以外の何ものでもない。

### ▼消去された聞き手

ところが、「詞」の敬語論を終えて「辞」の敬語論に入るや、時枝はそれまでの議論を要約した意外なコメントを書きつけるのである。

それら敬語は、皆表現の素材に関するものであつて、話手と聴手との間に結ばれた場面とは関係のないものであつた。（時枝［一九三八／一九八〇］三二五頁、傍点引用者）

我々の言語行為に於いては、右の如き表現せられる事物の外に、表現が、に於いて行はれる場面の関与が甚重大である。（同、傍点原文）

聞き手を中心的な関与者とする「場面」をめぐっての説得力ある議論についてきた読者は、この不可解とも思えるコメントに接して当惑することだろう。しかし、このときの時枝には、問題の大きさに気づいている様子は見られない。

論文の題名をあらためて掲げるならば、それは「場面と敬辞法との機能的関係について」であって、「場面と敬語との……」ではない。実際、「辞」の敬語（敬辞法）をめぐる議論の鍵概念は「場面」であるし、全体を注意して読んでみれば、「場面の制約」という言い方も「敬辞法」についてのみ用いられていることがわかる。となれば、「はしがき」に書かれている論文の目的、「言語と場面との間に函数〔関数〕関係の存在することを示さうとしたもの」（同、三二頁、傍点引用者）も、じつは「詞」の敬語ではなく、「場面の機能としての敬辞法」（同、三三五）を主題として想定したものと読まなければならない。

では時枝は、「敬辞法」をどのように論じただろうか。「ます」や「ございます」のような「敬辞」は「辞」の一種ではない、と時枝は言う。それは「辞」が「場面の制約」を受けて変容した「辞の法」（同、三二頁）であり、「敬辞は場面に対して函数関係を持つて居る」（同、三三八頁）ということの意味もそこに求められる。時枝はさらに、江戸期の国学者鈴木朖の説を敷衍して、「辞」と「敬辞」の関係を、

詞：辞：敬辞＝器物：それを動かす手：手の動かし方

という三項的なアナロジーの中に位置づけもする（同、三三八頁）。「函数関係」や「手の動かし方」といった着想はそれ自体として十分魅力的ではあるだろう。しかしながら、それらの新しい道具立てがもたらしたのは、（「詞」と「辞」に加えて）「辞」と「敬辞」との間にさらなる区別をつくるために連ねられた、どちらかといえば自己言及的な説明が主であって、「場面」との間にどのような「函数関係」があり、それによってどのような「手の動かし方」が可能になるのか、といった実質的な議論の深まりを見せてはいない。

つまり、時枝の実際の議論を追うかぎりでは、「場面」を特権的に「辞」の敬語の関与者として割り当てるための十分な根拠は現れてこないのである。（最も象徴的なのが、時枝が、敬語として用いられる助動詞「る・らる（・す・さす・しむ）」を「辞」ではなく「詞」に割り当てたことである。［注5］参照。）そうなると、さきの議論と合わせたところに立ち現れてくるべきだったのは、むしろ、「詞」の敬語と「辞」の敬語とをとわず、「場面との間に函数関係の存在する」ものとして敬語全体を捉えるような〝敬語の場の理論〟だったのではないかと思われてくる。おそらく、当時の時枝の脳中には、自らの設定した「場面」（における聞き手）と「素材」（としての聞き手）との、次元の相違に対する楽観があっただろう。彼にとっては、「場面」が言語に対して「機能的関係」をもてるのは、あくまで「辞」の次元でなければならなかったし、他方で「詞」の敬語の方は、言語主体の関与が間接的である概念世界における「素材」間の関係にすぎない、と言われるべきものだったのだ。

ところが実際には、素材間の関係を追って行くうちに、「素材」としての聞き手がいつのまにか素材の世界を突き破って「場面」の世界に出てきてしまった。時枝はのちにそのことに気づく。そして、気づいたとき、その議論を消してしまった。『原論』における扱い方は、それが真相であることを示唆するに十分である。『原論』では、「場面の制約」という言葉が「詞」の敬語と「辞」の敬語の両方に用いられるようになる。一応修正したかのように。

言語に於ける客体的な素材が場面の制約を受けた時は、それは素材に対する特殊なる把握の仕方に於いて詞としての敬語となることは、前項に述べた所である。次に言語に於ける主体的なものの表現も、場面の制約を受けて敬語となるが、これは専ら、主体の聴手に対する敬意の表現となるのである。（時枝［一九四二］四六五頁、傍点引用者）

しかし、これは修正ではないのである。以前の論文では、「場面」の概念はほとんど「聴手」と置き換えても差し支えないくらいに近似のものとして扱われていた。しかし今度は、そのうちの「聴手」だけが切り離されてしまう。すなわち、「場面」は詞辞の両方にまたがるものとして語られるが、「聴手」の関与はもっぱら「辞」の敬語にのみかかわるものとして語られる。そしていつのまにか、「詞」の敬語について語る際には、「聴手」という言葉が注意深く避けられるようになってゆく。[11]聞き手の関与をあまりに明瞭に示してしまうダイクシス的語用論もまた、それが彼の必要とする以上に説得的でありすぎるならば、「聴手」の語とともに抹消されなければならなかった。

### ▼時枝敬語論の〝不幸〟

「詞」の次元に聞き手が現れすぎることの不都合はどこにあったのだろうか。おそらくそれは、「言語過程説」そのものに起因する不都合である。言語過程説における「主体」とは、素材の認識主体であると同時に発話の行為主体でもあるが（この点は間違いなく斬新である）、そこでは、「具体的事物或は表象」を起点とする「詞」の過程よりも、「言語主体に属する判断、情緒、欲求等」を起点とする「辞」の過程の方に主体としての重きがある（時枝［一九四一］三四－三五頁）[12]。ところが、その説を検証する恰好の実験場だったはずの敬語論において、「敬辞法」を操る「辞」の主体は、じつのところ、聞き手が目上の人間であれば「ます」や「ございます」を付けるという程度の主体にしかならなかった。そこにある「函数関係」をどれほど強調したところで、主体の主体性が具体の厚みを増すわけではなかった。つまり、敬語論の核心が「詞」の敬語論にあることは、あまりに明らかだったのである。

　認識主体の敬語論に深入りしすぎると、発話行為主体の方が小さくなりすぎる。時枝は単にそれを嫌ったのだろうか？　事情はもう少し深刻だったはずである。認識主体の役割が大きくなると、時枝が説明に繰り返し用いたフレーズ「特殊なるありかたの表現」では済まなくなることこそが問題だったのではないか。時枝が考えていたのは、与件としての「ありかた」があってそれを正確に「わきまえ」るような認識主体だった。ところが、〈視点〉の移動によって「ありかた」も変わるということになると、「ありかた」はもはや与件としての位置を失い、〈視点〉によって創出されるものと見なくてはならない。そうなれば、敬語論は、与件としての「ありかた」ではなく、それに先行する認識主体の「特殊なる態度」自体を主題化しなければならなくなるだろう。このことは、時枝の構想に反して、言語過程における「詞」の主体をこそ中心的に論じなければならないという事態を意味する。そのとき彼がおこなったのは、敬語論の方を収めてしまうことによって、言語過程説の骨組を温存しようとすることだった。[13]

時枝敬語論が、結局可能性の中心において受容されなかったことは、たしかに一つの不幸である。たとえば、つぎに引く石坂正蔵の評言は、時枝の額面どおりの構想に対して忠実ではあるが、総体としての方向性においては時枝と正反対を向いている。

要するに時枝博士は、敬語を言語主体の敬意の表現として出発されたのであるが、知的認識面の強調によりその点一貫されなかつた憾みがあると言はねばならない。

（石坂［一九四四］二〇六―二〇七頁）

時枝が自らの言語過程説と詞辞二分論に引きずられすぎた、という批判は正しいだろう。だが、時枝の理論に対する無理解が生じたのは、彼が〝主体の敬意〟を一貫させなかったからではない。むしろ逆であって、原因は、彼が〝主体的敬意〟の表現たる「敬辞法」に未練を残しすぎたために、せっかく自らがたどり着いた語用論的な〈関係認識〉の敬語論を徹底できなかったところにあると言うべきなのである。

このつけは小さくなかった。時枝の死後に至ってなお、山田と時枝の対立を調停しようとする調停者自身が時枝を〝消化〟できないのである。『国語構文論』と題した書物の「附説」という位置で敬語の問題を論じた渡辺実もその一人だった。渡辺の明快な論の核心はむしろ時枝と近いにもかかわらず、彼は時枝を認めることができない。「現代語の敬語は聞手を度外視して使われることが

ない」と述べる渡辺は、身内敬語などを避ける「敬語抑制」、すなわち、

> 話題の人物に対する敬語（受手尊敬・為手《して》尊敬）は、聞手に対して失礼にあたる場合にはさしひかえられる。（渡辺［一九七二］四三四頁）

という敬語使用の重要な原則を強調し、それによって「消極的ながら聞手への敬意が示される」（同、四三七頁）という点まで怠りなく指摘する。(14) 聞き手の一線を原則化するのは、いうなれば時枝の〝わきまえ〟的〈関係認識〉の敬語論を、敬語の使用レベルの原則に落とし込むことであり、その意味では時枝敬語論の延長と言っても差し支えない。ところが、敬語抑制を論じるすぐ前の部分で渡辺は、時枝の〈関係認識〉説を「従うべからざる見解」と批判し、それをわざわざ話し手の〈敬意〉の表現であると言い直した上で、

> 尊敬する気持が話手にあれば無条件に……敬語を用いることが出来るかと言うと、決してそのように簡単にゆくものではない。（同、四三二頁）

と述べるのである。

渡辺の主張は、彼の意図とは反対に、時枝の主張に戻っている。まさしく渡辺自身が「敬語抑制」として原則化したように、敬語を〝気持ち〟の表現と見たところで、現実の敬語使用はその〝気持ち〟を（すくなくともそのままの形では）反映しない。だからこそ、敬語使用を貫く原則は

〝気持ち〟の外に求められねばならないのであり、その答えとして時枝は、〝わきまえ〟的な〈関係認識〉とそれに基づく〝ふるまい〟としての敬語使用の行為を語ったはずだったのだ。[15]

ここまで〈敬意〉と〈関係認識〉の対立として見てきたものは、もう一段抽象化すれば、〝コミュニオン(霊的交流、交感)[16]の敬語〟と〝コミュニケーション(交通)の敬語〟という二つの敬語像の対立である。たとえば前章で見た二人、とりわけ山田孝雄の〈敬意〉の敬語観は、身分関係表現としての機能を敬語から切り離し、「親愛の情」のような情緒的通じ合いを敬語の本質と見る点で、典型的に前者の敬語観である。一方、時枝が敬語の核心に据えた〈関係認識〉の敬語観は、日本人による敬語論に初めて登場した後者の敬語観である。[17] 時枝敬語論の不幸は、その核心が〝コミュニケーションの敬語〟にあることが理解されず、のちの評者たちが〝コミュニオンの敬語〟の観点を手放そうとしなかったことにある。[18] そのために、〝コミュニケーションの敬語〟論の展開は三上章を待たなければならなかった。だが、詰めの一手を打たなかったのが時枝自身だったのであれば、それを時枝の〝災難〟と呼ぶことはできないだろう。

しかし同時に、時枝敬語論の核心を〝コミュニケーションの敬語〟に定位するならば、現在いうところの語用論的考察にまで到達していた彼の敬語論の先進性には疑問の余地がない。〈関係認識〉の基準が「上下尊卑」の「わきまえ」という身分社会的な観点に基づいていたとしても、その責は敬語そのものの側にあるのであって、彼の敬語論にあるわけではない。

# 4 虚礼のシステム——三上章

## ▼二つの争点

諸家の認めるように、戦前の敬語研究は山田孝雄と時枝誠記によって代表される。しかし、二人の敬語論は、すでに見た点を含め敬語像の全面的と言ってよい相違によって鋭く対立している。対立の焦点は、二組の対立項として要約される。

(a) 「絶対敬語」対「相対敬語」
(b) 「文法論的」対「語彙論的」

(a)は、日本語敬語の最も基本的な性格を、いわゆる絶対敬語——話し手から見て敬うべき(目上の)人物をすべて敬語的上位として待遇するシステム——にあると見るか(山田)、いわゆる相対敬語——聞き手と登場人物との人間関係に応じて敬語の使用/不使用が変動するシステム——にあると見るか(時枝)の対立である。(b)は、日本語敬語の最たる機能を言語のどの次元に見るべきかについての対立で、敬語をヨーロッパ諸言語の「人称」と同等の文法的機能を果たすものとして「文法論的」事実と見る山田に対し、事態の関係的な把握を語の意味として実現する「語彙論的」

現象であるとする時枝が強く反駁した。これらの争点をめぐって二人の間で直接論争が交わされた事実はないが、その対立の構図が戦後の敬語研究にも引き継がれて影響を及ぼし続けた。そこで、本章と次章で(a)の対立における焦点を敬語論の具体的な展開の中で確認してゆくことにしたい。(b)については、［Ⅲ-1］であらためて取り上げる。

まず、絶対敬語の山田と相対敬語の時枝との争点をあらためて整理しよう。さきに見たように（［Ⅰ-2］p.29）、山田は、上代（奈良時代）に敬語の範を求め、中古（平安時代）～中世（鎌倉・室町時代）～近世（江戸時代）へと時代が下るにつれて、敬語は「繁文褥礼」の度合いを強めたと言う。上代の敬語にこそ敬語の〝本質〟があったと見ることは、すなわち、それ以降明治までの約一〇〇〇年間の敬語をすべて、多かれ少なかれ〝乱れ〟として副次的な位置に置くことを要求する。山田が排除しようとした長い期間は、武家勢力が次第に勢力を拡大し政権を担うに至った時代であり、それはまた、敬語が相対的な性格を増していった時代と重なっている。

つまり山田の論理は、「繁文褥礼」をいわば武家固有のものとして印づけると同時に、（武家において当然顕著な）階級や身分といった社会制度的な要因を敬語の外部に排出し、敬語〝そのもの〟は、尊敬感情とも呼ぶべき実体的敬意の絶対的表出として保持しておこうとする論理であった。絶対敬語においては目上の人物は必ず目上として待遇することになるから、それを〝自然〟な感情の表れだと言っても、とりあえず論理的に破綻しないように見えるところが支えである。

一方、時枝の論理は〝自然〟の捉え方がまったく逆である。敬語は「上下尊卑」を識別する「わきまえ」であると論じる時枝から見れば、すくなくともそれは、〝自然〟な感情そのままの表れではあり得ない。しかも、その「わきまえ」は、場と話題の人物に応じて待遇をそのつど変動させる点で、敬語の〝不使用〟を焦点化する。となればそれは、〝自然〟を抑制した結果ではあっても、〝自然〟に依拠したままで説明可能な事象ではなかった。

山田の行き方は、言語を制度としてではなく、あくまで主観の沈殿として捉えようとするものだった（〝コミュニオンの敬語〟）。それに対して、時枝の論は、言語の制度的な側面を敬語の内に取り込むことで成立している[1]（〝コミュニケーションの敬語〟）。このかぎりにおいて、山田の論を一つの敬語意識ないしは敬語の〝理念〟の表明として読むことは可能である。しかしながら、事実問題として山田の論が成立しているかといえば、それはまた別である。

日本語の敬語は、絶対敬語的な性格が弱まるとともに相対敬語的な性格が強まるという変遷をたどってきた。絶対敬語的な用法の存在は時枝ももちろん知っていたが（［Ⅰ-3］注9）、しかし、当代の敬語が身内敬語の抑制をはじめとする相対敬語性によって顕著に刻印されているときに、それを説明できない敬語論は理論たりえないと彼は主張したのである。絶対敬語的な身内敬語の用法は近世の狂言や浄瑠璃などにも見られるし、現代語でも方言レベルでは、北陸、近畿から広く西日本にわたってその例を見出すことができる。しかし他方で、平安時代にはすでに清少納言の『枕草子』に身内敬語の使用を批判するくだりが見られ、前述のロドリゲスが記述した中世から近世への過渡期の敬語もまた、相対敬語性をすでに十分強めた敬語である[2]。敬語論が敬語を説明しようとするかぎり、相対敬語の枠組みで絶対敬語を説明することはできても、その逆は成り立たず（本章「〝虚礼〟と〈距離〉」の項参照）、この点で、日本語敬語の基本的性格を絶対敬語に置こうとする敬語〝本質〟論は、相対敬語を前にして必ずどこかで立ち行かなくなる。

山田の論理が成立するには、じつはもう一点の支えが必要だった。山田が断じてみせたように、上代の敬語とともに明治以降の敬語もまた〝本質的に〟非相対的な敬語でなければならず、そうであればこそ、どれほど長くとも両側から挟まれた期間を排除することができる。しかしながら、明治から今日に至るまで、日本語敬語の相対的性格はなお十分に顕著である以上、山田の断定を事実とすることはできない。山田の論はつまり、言語の制度的側面を〝悪しき世〟の問題として放擲することではじめて成立する論法なのであり、善からぬものに説明を与える必要はないというスタンスにおいて、それは理論ではなくイデオロギーだと言わなければならないだろう。

### ▼三上章の「敬語法のA線」

相対敬語的敬語像と絶対敬語的敬語像の相克は、〝システム〟としての敬語を描き出した三上章の敬語論と、戦後的な〝心〟の敬語観の創出と定着に大きく寄与した金田一京助の敬語論に、より主題化され、かつ、より錯綜した形で見ることができる。ここではまず、時枝とほぼ同時期に敬語に関する最初の考察を発表し（三上［一九四二］）、戦後さらに論考を重ねていった三上から見てゆくこととし、金田一の敬語論とその影響については次章で述べる。

三上章(3)の敬語論は、

日本語の敬語は、聞き手の相対的位置（A《あいて》線）を決定線とする「相手本位」のシステムである。

というほとんど一点に収斂する。『現代語法新説』（一九五五年）の第七章として書かれた「敬語の心理」の三上自身による要約から引用しよう。

> 敬語法は身分の上下関係を反映する言葉使いだが、上下関係の上下の基準は、むろん敬語法的に有効な上下の基準は、話手ではなくて相手なのである。この原則を、私は主語抹殺論の副産物として得たが、言葉使いの心理を素直に反省してみるだけでも、この「相手本位」の原則に達するはずのものではないだろうか。ともかく「相手本位」は敬語法の敬譲のすべてを説明することができるし、従って当然、この原則さえ守れば敬語法を使い誤ることはない。
>
> （三上［一九五五／一九七二］一五頁）

ここには、敬語と敬語研究に対する三上のスタンスが凝縮された形で述べられている。第一に注目すべきは、三上が敬語を「身分の上下関係を反映する言葉使い」として明確に位置づけていることである。三上にとって敬語は、他律的な制度性の言語的次元への反映ないしは投射であって、個々人の内なる感情の表出ではない（三上が使う「心理」という語は「感情」には置き換えられない）。この点は時枝以上に徹底されており、そこから第二に注目すべき点としての、敬語の〈使用〉

への視線が導き出される。敬語の使用原則を抽出しようという態度は、決して無前提に出てくるものではない。もし敬語が感情の〝自然〟な表出なのだとすれば、その「使用原則」を立てること自体が一種の論理矛盾を孕まざるを得ない。つまり、〈使用〉という視点は敬語を自然に対置される制度的な次元に定位してはじめて取り得るものなのである。

それゆえに、三上が敬語使用の決定線として提示した「A線」の原則は、山田とは反対に、「身分の上下関係」が明確な武家社会や軍隊を範型として抽出された原則だった。三上は源氏と平家を登場させた古文のセンテンスを用いて考察したが、それについて「敬語法のイデオロギイから言っても、封建時代のセンテンスの方がふさわしい」と言っているのも（三上〔一九五三／一九七二〕二四頁）、単に古語か現代語かの相違というより、身分関係が基盤にある社会の敬語を考察のベースに置こうとしたことの表れと見るべきだろう。

では具体的に三上の考察を追ってみよう。三上が出発点としたのは次の例文（三上による作例）である（同、二四頁。例文中の敬語的要素に括弧を付し、一部表記を変更した）。

源（殿）ガ　平（卿）ニ　盛衰記ヲ　貸シ　（奉リ）　（給ヒ）　（候ヒ）　キ

謙譲　尊敬　丁寧

〔源と平の身分関係は、平の方が上であると固定して考える〕

敬語使用の原則を「主語抹殺論の副産物として得た」とさきの引用にあったように、敬語研究者ではなく文法学者だった三上の当初の関心は、いわゆる「主語」がヨーロッパ諸言語における「主語」と同等のものであるか否かの考察に向いていた。すなわち、日本語の「主語」がその名に値するものならば、文法的なふるまいにおいて「主格」が絶対的に優位でなければならない。そのテストを敬語においておこなったのである。

よくおこなわれている敬語の三分法に関する説明、

尊敬――主格に対する話手の敬意
謙譲――与格（または対格）に対する主格の敬意
丁寧さ――相手に対する話手の敬意

（同、二四頁、傍点引用者）

が正しいとすれば、たしかに「主格」だけが、話し手からの敬意の対象ともなり与格（または対格）への敬意の与え手ともなる点で特権的な格であり、したがって「主語」の名にも値する。そして、主格／与格／話し手／聞き手（相手）の四項間において、以下の諸点が実際の用例に当てはまるという裏付けを得ることができれば、この説明は妥当であることになる。

主格が話し手より目上であれば、
主格に対する話し手の敬意の表現である尊敬語「給フ」がつねに現れ、
与格が主格より目上であれば〔この点はさきにそう仮定した〕、

与格に対する主格の敬意の表現である謙譲語「奉ル」がつねに現れ、
相手が話し手より目上であれば、
相手に対する話し手の敬意の表現である丁寧語「候フ」がつねに現れ、
結局、これらの条件が満たされるかぎり、敬語はつねに、
源殿ガ　平卿ニ　盛衰記ヲ　貸シ　奉リ　給ヒ　候ヒ　キ
と同じように現れる。[4]

ところが、古文のテキストに当たってみてもそうはなっていない、というのが三上の得た結果だった。三上がおこなったのは、「文面に登場する源平両氏〔一般化していえば話題の人物たる動作主=［主格］と受容者=［与格］〕と、文面外の話手Hと相手Aとの計四人の社会的地位の上下をいろいろに動かしてみて、尊敬、謙譲、丁寧さがどのようなあらわれ方をするかを調べ」ることだった（同、一二五頁）。すると、与格の方が主格よりも目上であっても、「奉ル」は現れたり現れなかったりし、上の説明どおりにはいかない。「給フ」についても同様で、主格が話し手より目上であっても、現れたり現れなかったりする（同、一二六頁）。

その決定要因は、話題の人物でも話し手でもない関与者、すなわち聞き手（相手）にあった。三上の掲げている表を引用しよう。（同、一二七頁。ただし、三上が「平」「源」としているところを「与（格）」「主（格）」と一般化して表記し、また、話し手は四人の中で一番下と仮定、丁寧語につ

いては省略した。少し言葉を補ってある）。

| 身分関係 | 上 ↑ A ↓ 下 | | 敬語の現れ | |
| --- | --- | --- | --- | --- |
| ケース | | | ～ニ | ～ガ |
| 1 | 与、主 | | 奉リ | 給ヒ |
| 2 | 与 | 主 | 奉リ | × |
| 3 | | 与、主 | × | × |

表中にAとあるのが相手の地位のライン、すなわち「A線」である。この表を読めば、尊敬語「給フ」が現れるのは主格（源）がA線よりも上である場合、謙譲語「奉ル」が現れるのは与格（平）がA線よりも上である場合に、それぞれ限られている。のちの三上の言い方も先取り的に加味して要約すれば[5]、いわゆる尊敬語と謙譲語は、各々、

尊敬——相手から主格への敬意に対する話し手の同意

謙譲——相手から与格（または対格）への敬意に対する話し手の同意

といった具合に修正されなければならないことになる（丁寧語に関してはとくに修正を要しない）。かくして、「A線こそは、もっと正しく言うと、H〔話し手〕に支えられたA〔相手〕の地位こそは敬語法の決定線である」と述べられるのである（同、二八頁）。そこでは主格が格別の働きをすることはないから、主格の優位はすくなくとも絶対的なものではなくなる。敬語の現象はそうして、三上の主張である「主語抹殺論（＝主語廃止論、主語否定論）」の一つの根拠となってゆく。(6)

## ▼〝タテ敬語〟の「原理」

しかし、この三上説は、無視されることも多く（少なからぬ研究書や論文が参考文献にさえ挙げていない）、そうでなくても肯定的な評価はあまり受けなかった。たとえば北原保雄は、三上説を総括して次のように述べる。

ただ、三上の法則はむしろ現代語に適合するもので、それを古語の例文で説明しているのは誤りであるし、現代語においてもA線一本に公式化できるものかどうか疑問も残る。

（北原［一九七八］三〇一頁）

古文の敬語には当てはまらないし、現代語に当てはまるかどうかも怪しい、となれば、三上の「法則」の存立自体が危ぶまれるということである。

このルールに関しては、少なくともこのままの形では、現代敬語にはあてはまらない。
（菊地［一九九四／一九九七］一三七頁）

と述べる菊地康人も、「ルール」としての成立に否定的である。三上説に従えば敬語が抑制されるはずのケースでも、たとえば、学生が教授に向かって助教授のことを述べるような場合は敬語を使ってよい（同、一三三頁）わけで、菊地はそこから、現代語向きに修正した「〈適用〉のルール」、

・聞手から見て高める対象とは思われないような人物〔第三者〕を高めるのは、聞手に対して失礼になる。

・〔ただし、〕聞手から見て同等以下の人でも、話手がその人を高めることで結果的に聞手のことも立てることになる場合は、その人を高めてよい。（同、一三〇-一三一頁）

を立て直す[7]。

つまり、三上の「敬語法のA線」は、そのままでは古文の用例も現代語の用例も十分に説明しないというのが大方の評価であり、しかもそれは、実際の用例との不一致という点で、故なき評価ではない[8]。三上の説が無視されることが多かったのは彼が在野の学者だったたゆえの側面も否定できないが、三上の議論にも難点があった。

最も大きいのは、「敬語法のA線」が理論的にどの審級に属するかについて、三上が明確に述べ

なかったことである。彼は、「敬語法のA線」から得た結論を「敬語の法則」（三上［一九五三］一二五頁）、あるいは、他の多くの場所では単に「原則」と呼んでいる。次の引用を読むと、それは、自然科学の法則よりは緩く、個々の場面での「適用」よりは抽象度の高いものとして想定されていたように見える。

　敬語の法則は、他の文法規則に比べると、守る必要がやや少いとともに、いろいろ守りにくい事情がある。少くとも、適正な適用はむずかしいことが多い。（三上［一九五三／一九七二］一二三頁）

現実の「適用」はなかなか「法則」どおりに行かない、と三上自身が認める「法則」には、別の言葉の方がふさわしかっただろう。「敬語法のA線」から導かれる意味を、三上は、

　敬語法における敬意はすべて相手に終始する敬意である。（三上［一九五三／一九七二］一一八頁）

と述べ、のちには「相手本位」という言い方で明確化している（三上［一九五五／一九七二］一九四頁）。これはすなわち、相対敬語としての日本語の敬語法が、いうなれば、

　話し手の視点ではなく聞き手の視点を採用せよ

という最上位の規定によって枠取られているということであり、(9)その意味では、「敬語法の法則」よりも「敬語法の原理」（あるいは「相手本位の敬語法の原理」）と呼ぶ方が適切なものだった。A

線とはその原理の具体的な基準線であり、原理が適用される際の〈視点〉の位置のことである。

三上がもっと強調してよかったのは、そして三上が最も理解されなかったことは、右の原理が身分の直線的な上下関係を軸とした相対敬語性を規定する必要十分条件だという点である。身分関係が武家や軍隊のような直線的なそれであるならば、三上のA線はかなりそのままで適用されることになる。三上は軍隊という社会とそこでの言葉遣いを「模範的」とまで言うが（同、二〇〇頁）、それは敬語法という慣用の制度的性格が、軍隊を典型とする人為的に構築された社会の仮構性において最もよく表れると彼が考えたからにほかならない。他方、人間関係が必ずしも直線的でない社会（現代がそうである）ならば、敬語使用の基準である相手との関係を「話手が主観的に測定するより手のない場合が多い」ことは三上も承知していた（同、二〇一頁）。だからそこでは、たとえば〝ウチ／ソト〟の境界線がどこに引かれるかは、話し手自身の判断に依存する度合いが高くなる。

身分関係が直線的なケースと必ずしもそうでないケースを比べてみよう。軍隊ならば、

〔中尉Hが〕中将Aに――S中佐ガコウ申シテオリマス（同、二〇〇頁）

となる（相手Aから第三者Sへの〝不敬意〟に対する話し手Hの同意）。つまりこの場合、「敬語法のA線」は、「敬語法の原理」と（その一段下の）「敬語使用の原則」とを同時に体現する。これに対し、同じく上下の関係が顕著でありながら、上下だけには収まらない複数のグループによって構成される学校のような社会では、

学生Hが教授Aに――S先生（助教授）がこうおっしゃっています

と言ってよいことになる。学生から見れば、助教授Sは教授Aの〝ウチ〟に属するために、さきに引いた菊地の2番目のルールが適用されて、助教授Sは敬語的上位に待遇されるからである。この場合、「敬語法の原理」には変わりがなくとも、「敬語使用の原則」の方は、いわば形を変えた「敬語法のA線」によって体現されることになる。(10)

三上の論に戻るなら、彼の定式を最も純粋例的に体現するケースは、A＝天皇のケースである。この場合なら、話し手のいかに敬愛する人物であろうと、その人物に対する敬語は、抑制されるか、すくなくともかなり割り引かれる可能性が高い。三上は次のように言う。

しかし、はたして相手による敬語の手加減がないものだろうか。私は、やはりあると思う。特別な場合を取ってみれば、たとえば明治時代の明治天皇の前にでも出たとすれば、

我ガ師大槻文槻《ママ》ハコウ申シテオリマス

というふうな言葉使いになったろうと想像される。相手（明治天皇）本位によって恩師尊敬がゼロに帰するだろう、少くともかなり切下げられるだろうと想像されるのである。

（同、一九八頁）

三上は「明治天皇」を例にしているが、このコードは、現代においても規制力を失っていない。

これと表裏をなすのが、話し手が自分自身を敬語で待遇するいわゆる「自敬敬語」である。たとえば天皇が話し手である場合、話し手から見て聞き手は基本的に皆自分より目下である。その聞き手のところに「A線」を引けば、天皇自身はA線より上に位置するから、自身に言及する場合に敬語を用いてもおかしくないという説明が成り立つ（三上［一九五三／一九七二］一一九頁）。天皇ほど特殊な地位でなくとも、

たとえば、今日ではやゝ古風ないわゆる良家の両親が、或る年令以上の子女のことを召使に向って話す場合を想像してみると、

坊チャンハモウオ帰リニナッタカ？

というふうに自分の子女にも敬語を使いそうだが、それで正しいわけである。

（同、一一九頁）

という場合も、話題の人物（自分の子女）がA線（召使）から見て上に位置することに相違はなく、自敬敬語と同類の用法として説明することができる。（この見方は時枝とまったく同じである。［Ⅰ-3］p. 50参照。）

このように見るならば、三上の敬語論は、天皇を頂点とする直線的な身分の上下関係を軸とした〃タテの敬語〃を解明する論だったと言うことができるだろう。欲を言えば、三上は「原理」的な次元と（菊地が言うような意味での）「適用」に関する下位原則の次元とを分けるべきだった。し

かし、タテ敬語の相対敬語という観点抜きに日本語の敬語を説明することはできないという論点を三上の核心に見るとすれば、そのかぎりにおいて彼は誤っていない。

### ▼〝虚礼〟と〈距離〉

三上が「相手本位」と呼んだ相対敬語の体系は、言い換えれば、話し手から聞き手への〈視点〉の移動が制度化された言語的ふるまいの体系だった。そうした視点移動を話し手に課す仕組みというのは、そうでない仕組みに対して有標（marked）と見ることができ、視点移動を課さない無標（unmarked）の――「話手本位」の――仕組みと対をなす。二つの仕組みのこうした関係を、三上は発展段階説的に捉えた。

発達ということから言えば、今一つ前の段階を設けて、次のようにしたらいいかも知れない。

| | | |
|---|---|---|
| 幼年 das Kind（soprano） | 主客未分 | |
| 少年 der Knabe（alto） | 話手本位 | 〔絶対敬語〕 |
| 成年 der Mann（bass） | 相手本位 | 〔相対敬語〕 |

（三上［一九五五／一九七二］一九六頁）

敬語法の〝発達〟を人間の成長になぞらえて説くことに対しては、すくなくともミスリーディングであるとの批判があり得るだろうし、「ソプラノ／アルト／バス」の比喩も成功しているとは言い難いが、それらの点を措くとすれば、（無標の）絶対敬語から（有標の）相対敬語へという展開は歴史的にも支持される。

三上のユニークさは、こうした段階説的な区分をそれだけで終わらせることなく、その各々において表現されるものの性質の違いにまで踏み込んで論じたところにある。最初の「主客未分」と後の「話手本位／相手本位」との差異を、三上は「実感」対「礼儀」の差異として押さえる。前者は「神仏に対する」ような「素朴な実感」のことで、「敬語の発生を説こうとすれば、ここに触れてくるかも知れないが、文法としては発生の問題には坂上らない」（同、一九七頁）として、三上はそれを問題の外に置く。この線引きによって、敬語が表現する「礼儀」は、すくなくとも「実感」そのものではないことの確認がなされる。

「礼儀」について三上は、「実礼」と「虚礼」（と「偽礼」［後述］）という三つのラベルを用意する。「話手本位」と「相手本位」の仕組みで各々表現されるのは、「やや『実礼』」と「社交的な『虚礼』」とである（同、一九六頁）。話し手の視点に立って高めるべきを高める「話手本位」の仕組みでは、基本的に敬語的表現のベクトルは「主客未分」の「実感」の場合と一致することになるので、そこでの礼は実《まこと》の礼に近くなる。これに対し、「相手本位」の仕組みでは、聞き手を始点とする敬意のベクトルを話し手が引き取って表現することになるから、その場合、礼は虚構的に再構成されたものにしかなり得ない。三上が言いたかったのはそういうことである。かくして、敬語法の三段階の各々において表現されるものを、次のように付け加えることができる。

主客未分　素朴な「実感」
話手本位　やや「実礼」としての礼儀
相手本位　社交的な「虚礼」としての礼儀

「相手本位」の相対敬語と「虚礼」としての敬意、という三上敬語論の二つの鍵概念が、こうして出揃うことになる。文法家三上にとって、この「虚礼」概念は「相手本位」に劣らず重要なものだった。論考「敬語の心理」の冒頭近くで、三上は「銀ギセル」にたとえて、敬語法は銀製の火皿と吸口をつなぐ竹製の「ラオ」[11]のようなものだと言い、その心を、敬語法は話し手の「態度」の表現ではあるが、断定／疑問／推量といった話し手の「自律的な」態度とは性質を大きく異にするからだと説明する。つまり、敬語法を文法の中に位置づけるとしたら、

火ざら（銀）――話手を超越した内容
ラオ（竹）――話手の他律的な態度
吸口（銀）――話手の自律的な態度

（同、一九二―一九三頁）

のようになって、「話手の内側から出る要求」ではなく「話手が場面によって余儀なく取らされるポオズ（＝他律的な態度）にすぎない」敬語法は、命題内容としての「ディクトゥム」と言表様態（モダリティー）としての「モドゥス」の中間にあるものとして扱うしかない、というわけである。[12]

三上が敬語法の中間的な性格について「場面」の関与を指摘していることは、前章に見た時枝の「敬辞法」との類似と差異の両方を感じさせて面白い。時枝の「敬辞法」は「辞が場面の制約を受けて変容した辞の法」だった（［Ⅰ-3］p. 54）。これに対し、三上の「敬語法」は、時枝流の「詞」と「辞」にまたがった形で場面の制約の中で成立してくるような、一種の「法」的要素として捉えられていたことになる。ではその、話し手の、ではあるが、自律的ではない、心的態度・判断（モダリティー）とはどのようなものになるのだろうか。

「言語過程」の「主体」にこだわった時枝は、「事物を把握する特殊なる態度」といった言い方によってそれを「主体」の認識の内に収めておこうとしたのだった（［Ⅰ-3］p. 57）。だが、敬語使用の「他律的」性格を主張する三上には、説明のこうした方向性は認め難かったはずである。三上にとっても発話主体がいないわけではない。けれどもそれは、他律的な選択を、主体的に選び取ってゆくような主体である。この問いに対して三上は、「敬語のあらわれ方」に関する一箇条の「付則」によって答えた。

> 敬語の強弱は話手と相手との距離（上下を問わず）の大小に比例する。（同、二〇二頁）

たとえば同窓会に行ったとき、先輩は「サン」づけで呼び、後輩は「クン」で呼ぶ（三上はこれを「敬称『ン』」と名づける）。それに対し、同輩を呼ぶときは「敬称抜き」が多く用いられる。それはなぜか？　三上は、上下が開いていない分だけ同輩との距離は小さくなり、そのことが話し手に敬称の不使用を選択させるのだと説くのである。

敬語法の他律性は対人的な〈距離〉の関数として表れる。これはほとんど、のちに見る〝聖なるもの〟へのタブーに由来する儀礼論的普遍として主張されるテーゼと同じものである（[II-1]）。この「付則」の含意について三上がどの程度自覚的だったかは定かではないが、〈距離〉の概念によって、彼の敬語論に狭義の敬語についての論を超える窓が開けられたことは確かである。

> この〔……〕原則にそむくと、虚礼から偽礼に落ちる。旧学習院の言葉使い（徳川義親氏による）にはかなり偽礼的なものが見出される。中学生（今日の高校生）どうしが陰口の場面でも「何々先生ガコウオッシャッタ」など言うのはいかにも不自然である。我々庶民から見ると、クラスの同輩意識を裏切るような言葉使いである。（同、二〇三頁）

こう述べるとき、三上は虚礼の裏側を見ている。相手との間に距離を置くのが敬語であるならば、反対に、親密さの表現は距離を縮めることである。それにもかかわらず敬語を使い続けるならば、それはもはや虚礼ではなく偽《にせ》の礼でしかない。敬語そのもののその後の変遷の中で、敬語使用のベースが、身分の上下というタテ関係から親疎の関係というヨコ関係へと移行してゆくにつれ、この「付則」は、広い意味での言語的対人配慮に関わる一段上の「原則」としての位置づけを獲得してゆくことになる。

三上の虚礼は細部にまで神経が行き届いていた。敬語法に含めるか否かで後々議論になる軽卑表

現についても、三上は、

ののしり言葉も敬語法と全く無関係とは言えないが、敬語が相手次第の虚礼であるのに対して、ののしり言葉は話手自身の実感を表すという虚実の相違を持っている。（同、二一〇-二一一頁）

として、それが「反敬意」（同、二〇九頁）という〟マイナスの実礼〟である以上、虚礼の体系に含めることはできないと断言する。

三上のこうした議論は、そのまま「ポライトネス」の議論として読むことができる。惜しむらくは、彼が考察をそこで止めてしまっているために、彼の〈視点〉と〈距離〉の敬語論をそれ以上読むことができないことである。だがしかし、さらに惜しむべきなのは、三上の敬語論を引き継いで、それをポライトネス論に接続してゆく研究者が現れなかったことの方なのかもしれない。

# 5 〝うやまう心〟の〝まことの言葉〟——金田一京助と今

### ▼「これからの敬語」

敬語論の領域で金田一京助[1]の名は、おそらく二つの事柄によって記憶されているだろう。一つは、敬語の発達段階説を唱え、「絶対敬語」から「相対敬語」への歴史的展開を説いたこと、もう一つは、戦後に設置された国語審議会（第一期）の建議「これからの敬語」を部会長としてまとめ、その後の国語政策に長く影響を与えたことである。

一九五二［昭和二七］年、文部大臣宛に建議された「これからの敬語」は、戦前の「必要以上に煩雑」であった敬語の「行きすぎをいましめ」るとともに「平明・簡素」化することを基本の方針とした（「基本の方針」二）。具体的には、「お・ご」のつけすぎをやめ、「です・ます」を基本のスタイルとし、尊敬語は助動詞「（ら）れる」を用いた形を積極的に認める、といった提言が盛り込まれていた（4「お」「ご」の整理、5 対話の基調、6 動作のことば）。その後の敬語の変遷がおおむねこれらの提言に沿った形で実現していることを考えれば、人びとの言語生活の様相を実際に大きく変える力となったという意味で、「これからの敬語」は、言語政策的提言としてかなりの成功を収めたと見てよい[2]。

金田一の業績は、捉えやすく素直で明快な印象を与える。そのためか、金田一自身の敬語意識についてはほとんど語られることもない。だが、たとえば「これからの敬語」という提言は、それまで敬語使用の基準だった「上下関係」を、「各人の基本的人格を尊重する相互尊敬」という基準に置き換え、敬語使用の軸自体を〃タテ〃の関係から〃ヨコ〃の関係へと置き直すという（「基本の方針」二）、ラジカルな転換を求めた提言である。その言語政策的なインパクトの大きさを考えれば、金田一自身の敬語論について、あらためて確認しておく意義はあるように思われる。

## ▼敬語と女性語

金田一は戦時中から敬語に関する文章を書いている。そこには、国粋主義的な色彩は見られない。金田一が戦後まで説き続けるのは、敬語が「女性語（婦人語）」と同源だという主張である。たとえば「女性語と敬語」（一九四二）の中で、彼はこう述べる。

> 婦人語の特徴は、敬語の多いことであり、敬語の発達は、婦人語の発生と切っても切れない縁があるのである。ゆえに敬語の起原を考えることは、婦人語の起原を考えることである。
>
> （金田一［一九四二／一九九二］三〇四頁）

何かを論証しているかに見えるこの一節は、じつは何も論証していない。引用文中の「婦人語」と「敬語」の箇所に、関係の有無が判然としない二つの語を代入してみればわかるように、このロジックを経ることによって二つの概念の因果関係が論証されることはない。[3] しかし、一旦こう述べられた後は、両者の関係は論証済みのこととして、たとえば次のように言い換えられてゆく。

即ち、敬語というものは、こうして、悠久な昔の女性のタブーに源を発した忌言葉に系統を引くものである。その忌みの感情の、無意識の記憶が文化とともに向上して優美な雅言となって女性語ともなり、敬語法ともなったのである。（同、三〇五頁）

この論法が成り立つのは、「婦人語」と「敬語」の関係がすでに立証されている場合に限られる。その意味で、金田一の論法は、論証されることのない結論先にありきの論法である。

金田一の女性語に対する思い入れは強く、それは女性語礼賛の趣さえ見せる。なぜ女性語か？それは、女性語こそが「日本語の美しさ」を体現すると彼が考えたからにほかならない。女性語について金田一が述べる言葉は、「うっとり」や「陶酔」、あるいは「打たれ打たれする」といった過剰な形容に彩られている。

私はごく上流の女性語を知らないけれど、或は行きずりに、或は雑沓の中で、日本婦人語の魅力を発見し聞きほれたことが、どれほどあったか、今一々記憶しないが、実践女子専門学校のS先生や、お若いところで、二本松さんなどの、或は電話口で、或は、先生またはお友だちと、朗々と話して居られるのを側で聞いて、うっとりと目をつぶって、日本語の美しさに陶酔することがあったのは、お二人は音声そのものも綺麗だったけれど、それよりも、敬・謙・恭・愛・親、各称の洗練されたみごとな交錯の、一糸乱れない使い分けに、打たれ打たれするものだったことを思い出すのである。（同、三二頁）

ここで彼が「敬（称）・謙（称）・恭（称）」と呼んでいるのは各々「尊敬語・謙譲語・丁寧語」のことであり、また「愛（称）・親（称）」とは語の裸形を各々同輩・目下に用いることである（この二者の区別は判然としない）。金田一にとって、これらの各称の完璧な「使い分け」が女性語の〝美しさ〟であり、それがすなわち敬語の〝美しさ〟である。戦後になって書かれた「これからの敬語」の解題とも言える同名の文章の中で、彼は次のように言う。


一歩すすんで、またこういう人々もある。

敬語は日本語の美しさである。日本語のうちにも女性語にとくに敬語が多い。すなわち日本の女性のことばは世界一美しい言葉である。これは大事に保存しなければならない。

なるほど、適正な敬語が、寸分くるいなく、軽重よろしきにかなってキッチリ行われるときに日本語の会話が美しさの極致に達する。（金田一［一九五三／一九九二］三六九頁）

「一歩すすんで……こういう人々」とは、ほかならぬ金田一自身である。敬語と女性語と「日本語の美しさ」の三位一体が彼の敬語観の根幹にある。

こうした敬語意識と、さきに見た建議「これからの敬語」の敬語意識との開きは、あまりに大きい。かたや、敬語の行きすぎを戒め、「相互尊敬」に基づいた〝ヨコ〟関係へと社会変革を求める〝民主主義的〟な建議であり、かたや、女性が「敬・謙・恭・愛・親」各称を寸分のくるいなく「使い分け」ることが保存されるべき「美しさの極致」であるとする〝保守主義的〟発言である。

彼のなかでこの開きを埋めるものは何だったのだろうか。それは、敬語における〝男性性〟の否定である。戦後まもなくに書かれた「日本語の美しさと日本女性」という文章の中に、女性語（母性原理？）の称揚と、男性語的敬語使用の否定を強く示唆する一節がある。金田一は、女性語が男性原理の闘争的な性格を諫める役割を果たしてきたと述べ、それが失われつつあることに対する憤りを書き綴る。

> 中にも日本婦道の言葉こそ、日本語の華であって、ややもすれば知的に走ってジグザグにしがちな男性の言語の奔騰を牽制し、日本の言葉を静かに浄化して来た力であるのに、何ごとぞ、刻下の女性語の、日に日にかどかどしく男性化して伝統の牽制力を自ら放棄しようとしつつあること。須らく、日本女性こそ、日本婦道の好さと共に、日本語の美しさを護り育て、『日本の母』の使う言葉にふさわしいものであらしめるように心しなければならないのではあるまいか。（金田一［一九四八／一九九二 三五〇頁］）

この直後に「附記」が続く。それは、とりわけ武家と商人を悪玉とする、〝悪しき敬語〟批判の言である。

附　記

敬語は禁忌の感情に由来したが、その発達には、歴史時代、上代から古代にかけては、特に皇室関係が重視されなければならず、中世から近代の封建時代には、武門の地位の向上から、武士間の作法がやかましくなって敬称・謙称が言繁くなり、近代から現代への市府の発達、商業の隆盛が、対沽客の関係に、行き過ぎの敬語を氾濫させて今日に至った。この限りに於て、敬語法の発達が階級意識と結びつく。今後の敬語法の整理問題には、この事をも念頭に置いて臨む必要があろう。（同）

敬語それ自体は「階級意識」と結びつくものではなく、敬語を階級意識と結びつけた「封建時代の社会の階級制度や、都市の商業主義のついしょう」（金田一［一九五九］三〇〇頁）に問題があったのだとするその趣旨は、支配原理としての男性原理の否定と非男性原理的なものとしての女性語の擁護にある。

だが、さきの引用中で彼は、「敬・謙・恭・愛・親、各称の洗練されたみごとな交錯の、一糸乱れない使い分け」こそが「日本語の美しさ」だと語っていた。そして、金田一が女性語を称揚したのは、場面と人物に応じた敬意の「軽重」を正確に反映する「使い分け」つまりその相対敬語性においてだった。ところが、その一糸乱れぬ「使い分け」とは、敬語の用法として彼が批判的にコメントする武家等の相対敬語的「作法」と質的に変わるものではなく、当然そこでもまた、彼の言う「敬・謙・恭」すなわち尊敬語・謙譲語・丁寧語の正確な使用が中心をなす。女性語は相対敬語性ゆえに称揚され、男性語はそれゆえに否定される。このかぎりにおいて、女性語と男性語をめぐる金田一の議論は、具体的な対応物を欠いたまま空転する。[4]

彼が戦前から一貫して女性語を〝敬語の源〟として賛美し続けてきた事実を考えれば、女性原理に立った「再興日本」の敬語というビジョンが単なる方便ではなく、むしろ彼の信念とも言うべきものだったことを示唆してもいるだろう。しかし、彼のいう女性語としての敬語を析出することは不可能であり、そうである以上、彼の敬語論は、思想というより憧憬と呼ぶ方がふさわしい語りだったと言うべきように思われる。

## ▼相対敬語と絶対敬語

ともあれ、このような金田一の敬語観は、彼自身が立てた敬語発達の三段階（金田一［一九四二］）、

タブーの時代　　絶対(性)敬語の時代　　相対(性)敬語の時代

の最後の段階、すなわち「相対(性)敬語」とのかかわりが大きい。

ここで金田一と［I-2］の山田孝雄を対照してみると、二人の位置取りがよくわかる。二人とも、武家支配の時代に発達した敬語を、敬語の〝純粋性〟を汚す〝夾雑物〟として退けようとする

点には変わりがない。しかし、敬語論における比重が「絶対敬語／相対敬語」のどちらにあるかを見てみると、二人の立場は異なっている。山田の場合は、相対敬語を排するところから、彼が〝本来の〟姿と見なしたい絶対敬語への傾斜を強め、明治の敬語さえもが絶対敬語的なのだと言い放った。山田はあくまで絶対敬語主義者なのである。一方、金田一は、男性原理と女性原理とを分割して持ち込むことによって、同じ相対敬語であっても、悪しきは男性原理に支配された敬語の方であり、女性原理に沿った敬語はむしろ日本語の美の極致なのだというロジックを展開した。つまり、相対敬語自体を排したわけではないという点で、金田一は相対敬語主義者だったと言えよう。

山田にとって、絶対敬語としての日本語敬語は、混じり気のない〝皇国の上代〟が皇統と同様に当代まで持続していることの証として、譲ることのできない一線だった。一方、金田一にとっては、日本語敬語の相対敬語性が、日本語の〝優秀性〟の証でさえある。戦前と戦後に書かれたものを、一つずつ引用する。

> 我々の国語には、ほかには、西洋諸国語に比して誇るに足るものがない。名詞に、格も数も性もなし、動詞に、人称も時も数もないのである。ただ西洋諸国語になく、我のみあって精緻を極めるこの敬語法の範疇こそは、いささか誇ってやられる点なのである。
>
> （金田一［一九四二／一九九二］三二一頁）

> 敬語の美しさは、日本語の生命であり、又他国語の容易に追随を許さない所である。殊に現代

口語に於ては、丁寧形の発達が著しく、敬語法が嘗て見ざる最高潮に到達した。(5) これが、粗野な田舎出のものの愈々《いよいよ》手古摺《てこず》る所以である。(金田一［一九四八／一九九二 三三六頁］)

最初の引用の直前では、敬語廃止を云々することは「日本語の特殊な良さを知らない言である」とも述べられている。つまり、金田一にとっての日本語の相対敬語は、発達段階の最高位に位置する誇るべき敬語であり、そしてまた、さきの女性語についての述懐にも垣間見えていたように、都会的洗練の言語的象徴でもあった。実際、金田一が日本語敬語の特質を述べるときしばしば引き合いに出す対立軸は、〝都会(の洗練)〟対〝田舎(の粗野)〟である。その価値観は、彼が否定的に語るときの常套句「山出しの田舎男」あるいは「粗野な田舎出のもの」に顕著である。

加えて言えば、金田一にとっては、「絶対敬語／相対敬語」の概念自体が、そうした評価的尺度から自由ではなかったように見える。たとえば彼が次のようにコメントするとき、主眼は「相対敬語」の「善さ」を述べることにある。

絶対的敬語時代は、敬語を用うべき人には常に用いさえすればよいから、単純だったのに、相対的敬語においては、その場で、附けたり、取ったり、附けるにも相応の形を附けなくてはならないから、その言いようというものは、微妙を極め、きちんきちんとそれが適度に行なわれる時に、何ともいえない善さを発揮するのである。が、それだけむつかしいことになってしまったのである。(金田一［一九四二／一九九二 三〇八頁］)

では金田一は、「絶対敬語／相対敬語」の概念にどのような内実を与えていたのだろうか。まず「絶対敬語」については、それがタブーの段階から発達した「敬語としては初期の発達」であり、「今日のアイヌ語の敬語などがそれである」こと、そして、「第一人称にも敬語形が用いられる」という「特色」が述べられる（同、三〇七頁）。この最後の点については、天皇の自敬敬語の例をもって補足されるが、金田一の考える「絶対敬語」の定義は結局述べられない。アイヌ語学者である金田一がアイヌ語に言及することは当然だとしても、同様に言及されておかしくない朝鮮語についての言及がほとんどないことは不自然にも見える。「相対敬語」についての記述も短く、「父様」「母様」が相手によって「父」「母」となりまた「愚父」「愚母」とさえなる、との例が挙げられた後で、「全く相手によって相対的に用いる敬語」（同、三〇八頁）と述べられるのみである。

このように、「絶対敬語／相対敬語」に明確な定義は与えられない。金田一がこれに不足を感じなかったのは、彼にとっては「相対敬語」と「絶対敬語」を〃彼我の差〃として捉えられれば十分であり、関心の中心は「相対敬語」の機能の解明にはなかったからと言うべきだろう。この点で金田一は前章の三上章とも対照的である。相対敬語のシステムを解明しようとした三上とは異なり、金田一の語る〃善き敬語〃としての相対敬語は、いうなれば社会システムという〃男性性〃の外部にあってそれを諌めるような〃女性性〃を体現するものであった。彼はこの本居宣長の「たをやめ」を思わせる〃男性原理的でないもの〃を、最後には「心」と呼ぶようになる。

## ▼〝心〟への転回

戦後、国語審議会の仕事を手がけて「再興日本」を支えるべき「これからの敬語」を模索する金田一は、敬語の変化を許容する発言を増やしてゆく。彼のなかでそれを支えたものは、「心」と「歌」だった。

建議「これからの敬語」の解説を意図して書かれた『日本の敬語』の第四章最終節は「現代敬語の無軌道さについて」と題されている。その最後に、「むずかしいわけ」と「やさしいもの」という見出しの下に書かれたひと続きの文章がある。

むずかしいわけ
日本語の会話の美しさが(ママ)、よく調和した、過不足のない、適正な敬語の運用にきわまる。ただし、技巧だけでも底を突くし、巧みが見えすくと、不快にさえもなる。むずかしいかなだ。
やさしいもの
本当に、人をうやまう心と、謙譲な心から出るまことの言葉——巧まざる最良の敬語はそこに生まれるものである。要はめいめいの心の問題に帰する。むずかしいようで、その実「易《やす》い」とも言えよう。
人間の誠心・誠意。敬語のむずかしさも、そこにあり、敬語の易さもまた、そこにある。

(金田一［一九五九］一九〇-一九一頁)

「よく調和した、過不足のない、適正な敬語の運用」を強調する前段は、金田一が変わらず相対敬語主義者であることを示している。山出しの田舎男が手こずるという日本語敬語は、「むずかしい」のである。ところが、一転して後段には意外な言葉が待っている。「要はめいめいの心の問題」である、と。すでに時枝誠記の敬語論を検討する中で見ておいたように（［Ⅰ-3］p. 46）、相対敬語のシステムには〝気持ち〟をそのままでは反映しないような変容が含まれている。言い換えればそれは、「人をうやまう心」だけでは正用法にたどり着かないシステムである。だからこそ金田一もまた、それを〝田舎の粗野〟に対立する〝都会の洗練〟の象徴として憧憬したはずだった。だが、右の一節を受けて展開される一〇頁ほどの第五章「結論」で、「これからの敬語」を期待する読者の前に現れるのは、上代の『万葉集』以来、歌においては敬語の使用がルーズだったという話である。「敬語のとどかない名歌」という節では、次のように述べられる。

それがつまり上代まで遡ると、

信濃路は今の墾《は》り路刈りばねに足踏ましなむ沓穿け我が背（三三九九）　東歌信濃国

夫に向って「靴穿け」である。このままを口語に訳したら、「御飯《おめし》食べれ」の類になって、今日のわれわれには変だが、往時は、（山出しの男に変でなかったように）一般に変ではなかったから、こう歌ったものであろうと考えざるを得なくなる。

思うに、今の人のついしょうを知らない純情な上代人の素朴さ、今の人ほどには敬語を一々整

える慣わしが無く、それが、和歌の伝統になっていたのではなかったか。（同、二〇〇頁）

幾分かの逡巡を覗かせながらも、金田一はここで、〝都会の洗練〟対〝田舎の粗野〟というそれまでの対立軸を、〝現代の洗練〟対〝古代の純朴〟へとスライドさせている。〝古代の純朴〟への〝回帰〟というアイディアは、金田一が戦後すぐから温め続けてきたものだったようで、敗戦の翌年に書かれた「歌と敬語」という文章ですでに、敬語の少ない歌を一つの範として、「再興日本の新国語の敬語法の在り方」を、「これまでの行き過ぎを多分に引き戻して、本来の国語のように敬語法を、も《ママ》少し単純化して行く方に向うべきものではないであろうか」（金田一［一九四六／一九九二］三三頁、傍点引用者）と述べられている。

次の節に入ると、古代への回帰が「これからの敬語」なのだという主張が、より明確になる。それは国民の「反省」と「自覚」次第なのだ、という言葉とともに。

> つまり、今日の口語を、一気に、和歌の世界のように、従ってまた、上代人の気持になろうとしても、むずかしくはあろうが、しかし、……国民の心でやってやれないはずのものではないのである。ただし、一ぺんには行かなくても、みんなが反省して行けば、必ず出来得るのである。一に国民の自覚である。
>
> ……民主主義国の国語にも、敬語は日本ほどにはなくっても丁寧語は、やはり不要ではなく、むしろ必要である。平等に、お互いの人権を尊重する礼儀を限度とする敬語法の、太古とはま

た気持のちがった新時代のものが丁寧語という形であってもよいのである。

（金田一［一九五九］二〇二－二〇三頁）

この後、「ギリギリの所、敬語は無くてもいい」という「本質」が、「実に、名歌の、敬語不完備がヒントとなって、わかった」と述べられ、この書は閉じられる。この局面において、金田一は、相対敬語主義者から絶対敬語主義者へと変貌を遂げている。彼自身にとっては、古代とは男性語的な（相対）敬語が発達する前の時代のことであり、古代の言葉もまた〝男性原理的でないもの〟として容認しようという意図があったかもしれない。しかし、新時代の敬語が「丁寧語」であってもよいということの意味は、それ以上具体的に述べられはしない。(7) そのかぎりにおいて、彼の見出した〝古代の純粋性〟もまた、新たなる憧憬だったろうか。

古代的な純粋性の称揚といえば、山田孝雄に代表される国体論的敬語論の核心である。金田一は国体論者ではないし、山田が君臣間の親愛の情という〝タテ〟の関係を語ったのに対し、金田一は〝ヨコ〟の平等における古代的純粋を見ようとした相違もある。そのことが建議「これからの敬語」を可能にしたとは言えるだろう。しかし、その違いをひとたび措くならば、〝未来のための古代への回帰〟という結論と古代の〝純粋〟との組み合わせは、山田孝雄の〝自然〟の論理の中にふたたび収まってしまう。この意味で、金田一の敬語論は〈敬意〉の敬語論に連なる一つの現代的バリエーションである。

## ▼「これからの敬語」から「敬意表現」へ

繰り返し確認しておくと、相対敬語とは、話し手が対象人物に対して抱く〝気持ち〟としての「敬意」と、敬語のシステムを通じて表現される〝ふるまい〟としての「敬意」とを、明瞭に分離するシステムである。「敬意」に当たる英語の表現'respect / deference'を借りて区別するならば、〝気持ち〟(の表れ)としての敬意は'respect'に、〝ふるまい〟としての敬意は'deference'に、それぞれおおむね相当する。時枝が「敬意」をめぐって回りくどい議論を展開し、三上が「敬語法のA線」を敬語法のすべてであると主張したのも、あるいは遡ってロドリゲスやチェンバレンが敬語の使用原則を日本語敬語の鍵として強調したのも、相対敬語において問題となるのがあくまで'deference'としての「敬意」であることに彼らが気づいていたからにほかならない。しかし、「これからの敬語」は「敬意」を'respect'に還元した。

そして、〝気持ち〟としての「敬意」は、「これからの敬語」から半世紀が経ったいま、再び表舞台に立とうとしている。二〇〇〇年一二月、最後の国語審議会となった第二二期委員会は「これからの敬語」に代わる新たな提言として「現代社会における敬意表現」を答申した。答申をまとめたのは、急逝した徳川宗賢に代わって主査を務めた井出祥子である。

答申の柱である「敬意表現」は次のように定義される。

敬意表現とは、コミュニケーションにおいて、相互尊重の精神に基づき、相手や場面に配慮して使い分けている言葉遣いを意味する。それらは話し手が相手の人格や立場を尊重し、敬語や敬語以外の様々な表現からその時々にふさわしいものを自己表現として選択するものである。
（「現代社会における敬意表現」三-2-(1)敬意表現とは）

「相互尊重の精神に基づき」という表現によって金田一の「これからの敬語」を継承しながら、「使い分ける」ではなく「使い分けている」（傍点引用者）という言い方を採用し、それをさらに「自己表現」と言い換えることで、ただ敬語を〝選ばされる〟のではない脱規範主義を指向しているように見える。

実際、井出自身が「敬意表現」を解説した記事によれば、この答申では「定型から非定型も含む表現へ／〈敬語から〉ポジティブ・ポライトネスへ／相手だけでなく、話し手自身へ」の比重の移行が意図されたという（井出［二〇〇一］六-七頁）。これらの点からすれば、「敬意表現」は、従来の敬語偏重のありようを脱し、親しさの表現も受容する方向への変化を促すものと見ることができる。ではこれを、「敬意表現」が打ち出した新しさと見ることができるだろうか。

まず、「敬意表現」が新しい概念なのかという問題がある。「敬意表現」を厳しく批判して宇佐美まゆみが言うように（宇佐美［二〇〇一b］二-三頁）、この概念は、ブラウン&レヴィンソンによる「ポライトネス」の概念（第II部で詳しく見てゆく）ほとんどそのままである。それを考えれば、むしろ「ポライトネス」の訳語として「敬意表現」を採用したと言うべきであった。

だが、問題はここから錯綜する。「普遍理論」として提出されているブラウン&レヴィンソンのポライトネス理論は、「敬語」を含み込むのはもちろん、その使用における規範的な〝暗黙のルール〟としての水準も脱規範的な語用論的水準をも、ともに包含する。また、各文化で文化内的に語られる〝文化的独自性〟も、(「フェイス」と「合理性」という二つの鍵概念に基づく)対人関係の普遍的原理によって説明できることを主張する。ところが井出は、このポライトネス理論には、「相手を立て、自らを控えめに、という謙譲の美徳」や「自分らしさを示す」といった側面、あるいは、「日本社会で古くから、職業、性、年齢などに応じて『その人らしさ』を認める」といった側面が触れられていないとして批判し、それに対して自らの提唱する「敬意表現は、日本文化維持の姿勢を示している」と言うのである(井出[二〇〇一]二一-三頁)。井出は、それをもって、「敬意表現」が「ポライトネス」を含むがそれとは異なる「新しい概念」になったと主張する。しかし、いうなればそれは、普遍に特殊を付け加えたから〝より広い普遍〟になったと主張するようなものだろう(その「特殊」がポライトネス理論に収まるものであることは第II部で検証する)。この点を宇佐美は次のように批判している。

ポライトネス理論の肝心要の核である「合理的原理」の部分を見落とした形のポライトネスの表面的な解釈に、……日本的で道徳的な響きのある『配慮』『思いやり』『謙虚さ』というような概念を表面に追加することによって、……もって、欧米の考え方とは異なる『新しい概念』

が誕生したとして堂々と謳っている……（宇佐美［二〇〇一b］三頁、傍点原文）

こうして、〈敬意〉をめぐる問題が再び立ち現れてくる。井出の「敬意表現」は、「ポライトネス」概念がもっている人類学的・社会学的背景と語用論的背景――これが「合理性」の源である――とを見落とし、そこに〝日本的特殊〟をあてがうことでつくられた「概念」である（滝浦［二〇〇二］も参照）。そしてそれが、「敬語の意識を、形だけでなく思いやる心が表れる表現に向けさせるものである」（井出［二〇〇一］六-七頁、傍点引用者）と言い換えられたとき、「敬語」のみならず「ポライトネス」までもが〝心〟の問題に置き換えられてしまうことになる。

敬語を〝気持ち〟の表現と見なし敬語の根拠を〝心〟に求める〈敬意〉の敬語論は、ある意味でそれ自体が〝日本的特殊〟の一つの形である。そのことの一つの証左として、日本語同様に（あるいはそれ以上に）敬語法が発達している朝鮮語（韓国語）における敬語意識を参照してみることも無駄ではないだろう。たとえば、韓国の代表的国語学者らによる『韓国語概説』では、「韓国語は位階秩序が厳格に反映される言語」であり、そのために「敬語法が厳格に区分されている」のだと明確に述べられる（李・李・蔡［二〇〇四］三〇頁）。そして、そこに添えられた事例は、それが〝気持ち〟の入り込む余地のない次元であることを強調するためのものである。（著者自身の経験として）自分のかつての恩師を呼ぶときには「先生様」以外はあり得ず――名字を付けて「金先生様」でさえ許容されず、代名詞による呼称はまったくあり得ない――、その呼称は仮に自分が大統領になったとしても変わりようがないのだ、と（同、二二九―二三〇頁）。実際、韓国人の留学生たちに彼ら自身の敬語観を尋ねてみると、「年齢的上位者は必ず敬語的上位に待遇されなければならないし、自分が上位者である場合には、自分は敬語的上位に待遇される権利がある」との答えがしばしば返ってくる。日本語的な感覚からすれば、「権利」という言葉の強さにはある種の驚きさえ感じられる。しかし、繰り返せば、韓国語の敬語は日本語に比べてはるかに絶対敬語性の強い敬語である。その分だけ、話し手の〝気持ち〟と敬語表現とが〝一致〟しやすいはずであるにもかかわらず、決して敬語が〝気持ち〟の次元で語られないということの意味を、あらためて考えてみてもよいだろう。

一人一人の話し手は〝気持ち〟をもっている。しかし、言語というシステムは〝気持ち〟をそのままでは差し出すことができず、それゆえ、〝気持ち〟の次元は問題を説明しない。問題はここから始まるはずだった。[8] 時枝が批判したように、システムとしての敬語において問題となるのはあくまで〝ふるまい〟としての敬意であり、三上が述べたように、敬語における礼は「偽礼」ではないが「実礼」でもない「虚礼」である。人が互いに予測しながら会話に参加することができるのは、互いに言語というシステムの内にあるという認識のゆえにほかならない。だが、この問題意識は、日本の敬語研究の中でどれほど共有されたであろうか。

〈敬意〉の敬語論と〈関係認識〉の敬語論の対立は、結局のところいまだに解消されていない。「敬語とは何か」の問いに形よりも心だと答える〈敬意〉の敬語論者たちは、発話主体をシステムの外部に立つ者として描き出そうとするが、そのような主体の心と敬語の形との関係は解き明かされない。一方、敬語をふるまいの形として描き出した〈関係認識〉の敬語論では、発話主体の位置づけが明確でなかった。おそらくこの対立を解消する道は、〈敬意〉か〈関係認識〉か——心か形か——の選択をすることではなく、その両者を含みこんで、システムの内にあって主体的に発話する発話行為が捉えられるような、新たな議論の平面へと更新することであるように思われる。第II部では、〈距離〉と「ポライトネス」を手がかりにして、この平面を探ってゆくことにしたい。

# II　ポライトネスと敬語——人間関係と〈距離〉

# 1 儀礼としての相互行為――デュルケーム、ゴフマン、穂積陳重

### ▼敬語が表すもの

〈敬意〉と〈関係認識〉の対立が解消しない根本的原因は、「敬語における敬意とは何か？」の問いが答えの一致を見ないことにある。〈敬意〉論者が尊敬感情としての敬意を敬語の根拠に見ようとするのに対して、〈関係認識〉論者は、敬語というシステムの表現するものは尊敬感情を根拠にしないと反駁する。しかしその反駁も、ひとたび発せられた敬語は「敬意」と呼びうるような何かを表さずにはいないはずだとの疑義によって、受け取りを留保される。対立と仲裁の歴史はこう要約して構わないものである。しかしここで、尊敬感情としての「敬意」と発せられた敬語において表されている「敬意」とが、位相を異にした「敬意」であることに注意しなければならない。

私たちの日常の経験はこの位相のずれを多く含むものである。たとえば、知り合った人と近しくなりたいと思ったとき、人はしばしば、初め使っていた敬語を故意に落とすといったことをする。しかしその人は、「相手に敬意を払うことをやめた」のではないだろう。敬語の有無が尊敬感情としての敬意の有無を示すのではない。敬語が表すものを「敬意」と呼ぶことの当否自体も問題となろう。「敬意」の概念は、敬語の表すものを否応なしに「敬意があるかないか」の対立軸の中に置

き入れてしまう。

本書では次のようなスタンスをとりたいと思う。まず、人は敬語を用いることで何かをするのみならず、用いないことでもまた何かをするとの観点に立つ。そしてそれを、〈距離〉という可変的な尺度において捉えることを試みる。以下では、ブラウン&レヴィンソンによって提唱された「ポライトネス」の理論を〈距離〉の理論として位置づけ直し、敬語論との接点を確認してゆく。だがその前に、この〈距離〉概念の適用例が、敬語に隣接する呼称の問題系において、はるか以前に存在していたことを見ておくことにしたい。それは概念の有効性を確認することであると同時に、敬語論に接続されていかなかった先駆的研究がここにも存在したことの、一つの記録ともなるだろう。

### ▼日本語特殊論を超えて

初期敬語論に顕著な日本(語)特殊論的なイデオロギーが、江戸期の国学者本居宣長に淵源するという点に大方の異論はないだろう。この意味では、敬語論のイデオロギーと対峙することは、宣長の〝やまとごころ〟の思想と対峙することでもある。狭義の敬語論ではないが、呼称の問題系において宣長と正面から組み合い、宣長の思想を学問的に超克しようと挑んだ人物がいた。明治大正期の法学者穂積陳重[1]である。

法制度の近代化に多くの業績を残した穂積は、一方で、法の起源や法と習俗との関係といった法基礎論的な研究にも力を注いだ。そのなかの一つに、高貴な人物を敬避してその実名を呼ばない「忌み名」の習俗についての研究がある。一九一九〔大正八〕年に帝国学士院に提出された論文（といっても優に一冊の本だが）『諱に関する疑』において、穂積は、すでに定説として受容されていた、古代日本には諱《いみな》すなわち忌み名の習俗が存在しなかったとする宣長の説を反証した。〝漢意《からごころ》による汚染〟を取り除き〝やまとごころの純粋性〟を回復しようとするのが宣長の思想的営為だったとするならば、宣長の説を反証しようとする穂積の思想的営為は、〝やまとごころの純粋性〟というイデオロギーそのものの克服にかかっていたと言ってよい。『諱に関する疑』の現代語訳の訳者であり穂積の孫でもある穂積重行は、この論考における穂積の思索を次のように性格づけている。

その〔宣長説の〕イデオロギー性とは、日本には神々のつくった日本特殊な「道」があるという思考、つまり「やまとごころ」に根ざすものであり、中国文明の持つ「普遍性」すらをも「からごころ」としてしりぞけるものであった。それが幕末期をいろどる「民族意識」と連なることはいうまでもないが、「民族意識」そのものが「民族の特殊性」の神秘的強調に連なること、これまたいうまでもない。「実証的考証」以外にこれを超克する道は、それを「人類学的普遍性」の中に位置づけることであろう。原典はその二つの方法の総合を目指したものといいうる。（穂積陳重・穂積重行［一九九二］三〇頁、穂積重行による「まえがき」）

穂積の採ったこの方法は、明治以来の敬語論にまとわりついて離れないイデオロギー性を相対化することにも有効であるように思われる。学史的展開の中から敬語の像を輪郭づけてきたいま、穂積が呼称論においておこなったのと同じように、日本語の敬語を人類学的普遍ないしはそれを志向する理論の中に置き入れてみることによって、日本語特殊論的な文脈から解放してやることができるだろう。

本章ではまず、〈距離〉の呼称論とも呼ぶべき穂積の議論の骨子を押さえた上で、それが、フランス社会学派の祖デュルケームが宗教的儀礼の基本類型と機能をめぐって展開した議論と通底するものであったことを確認する。現代の「ポライトネス」概念がデュルケームの儀礼論を下敷きにしていることを考え合わせると、このことはまた、穂積の議論が呼称の問題のポライトネス的把握（しかもきわめて先駆的な）であることを示すことにもなるはずである。

### ▼「実名敬避俗」の論証

穂積が批判した宣長の説は、古代の日本では名はすべて美称であったがゆえに、対象が高貴な人物であってもその名を忌むことなく、実名のまま呼称されていたとする説であった。宣長の次の一節が引用される。

皇国の上ツ代の天皇たちの大御名は諱と申すべきに非ず。凡《すべ》て尊むべき人の名を呼《イフ》ことを忌《いみ》憚《はばか》るは本《も》ト外国《とつくに》の俗なり。名は本《も》ト其人を美称《ホメタタヘ》ていふものにて、上ツ代には称名《タタヘナ》にも多く名てふことをつけたり。大名持《オホナモチ》などの如し。されば後ノ世万ノ事漢国《からくに》の制《サダメ》に因《ヨリ》たまふ代に至てこそ天皇の大御名をば諱と申すべきなれ、上ツ代のは何れの御名をも諱と申すべきに非ず。……（本居宣長『古事記伝』巻十八の二、穂積［一九一九］五頁。読点を付した）

忌み名は日本古来の習俗ではなく、中国（唐）から律令制を導入したことに随伴する外来の制度であり、それ以前の時代の、すなわち『古事記』に登場するような神々や天皇の名は、そもそもが美称としてつけられた実名なのだと宣長は言う。宣長の思想には、古事記に書き記されてある事柄はすべてがそのまま「上ツ代の実《まこと》」でなければならないとする不動の大前提があり、(2) それゆえに神々や天皇の名もまた、そのまま〝実《まこと》の名〟でなければならなかった。(3) この〝やまとごころ〟の純粋性が〝漢意《からごころ》〟の制度によって汚され、その結果後世には忌み名の制度がおこなわれるようになった、というのが宣長の描いたシナリオだった。

穂積は、もしそれが事実だとしたら、日本は「世界中特異の事例」を示すことになり、「少くとも太平洋中に於ては唯一の特例」とも言わなければならなくなる、と冒頭で述べた上で（同、二頁）、当代の諸家が軒並みこの宣長の説を踏襲し、誰も異論を唱えた者がいないのは奇異なことではないか、と疑義を呈する（同、九頁）。宣長の論は転倒している、と穂積は次のように述べる。

先賢は皆云ふ我上古に実名敬避の習俗無かりしは、名は総《す》べて美称なりしが為めなりと。我輩は云はんとす、古史に遺存する尊貴の名の美称なるは、実名敬避の習俗ありしが為めなりと。伝説史上尊貴の名の総べて美称なるは其尊号のみを云ひ伝へたるが為めなり。(同、一五五頁)

そして、「人名は総べて美称なり」とする説は、㈠人名の起原に関する一般事実に反し、㈡人名と貴号との別を混同したものであり、㈢実名が忘れられたことを忘れたものであり、㈣「古事記」「日本書紀」両書に載せられた尊号を実名と誤ったものである、として(同、一五一-一六六頁)、穂積は美称説への反駁を逐一加えてゆく。

名がすべて美称だったから実名敬避(=忌み名)が不要だったのではなくて、反対に、実名敬避の習俗があったからこそ実名は忘れられて美称だけが後世に伝えられたのだ、との論理は単純である。だがこの単純さは〝人類学的普遍〟への信頼によって裏打ちされている。穂積が根拠とする「人類の普遍的現象」とは「タブー」である。実名敬避の習俗はタブーの一種、その最も顕著な一例であり、それゆえ遍く存在するのである(同、三頁、一五九頁)。それを見ることなく、独り日本だけが普遍からの例外であるとする説を疑わない方がおかしい、と述べる穂積の眼は冷静である。

タブーは、諱避《きひ》と離隔を要求する消極的規範であり、君主の不可侵性が最もよく保証される手段でもある(同、一六二-一六三頁)。それでタブーは、五感に広く及ぶことになる。穂積は君主に対するタブーとして、次の三種を挙げる(同、一六四頁)。(ただし、この分類は後述するデュルケームの類型と基本的に同一のものであり、おそらく穂積のオリジナルではないだろう。)

第一　接触のタブー　（原文では「触接」）
第二　観視のタブー
第三　呼称のタブー　（原文では「称呼」）

この三種が各々、触覚、視覚、聴覚のモダリティーと対応していることに注意しよう。触れてはならず、決して触れられないほど離隔させられれば、自ずと、見ることも能わない。（たとえば、寺社のいわゆる〝御本尊〟がしばしば触れることや見ることを禁止されているのは、端的にこのタブーに由来する。）しかし、それでもなお、名を呼ぶことはできる。「呼称のタブー」は、それをも禁止の対象とする最も程度の進んだタブーであり、名を呼ぶことを聖性の侵犯と見なす実名敬避の俗はそこに発生する。そして、尊い人物の名を唱えることを諱避する習俗は、一般に他人の実名を唱えないことを礼とするに至ったのだと穂積は言う（同、一六六―一六七頁）。

呼称のタブーは呼ぶことの禁止だが、呼ぶことの全的な禁止は対象指示を不可能にする。そこから生じるのが、〝呼ばないようにして呼ぶこと〟、すなわち、あくまで直接指示を避けるように呼ぶことであり、それは「避称」である。他方で穂積は、宣長の言う「美称」の存在自体を否定するわけではない。「天之御中主神《あめのみなかぬしのかみ》」や「天照大御神《あまてらすおおみかみ》」のような称え名としての呼称は、それはそれとして存在する。こうして、実名敬避俗をめぐる穂積の論は、二種類の呼称「美称」と「避称」をめぐっての呼称論となる。

### ▼近きは賤しく遠きは貴し

「貴号、敬称には美称と避称との別あるを知らざる可《べか》らず」と述べた後、穂積は各々を次のように規定している。

> 美称は積極的に其《その》対称者を讃美尊敬する意を表する語にして、例へば至高なる位地を崇敬して「天御中主神」と称し、至大なる神徳を称へて「天照大御神」と称し、絶倫の勇武を称へて「日本武尊《やまとたける》」と申し、絶世の美貌を称へて「衣通郎姫《ソトホリノイラツメ》」といひたる如きもの是《これ》なり。然るに、等しく貴号敬称にして、讃美尊敬の意を表する語を用いず、単に其《その》対称者の名を直接に指称せざるを以て敬意を表するものとするの例、古今各民族を通じて最も多きに居る、避称即ち是なり。（同、八五―八六頁）

対象を賛美尊敬するという形で積極的に指示する「美称」と、対象の直接指示を避ける形で敬意を示す「避称」との区別は、対象との〈距離〉を縮めることと増すことという、対象に対する態度の二方向的なありようを表している。

この「美称」と「避称」の関係について穂積は、原初的なタブーを反映した避称の方が敬称として根源的であり、古来日本においておこなわれてきた呼称もそれに従うものであると述べる。

> 古来本邦に行はるゝ敬称接尾語少からずと雖《いへど》も其最も広く且《かつ》最も通常に行はれたるものは

「神」「命《みこと》」より「殿」「様」に至るまで、悉《ことごと》く避称にして、純然たる美称、尊称に属するものは、其用例極めて狭く、僅《わずか》に其一小部分を占むるに過ぎず。是によりて観るも、他人に対して其名を直称するを以て非礼なりとし、之を避称するを以て敬礼の至なりとするは、古来我国民一般を通じて有したる思想にして、……現時に至るまで、日常此《この》国民固有の思想に基ける対称法〔＝呼称〕を用ひ来れるものなり。（同、一〇二頁）

引用中に挙げられた各例の語源について、穂積は、「神」は〝上〟、「命《みこと》」は〝御事《みこと》〟、「殿」は居所・建物（たとえば「寝殿」の「殿」）、「様」は方角（たとえば「奥ざま」「上ざま」におけるような）に発していると述べた上で、いずれも間接指示による避称であることを指摘する（同、九九－一〇〇頁〔ただし、「神」と「上」は上代特殊仮名遣（万葉仮名）では表記が異なるので別語とされる〕）。日本における礼の表現はじつはほとんど一貫して「避称」によるものだったのであり、それは、タブーの一種としての実名敬避俗のバリエーションである。古代日本における呼称がすべて美称であったとする宣長説は、この実情を無視し、日本には特異的にタブーが存在しなかったと宣言するに等しいものだった。

それればかりではない。賛美であれ賞賛であれ、対象を直接指示する「直称」は、〝敬〟とは逆の〝卑〟を含意してしまうのである。「近きは賤しく、遠きは貴し」という見出しの下で、穂積は避称と直称について次のような性格づけをする。

対称代名詞の用例に依りて観るも、避称は敬意の表彰にして、直指は親子、夫婦、親友等の如き密接なる親愛関係ある時を除く外は、賤称若《も》しくは罵称なるを知ることを得べし。概して之を云はゞ、対称代名詞にも敬避の用法ありて、其呼掛けらるゝ人に近ければ近き程、之を親愛し、又は之を軽んずるの意義を表するものとし、之に遠ざかれば遠ざかるに随《したが》つて之を畏敬し、又は之を重んずるの意義を表するものとす。（同、一〇三‐一〇三頁）

相手との間に〈距離〉を置くことは敬意の表明である。一方、相手との〈距離〉を縮めることは、親密さの表現であるか、そうでなければ反敬意の表明として機能する。これはのちに見てゆく「ポライトネス」の基本的な発想とほとんど同一である。前者は相手の領域を侵さないことで敬意の印となるが、後者は相手の領域に踏み込むことで、踏み込んでも関係の安定が損われないくらいに親密であることの証しとなるか、またはその同じ契機によって端的に相手の領域の侵犯と汚辱を意味するかのいずれかとなるのである。

穂積はこの〈距離〉の呼称論を、日本語の具体的な呼称詞によって検証してゆく。たとえば、相手との間に特別な距離を置かない「其方（そなた・そち・そのほう）」は敬意の表明とはならず、むしろ相手を軽んずる呼称である。同じ相手を「彼方《あなた》」と呼ぶならば、そこに一段余分に置かれた距離のゆえに相手を重んずる表現となり、さらに避称を重ねて「彼方様《あなたさま》」と呼ぶなら、非常に重んじていることの表明となる（同、一〇三頁）。指示詞の系列「こ／そ／あ」と重なる形で、「こ」（＝自己）に対する「そ」、「そ」から遠ざかる「あ」という、距離と敬意の同心円がそこにある。[4]

反対に、距離が最小となるのは、〃自己〃を呼ぶことである。相手を「われ」と呼び「おのれ」と呼ぶことが「敵意を込めた」罵称となるのは、それらが「他の身の己れを直指して」いるからにほかならない（同、一〇三頁、傍点引用者）。『古事記』や『日本書紀』においても、自称詞を罵称の対称代名詞として転用する呼称反転の例は少なくなく、たとえば、古事記上巻の国造りの神話の中に、須佐之男《スサノヲ》命が大国主命に罵倒の言葉「意礼《おれ》」を浴びせかける有名な場面がある。穂積はこの「おれ」をはじめとして、「わ」「おの」「おのれ」「われ」「うぬ」等々の反転呼称詞を、奈良時代から江戸時代に至る諸資料によって跡づけ、タブーの敬避思想と呼称におけるその表れが、上代から連綿と続いてきたものであることを例証する（同、一〇四-一一二頁）。

初めにも述べたように、穂積の目的は、古代日本には実名敬避の習俗がなかったとする宣長の美称説を反証することだった。[5] しかし、その過程で彼が手にしたもの、すなわち、相手との間に距離を置くことが相手を敬して避けることであり、距離を縮めることが相手を引き寄せあるいは賤しめることであるというテーゼは、人間関係における〈距離〉の原理と呼ぶにふさわしいだろう。

宣長の呼称論は、神々との直接的な霊的交流を呼称の内に見出そうとする、ユートピア的〃コミュニオン〃の呼称論だった。[6] それに対する穂積の論は、現実の社会における人間的な相互作用の交通を下支えする〃コミュニケーション〃の原理を説いた呼称論だと言うことができる。人間関係は心の交流だと言いたくなる誘惑の強さにもかかわらず、「心」はそのまま相手に差し出すことができない。だから対人的な相互作用は、〈距離〉の原理のような形となって表されるのである。ここには、ほとんどそのままポライトネス論として読むことのできる呼称論がある。この呼称論がいまだに有効性を失っていないこと、そして、敬語論の現在にとっても資するところ大であろうことは、追って明らかになるだろう。

### ▼聖性と儀礼——消極的儀礼と積極的儀礼

社会学に少し通じた読者なら、対象人物とそれに対する二様の呼称のあり方をめぐる穂積の呼称論が、聖なるものとそれに対する態度のあり方をめぐるエミール・デュルケーム[7]の儀礼論と、まったく平行的な議論であることに気づかれるだろう。穂積は参照したタブー研究として、フレーザー、スペンサー、タイラーなどの名を挙げているが（同、一七三頁）、デュルケームには言及していない。しかし、デュルケームの『宗教生活の原初形態』（*Les formes élémentaires de la vie religieuse*）の出版は穂積の『諱に関する疑』より七年早い一九一二年のことであり、タブーを「消極的規範」と言い換える用語法などを考え合わせても、穂積がこの書の内容を知った上で議論を立てたと考えてよさそうに思われる。

ではまずデュルケームの議論の骨子を押さえておこう。聖なる存在の聖性に対して儀礼を通して表明される態度には、

聖物を遠ざけそれを侵さないことによって聖性を保持しようとする方向性
聖物に近づきそれと通じ合うことによって聖性を強化しようとする方向性

の二つがある。〝侵さない〟という否定形で特徴づけられる前者と、〝通じ合う〟という肯定形で特徴づけられる後者の各々には、「消極的（négatif）／積極的（positif）」という形容が付される。穂積の議論で言えば、前者は「避称」であり後者は「美称」である。両者の相違が究極的には〈距離〉に求められるという点でも、穂積とデュルケームは共通している。距離を大きくすることは〝侵さない〟ことであり、距離を小さくすることは〝通じ合う〟ことである。

デュルケームが社会の紐帯すなわち統合力としての宗教的力の解明を目指したのに対し、穂積は社会全体に浸潤するそうした力を表象する呼称の問題系を対象とした。しかしその相違は、次章で見るポライトネス理論が対面的相互行為を指向するのと同じ意味で、デュルケームからの展開と見ることができる。そこで、以下本章では、マクロ的な視点に立つデュルケームの儀礼論と、それをミクロ的な視点に置き換えたゴフマンの対面的相互行為論をたどりながら、ポライトネス論の思想的背景を明らかにしてゆきたい。

デュルケームの『宗教生活の原初形態』は、当時最も原始的と考えられていたオーストラリアのアボリジニ（先住民）社会における「トーテミズム」を主題とする研究である。特定の動植物種（トーテム）と特定の社会集団（氏族のような）との間に祖先と子孫といった親族的関係があると考えるトーテミズムは、各集団にとってのトーテムが聖物視されることによって成り立っている。そして、各集団においては、自分たちのトーテムを殺したり食べたりすることへの厳しい禁止が課せられる。デュルケームはそこに、聖性を核とし聖性から発する宗教力が社会の統合力となっているさまを見出す。

デュルケームの見るところ、聖なるもの（le sacré）の聖性は、俗なるもの（le profane）との切断によって支えられている。そして、聖なるものについての有名な規定、

> 聖なる存在（les êtres sacrés）とは、定義上、分離された存在（des êtres séparés）である。
> （Durkheim［1912/1990］p. 428］［デュルケム（一九七五）下一一八頁参照］）

に述べられる聖と俗との分離状態を保つのが、総体としての儀礼（rites）の機能である（ibid.）。聖性はそうして、単にそこにあるのではなくて、つねに儀礼とともにあるもの、そう言ってよければ儀礼においてあらわれるものとして位置づけられる。

儀礼の第一義的な機能が聖俗の分離にあるとすると、何よりもまず、それは聖性を遠ざけ侵さないという方向性をとることになる。このことは、さきに見た儀礼の二つの方向性が等価なものではなく、「消極的」儀礼の方がより根源的な位置にあることを意味する点で重要である。デュルケームは次のように述べる。

儀礼の機能は、それらの不適当な混淆と接近を防止し、これら二領域の一つが他を侵すことを妨げるところにあるため、節制、すなわち、消極的な行為しか命令しえない。この理由から、これらの特別な儀礼によって形成される体系を、消極的礼拝（cult négatif）と呼ぶことを提言する。そうした儀礼は、信徒に実効的な活動を為すことを命じるのではなく、ある種の行動様式を禁じるにとどまる。それゆえ、それらはすべて、禁忌の形態、あるいは、民族誌学で言われているタブーの形態をとる。(ibid.)

儀礼はまず、タブー（禁止）という形をとりながら、行為しない、いというネガティブな側面において機能するのである。

デュルケームの挙げるタブーの類型は、穂積が述べたものと基本的に同一である。まず第一に「接触」のタブーがあり（それが際立って内面化されるケースが「食べること」である）、つぎに、間接的な接触としての「注視」のタブーがあり、最後に「言葉」のタブーがある。それは、「発された息が交通を確立する」からであり、言葉とは「外へと拡がってゆくわれわれの何ものか」だからである（ibid., pp. 432-435［同、下一三三-一三四頁参照］）。穂積の呼称論は、論理的に、この最後のものに端を発する論である。そして、「外へと拡がっていくわれわれの何ものか」が他者の自己を侵してしまうことに対して、それを回避ないし軽減する術が、穂積の「避称」であり、また、のちに見る消極的《ネガティブ》な「ポライトネス」である。

デュルケームにとって、「消極的」儀礼と対をなす「積極的」儀礼は、前者を条件としてはじめて可能となる。聖なるものの分離状態が確立されていなければ、聖なるものへの接近は単に聖性の侵犯でしかない。人は、自分の内にある俗なるものを剝ぎ去り、聖性を汚さずにすむ状態となったときに、聖なる存在との間に私秘的（intime）な関係を結ぶことが許されるのである。

それゆえ、消極的礼拝は、ある意味では、一つの目標を目指した手段である。すなわち、それは積極的礼拝への接近条件である。（ibid., p. 442［同、下一三六頁参照］）

積極的礼拝は、それゆえ、人が断念、自己犠牲、自我の離脱、したがって苦痛へと導かれたときにのみ可能となる。（ibid., p. 451［同、下一四三頁参照］）

しかし、ひとたび、聖なるものとの間にポジティブな関係が打ち立てられると、今度はそれが求心力となって聖なるものの聖性を強化する働きをする。デュルケームは供犠（sacrifice）を論じた章の中で、その機能を、食物を介した霊的交流《コミュニオン》に求めている。

供犠の晩餐は、信徒とその神との間に親縁関係の絆を結ぶために、両者を同じ肉のうちに交わらせるという目的をまさにもっている。……それは、何にもまして、食物的な交霊《コミュニオン》の行為なのである。（ibid., p. 481［同、下一八六頁参照］）

積極的儀礼としてデュルケームは、供犠とともに祝祭（fête）についても詳細に論じている。より一般化していえば、祈りもまた積極的儀礼の典型例であり、それらの例すべてを貫くのが、聖なるものへの接近、そして、聖なるものとの〝コミュニオン〟という契機である。

### ▼コミュニオンとコミュニケーション

宗教的な儀礼はこうして、消極的儀礼と積極的儀礼とによって構成される体系となる。[8] その議論はさも発生論的に見えるかもしれないが、ここで確認しておくべきは、デュルケームが論じたのは儀礼の〝発生〟についてではないということである。デュルケームにおいて、聖なるものが存在するとは、聖と俗とが分離していることである。聖俗の分離があるということは、すでにそこに宗教がある。だから、彼が論じた儀礼的態度の体系は、宗教があるとはどういうことか？に対する解答なのであって、いかにして発生してくるか？に対する答えではない。[9] それゆえ、消極的儀礼と積極的儀礼の関係、すなわち、前者が後者の成立条件になるという議論は、あくまで前者の論理的先行性が述べられたものと解されるべきである。[10]

デュルケームはまた、宗教と社会の一体性を強調する。トーテムは、一方でトーテム神の可視化した象徴であり、他方では氏族という社会的単位の象徴でもある。トーテムが神と社会とを同時に象徴するのであれば、「それは、神と社会とが一つのものをなしているからではないだろうか」(ibid., p. 295 [同、上三七三頁参照])。とすると、宗教があるとはどういうことか？の問いは、デュルケームにおいては、社会があるとはどういうことか？と同じ問いであったことになる。

面白いのは、デュルケームが、宗教において儀礼の果たす役割を、社会において「概念」の果たしている役割すなわち概念化による〝交通可能性〟に見ていたことである。知覚や心象のような感覚的表象は、そのままでは交通（communiquer）させることができない。それらは概念化され共有可能（commun）なものになってはじめて交通させられるのである。

概念は、比較的不易であると同時に、普遍的ではないとしても、すくなくとも普遍化できないものではない。ある概念とは、私の概念ではない。私はそれを、他の人々と共通なものとして抱いているか、あるいは、いずれにせよ彼らに伝えることができる。私の意識の中のある感覚を他者の意識に手渡すことは、私には不可能である。それは密接に私の身体組織と人格に固着していて、そこから引き離すことができないのである。……これに対し、会話および人間同士の知的な交通は、概念の交換からなっている。概念とは、本質的に非人格的な表象であり、人間の知性が交通するのは、それを通じてなのである。（ibid., p. 619［同、下三三三頁参照］）

言語的交換すなわち会話と同様に、宗教的儀礼もまた、聖と俗を分離し、人びとが聖なるものに対して抱く感情や心象を概念化することによって、交通可能なものにする。

デュルケームにおける宗教的儀礼の意味が、これで明らかになるだろう。交通可能性とは字義どおり、〝コミュニケーション〟の可能性であり、これが、儀礼の第一義的な機能である。一方、霊的交流の可能性すなわち〝コミュニオン〟の可能性は、儀礼を通じて、儀礼によってもたらされる。それは、消極的儀礼を条件として成立する積極的儀礼において可能となるような交流である。つまり、デュルケームが言っているのは、交霊《コミュニオン》を前提としてそれが交通《コミュニケーション》として定着するのではない、ということである。そうではなくて、交通《コミュニケーション》を前提としてそのうえではじめて交霊《コミュニオン》が可能となる、そういう像を彼は描き出したのだ。

　これは敬語論の問題系と相似的である。敬語もまた、なにがしかの聖性を帯びた対象に対して、人びとが取る言語的態度の一形態にほかならない。第Ⅰ部で見てきた山田孝雄や金田一京助の〝コミュニオン〞の敬語論、あるいは穂積陳重が反証した本居宣長の呼称論を思い起こそう。彼らが好んで語るのは、交通《コミュニケーション》以前の交霊《コミュニオン》、あるいは交通《コミュニケーション》と交霊《コミュニオン》が渾然として溶け合ったユートピア的一体である。彼らの議論は、儀礼の意味と機能をめぐるデュルケームの議論とは相容れない。

　他方、ロドリゲスとチェンバレン、穂積陳重、時枝誠記と三上章といった人びとは、敬語を交通《コミュニケーション》の地平において捉えようとし、交霊《コミュニオン》の契機を敬語というシステムの内にじかに見ることをしない。敬語を「概念」のレベルに置くことにこだわった時枝（［Ⅰ-3］p. 47）の論が、言語「主体」の強調にもかかわらず、むしろ、コミュニケーションを「概念」による交通可能性によって位置づけたデュルケームの方に近く見えることも、ここから了解されるだろう。

### ▼社会から個人へ――フェイス

　宗教的儀礼の問題系と敬語の問題系は相似的である。しかし、それらの間にはまだ隔たりがあ

る。というのも、デュルケームが与えた宗教の定義、

宗教とは、聖なるもの、すなわち分離され禁止されたものと関連した信念と実践の体系であり、教会と呼ばれる単一の道徳共同体に、それに帰依するすべての者を統合する信念と実践である。(ibid., p. 65〔同、上六六-六七頁参照〕)

から導かれるように、「宗教とは著しく集合的な事象」(ibid.) であり、宗教的な力はそのまま共同体の統合力である。他方、言語もまた社会的な事象であることは言うまでもないが、言語は、宗教における聖物のような明確な中心も、教会のような顕著な共同的組織ももたず、実際にはただ個々人による言語的営為だけがある。

デュルケームが個人の実践を軽視していたわけではない。それどころか彼は、個人の実践がなければ宗教的な力が実際に発揮されることはできず、それゆえ個々人の実践こそが宗教を実際に形成し宗教を成立させている当のものであると述べていた。

一言でいえば、社会が、個々人の内にのみ、かつ、個々人を通じてのみ存立するのと同様に、トーテム的原理は、……個々人の意識の内にのみ、かつ、個々人の意識を通じてのみ存立する。……それ〔＝個々人の意識〕こそが、この原理を事物の内に置き入れるものである。それゆえトーテム的原理は、必然的に、個々人の意識の内に分割され、配分されなければならな

い。その断片の一つ一つが霊魂である。(ibid., p. 356〔同、下三六頁参照〕)

個々人に配分され、それによって賦活される聖性の原理は、近代化した社会においては、共同体の紐帯としての宗教力が弱まる分だけ、より大きな重要性をもつことになる。個人が社会を構成する主体であると意識されるがゆえに個人は人格として尊重され、ついには聖性を帯びた存在として扱われるようになる。デュルケームは、これが近代における人格崇拝であると考えていた[11]。

言語の問題、とりわけ対人的相互行為としての発話行為を一種の儀礼論として捉えるスタンスがこの延長線上に見えてくることになる。しかしその前に、デュルケームのマクロな視点を対人関係のミクロな視点に置き換えて考察を展開したゴフマンについて述べておかなくてはならない。

アーヴィング・ゴフマン[12]は、人びとが目的にかかわらず様々な場所で〝出会う〟ことに目を向け、人と人がある場所に居合わせることのなかで秩序が生じてくるさま、すなわち、対面的相互行為(face-to-face interaction)が〝共在の秩序〟を形成してゆくプロセスを解明しようとした。とくに、主著の一つ『相互行為儀礼』(*Interaction Ritual*〔邦訳名『儀礼としての相互行為』〕)では、人びとが自分と相手の「フェイス(face)」をともに保持しようとしながら、相対的に安定した秩序をいかにして更新してゆくかが詳細に考察される。

相互行為を研究することは個人の心理を研究することではない、とゴフマンは言う。つねに状況の中にしかいない個人が、そのつど状況から何を読み取り、自分と他人をどう位置づけ、それをどう表現し相互に受容／修正してゆくか、そうした行為の連関と秩序との関係が問題なのである。

だから、人びとがあって人びとの契機《モーメント》があるのではなく、むしろ、契機があって契機の内に人びとがあるのだ。（Goffman［1967/1982］p. 3［ゴッフマン（二〇〇二）三頁参照］）

行為の相互性とはまずもって契機の相互連関である。自らのスタンスをたとえて、ゴフマンは「社会的相互行為の交通ルールの研究」という言い方をする（ibid., p. 12［同、一三頁参照］）。交通ルールには、ただ道の通り方や曲がり方が書かれているだけで、目的地やそこへ行く目的は書き込まれていない。

諸契機の中心に置かれるのが「フェイス（face）」概念である。フェイスとは、そのつどの出会い（encounter）の中で、様々な社会的属性を尺度として自分と相手がそれぞれに想定し相互に認知しあう、互いの自己（self）についての積極的価値のことである（ibid., p. 5［同、五頁参照］）。自分と相手のフェイスが正面衝突するような〝交通事故〟は避けなければならない。かといって、相手のフェイスを立てすぎれば自分がフェイスを失うことになるし、そうなれば相手もまた、他人のフェイスを潰すようなおこないをしたことで、自分のフェイスを維持できなくなる。逆もまた真である。たとえば、男性が女性を大晦日のデートに誘うとき、あまり早すぎる誘いはよくないふるまいとされる。それは、相手が自然に断れるような〝逃げ道〟を残しておくことが、相手のフェイスを潰させずにすむやり方だからであり、そうした〝紳士的〟なやり方が誘った側のフェイスを守ることにもなるからである（ibid., p. 29［同、二七頁］）。フェイス保持（face-saving; 'face-work'）の行為とは、それがどこまでも相互的な受容であることによって相互行為となる[13]。

　そうして人びとは、あたかも互いのフェイスを神聖視するかのごとくふるまいあう。ゴフマンにとってはフェイスこそが現代における社会の紐帯としての聖性である。この点においてゴフマンは、デュルケームの問題意識を明確に受け継いでいる。『相互行為儀礼』第二章「敬意を表すことと品位を示すこと（Deference and Demeanor）」の冒頭で、個人に配分される聖性というデュルケームの提起した問題を社会学者たちは見逃していると述べた上で、次のように書き記す。

> この論文で私は、都市の俗世間にいる人が、象徴的行為を通じて示されたり確認されたりするような一種の聖性を付与されているということの意味を、いくつか探ってみたいと思う。
> (ibid., p. 47［同、四七頁参照］)

「象徴的行為」とは、標題にある「敬意を表すこと」や「品位を示すこと」であり、より具体的には、互いのフェイスを保持するためにとられる回避プロセスや修正プロセス[14]（ibid., pp. 15–23［同、一五–二三頁］）と呼ばれるような「フェイス・ワーク」（「外装」という意味もある）のことである。それを通じて付与される聖性とは、とりもなおさず、それによって保持されるフェイスそのものに他ならない。第一章「フェイス・ワークについて」において、フェイスとは、聖なるものであり、それを維持するのに必要な表出的秩序は、それゆえ儀礼的な秩序となる。（ibid., p. 19［同、一八頁参照］）

と述べられていたことの意味が、ここで明確になる。現代社会においては「個々人その人が、おろそかにできぬ神の地位を固守する」のである（ibid., p. 95［同、九六頁参照］）。

フェイスの均衡を最大限維持するようにそのつど更新されてゆく秩序は、行為儀礼の規則と呼ぶべきものを派生させてゆく。「行為の規則に従うおこないはコミュニケーションである」（ibid., p. 51［同、五二頁参照］）と述べるゴフマンの、問題の核心はそこにある。一つ付け加えておけば、人びとは決して受動的なのではない。「行為の規則に従う」人びとのおこないは、ミツバチのダンスのような〝規則性をもった行動〟とは異なり、人びとが自ら選び取ってゆくものだからである。

### ▼敬意を表すことと品位を示すこと

ゴフマンの相互行為儀礼は、「敬意を表すこと（表敬、deference）」と「品位を示すこと（品行、demeanor）」という二つの形態を基本とする（ibid., pp. 56ff., pp. 77ff.［同、五六頁〜、七七頁〜］）。表敬は他者のフェイスを保持し、品行は自己のフェイスを保持するが、これは、フェイス保持の二つの方向性、すなわち、他者に対する配慮の表れである「保護（protection）」と、自尊心からくる「防衛（defense）」とに対応している（ibid., pp. 11, 14［同、一二頁、一四頁］）。

このうち、表敬はさらに二つの契機によって分けられる。「何がなされるべきでないか」によって行為を規定するのが「回避儀礼（avoidance rituals）」、反対に「何がなされるべきか」によって行為を規定するのが「呈示的儀礼（presentational rituals）」である（ibid., pp. 62ff., pp. 71ff.［同、六三頁〜、七二頁〜］）。たとえば、人が相手の個人名を呼ぶことを避けるなら回避の儀礼行為であり、相手のファーストネームを呼ぶならば呈示的儀礼行為となる。

ここから想像されるように、「回避儀礼」と「呈示的儀礼」の対は、デュルケームの「消極的儀礼」と「積極的儀礼」の対を受け継いだものである（ibid., pp. 73-74［同、七三頁］）。行為の否定性において実現される「回避儀礼」とは、相手との間に〈距離〉を置く儀礼行為である。ゴフマンはジンメルの「仮想圏域」を引き合いに出しながら、ある半径の円の内側に踏み込むことがその人物の名誉を侵害することになると述べ、「いかなる社会も、敬して避ける（deferential stand-off）仕組みのシステムとして研究することが有効だろう」と一般化する（ibid., pp. 62-63［同、六三頁参照］）。距離を置くことが敬して避けることを意味するのとは対照的に、当事者たちが互いの領域に平気で踏み込むことは、彼らが親密な関係にあることを意味する。(15)

デュルケームの社会的な儀礼がこうして個人化され、それとともに〈距離〉もまた、社会的な距離が個人間的な距離に置き換えられることになる。ここはデュルケームとの相違が現れてくる地点でもある。ゴフマンの〈距離〉は多様な個人間的関係を反映して多元的である（ibid., pp. 63-66［同、六三-六六頁］）。まず、相手との間に置かれる距離の大きさは、上の階層におけるほど大きく、接触に対する禁止《タブー》が広汎かつ微細になることが述べられる（社会階層による相対性）。次いで、目上の者が目下の者に親密さを表すことは許されるが、目下から目上に対する場合に同じふるまいは許されないことが指摘される（目上／目下関係の非対称性）。これらの点は、ポライトネス論とのかかわりにおいても、大きな意味をもってくる。たとえば、社会階層による相対性は、広汎かつ微細な距離の体系である「敬語」が支配階層の礼儀の体系として発達したという事実に自然な解釈を提供する。また、目上／目下関係の非対称性は、会話におけるスピーチ・レベルについてのポライトネス研究からの知見、とりわけ、スピーチ・レベルの変動が、目下から目上への敬語使用にではなく、むしろ目上から目下への「ダウンシフト」（敬体から常体への移行）に求められるといった知見と一致する（宇佐美［二〇〇一a］、Usami［2002］ch. 7参照）。

デュルケームの宗教的儀礼のもう一つ「積極的儀礼」に対応するゴフマンの「呈示的儀礼」は、挨拶、招き、賛辞、ささやかなサービスなどをその例とする。これらはすべて、その行為を媒介として相手と通じ合うことを目的とする儀礼であり、いずれも何かを〝共にする〟行為である。たとえば、「気づいてやること（noticing）」においては、相手の髪型や服装の変化、何かを上手くできたこと、等々の何らかの変化に、周囲は気づいてやり、それに対して賛辞を贈る（ibid., p. 71［同、七三頁］）。ゴフマン自身の表現ではないが、そこで賛辞によって表現されるのは、話し手が相手と同じ価値観を持っていること、すなわち〝共感〟にほかならない。そして、「相手との共通性を表現せよ」というのは、ブラウン&レヴィンソンのポライトネス理論の一つの柱「ポジティブ・

ポライトネス」のまさに要約である（[Ⅱ-2]「Ⅱ-4」参照）。

以上はすべて、他者のフェイスを指向する「表敬」をめぐる議論であった。ゴフマンの相互行為儀礼にはもう一つ、自己のフェイスを指向する「品行」があり、彼の論を特徴づける点となっている。品行とは、行儀、装い、態度などによって、周囲の人たちに対して「自分がある望ましい性質ないしは望ましくない性質をもっている人間であることを表現する」ものである（ibid., p. 77［同、七七頁参照］）。さきにも述べたように品行を支えるのは自尊心であり、自己を「コミュニケーションの態勢が整っている相互行為者として保持する」ために品行が必要とされる（ibid.）。

他者と自己、そして表敬と品行。さもわかりやすそうに見えるこの二組の対の位置づけは、しかし微妙なものである。というのも、他者に対して敬意を表したならば、そのようなふるまいのできる人間としての評価を自己は得ることができ、それゆえ他者への表敬は、同時に自己の品位を示すこととも なる。逆もまた同様であって、自己の品位を示そうと思うなら、他者への敬意をそれなりの仕方で表すことができなくてはならない。

そうすると、一般に、品行を通して個人は自己イメージを作り上げるが、正しく言えば、それは自分の目に写すためのイメージではないことになる。(ibid., p. 78［同、七六頁参照］)

こうした、自己イメージさえもが他者との相互行為の中で作られてくるような徹底した相互性は、ゴフマンにおいてたしかに際立っている。だが、表敬と品行が相互規定的な性格を帯びているという当の事実が、表敬と品行の位置づけそのものを微妙にしてしまうのである。ブラウン&レヴィンソンは、ポライトネスの理論を立てる際にゴフマンの表敬と品行の区別を受け継がなかったが、その理由はここに求められるだろう。

品行とは、もしそれを捨ててしまうならば相互行為が不可能となり、もし相互行為がおこなわれるならば必ず存在するようなもののことだと言うべきだろう。(16) ゴフマンは、清国皇帝の前で叩頭の礼を要求された英国大使らが、自尊心からどうしても受け入れられなかった事例を挙げている(ibid., p. 82［同、八三頁］)。もし表敬と相互的でない形で品行の表面化することがあるとすれば、それは、コミュニケーションの成立しない端的な他者と遭遇したときである。敬語論に引きつけて言えば、品行的な敬語使用は、コミュニケーションを志向するというよりも、むしろ自己顕示的で拒絶的な〝慇懃無礼〟をその最たるものとすることになろう。

## ▼〈距離〉の理論としての相互行為論

さて、人類学的・社会学的な儀礼論は、敬語論にどのような地平を開いてくれるだろうか。穂積、デュルケーム、ゴフマンをつなぐ鍵となるのは、〈距離〉の概念である。距離を置くことと距離を詰めることを、ここであらためて「距離化／脱距離化」と呼ぶことにしよう。(17) その各々と対応する儀礼の契機は、行為の否定形「〜してはならない」で規定される「敬避」と、行為の肯定形「〜してよい」で規定される「(霊的) 交感」である。ここに「敬語」を置き入れていったとき、どのような相関が見えてくるかを整理しておこう。

まず、非言語的と言語的とを問わず、対人的相互行為は距離化と脱距離化の二方向性をもつ。「敬避」は距離化であり、「交感」は脱距離化であり、つまり両者は相異なる契機である。さて、言語的相互行為における「敬語」の体系は、三上章の敬語論や穂積の呼称論で見たように、距離化の体系である。とすれば、敬語それ自体は敬避のみを志向するものであり、交感の表現と見ることはできない。ところが、山田孝雄をはじめとする〝コミュニオン〟の敬語論は、敬語をまさに交感の表現と見ようとする。この立場には距離化と脱距離化の二契機の混同がある。

一方、言語的相互行為には、当然、脱距離化の契機も存在している。ゴフマンが描き出してみせたように、人びとは、挨拶を交わし、小さな変化にも気づいてやり、それに賛辞を送ることで共感を表明する。狭義の敬語論は、定義上それをカバーしないから、そこには異なった視角が必要となる。儀礼論が提供してくれるのはそうした視角である。

こうした背景の中から、「ポライトネス論」が生まれてくることになる。

# 2 儀礼論と語用論の出会い――ブラウン&レヴィンソンのポライトネス

## ▼〝聖性〟とポライトネス

一九七〇年代、まだ普通名詞といってよかった'politeness'を言語的相互行為研究の一つの鍵概念にまで引き上げた功績は、言語人類学のP・ブラウンと語用論のS・レヴィンソンの共著、*Politeness: Some Universals in Language Usage*（一九七八年に本の一部として出版され八七年にモノグラフとなった）のものである。それは、語用論的観点からなされた先駆的研究（たとえばLakoff［1973］など）の後をうけて、人類学・社会学的見地を語用論的見地と融合させた地平で普遍的契機を探ろういう、一つの画期をなすものだった。彼らの'politeness'は、日本語の「丁寧さ」とはかなり異なる概念であり、英語の単語としても、アメリカ的用法の「対人的配慮」や「如才なさ」の方に近い。(1) 右の書名も、『ポライトネス――言語慣習における対人配慮の普遍性』というほどの意味である。

ブラウン&レヴィンソンは彼らの理論の「普遍」を標榜する。この点は論議を呼び、個別的な言語文化の実情に合わないという批判を受けることになる（後述）。しかし、そうした批判者たちがブラウン&レヴィンソンの「普遍」を理解していたとは必ずしも言えない。彼らの「ポライトネス」とは、デュルケームの「儀礼」やゴフマンの「表敬」と同様の、儀礼論的文脈におけるある種の聖性に対する態度の取りようのことである。つまりポライトネスの普遍とは、類似した現象の集合ないしは言語横断的な現象の表層的一致という意味での普遍ではなく、言語的相互行為がおこなわれるときの儀礼論的契機ないしは動機の普遍を第一義とする。彼らのポライトネスは、契機や動機から把握される言語的相互行為の原理的共通性を捉える概念なのである。

ブラウン&レヴィンソンは、自分たちの論の源流がデュルケームとゴフマンにあることを改訂版序章で明確に述べている。その部分と本論中の具体的な定義によりながら（Brown & Levinson, 1987［以下 B&L と略記］, pp. 1-2, 61-62, 68-71）、デュルケーム、ゴフマンの枠組みとブラウン&レヴィンソンの論の枠組みとを図式的に対応させておこう（次頁図）。鍵となるのは〝聖性〟に対する〈距離〉の観点である。

図からわかるように、「ポライトネス」の概念は、'negative / positive' の二方向性をデュルケームから受け継ぎ、相互行為が指向する「フェイス」をゴフマンから受け継いでいる。ただし、「フェイス」を自己についての積極的な社会的価値と規定するゴフマンとは異なり、ブラウン&レヴィンソンは〝聖性〟に代わる二種類の「欲求」として定義する。(2) そして、後述のように、フェイス＝欲求（'face-wants'）と、目的から手段を推論する「実践的推論」のできる合理性（rationality）をもった「モデル・パーソン」のふるまいようとして、ポライトネスをいわばシミュレートしてゆくのである（ibid., pp. 58ff.）。

距離化――“聖性”――脱距離化

**デュルケームの〈儀礼（rites）〉**

【共同体の統合力としての宗教的儀礼】

消極的儀礼――《聖性》――積極的儀礼

e.g. タブー，禁欲　　　　e.g. 祈り，供物，祝祭

**ゴフマンの〈表敬（deference）〉**

【対面的相互行為における儀礼】

回避儀礼――《フェイス》――呈示的儀礼

e.g. 名前を呼ばないこと　　　　e.g. ファーストネームによる呼称

**ブラウン＆レヴィンソンの〈ポライトネス（politeness）〉**

【対面的相互行為における言語的儀礼】

《フェイス》

ネガティブポライトネス――ネガティブフェイス/ポジティブフェイス――ポジティブポライトネス

e.g. 間接的表現敬語，謝る　　　　e.g. 直接的表現“タメ語”，誉める

二種類のフェイス＝欲求は次のように整理できる。

ネガティブ・フェイス　自己の領域と自己の行動の自由を守りたいという、誰もが抱く欲求

ポジティブ・フェイス　他者からの評価と他者による受容を得たいという、誰もが抱く欲求

(ibid., pp. 61, 62)

「踏み込まれたくない」「邪魔されたくない」という否定形で規定されるネガティブ・フェイスとは要するに「自己決定」に対する欲求であり、他方、「よく思われたい」「受け入れられたい」というポジティブ・フェイスは「肯定的自己像」に対する欲求である (ibid., pp. 58, 61, 70)。そしてポライトネスはこれらのフェイス＝欲求を指向する。「フェイス侵害行為 (face-threatening act [FTA])」によって欲求が満たされずフェイスが脅かされる可能性があるとき、ポライトネスは、そのフェイスの侵害を補償・軽減 (redress) したり回避したりすることでフェイスを保持するべく機能する。ネガティブ／ポジティブ・フェイスのどちらを顧慮するかによって、ポライトネスもネガティブ／ポジティブの二種類に分けられる。[3] 前者は「忌避的」な「〝表敬〟のポライトネス」であり、後者は「接近的」な「〝連帯〟のポライトネス」である (ibid., pp. 34, 70)。

## ▼受動性と能動性

ゴフマンの相互行為儀礼がそうであったように、ブラウン&レヴィンソンのポライトネスもま

た、受動的でありかつ能動的であるような両義性を帯びている。この二面性は、ポライトネスの内実を理解するのに欠かせないばかりか、彼らのポライトネス理論の成り立ち自体にもかかわり、また彼らに対する誤解に基づいた批判の原因ともなっているので、まずここで確認しておきたい。

人は自分の行為の発話行為論的意味をつねに意識しているわけではなく、行為には、半ば自動的・無意識的な規範的コードの実践から明確な意図に基づく意識的・戦略的な創出的行為までの幅がある。つまりそこには、話者が〝選ばされるもの〟としての受動性と、話者が〝選びとるもの〟としての能動性との二つの極がある。前者はポライトネスの儀礼論的ないしは社会言語学的な側面、すなわち、個々の文化に規定された行為者のふるまいの様々な基本型（デフォルト）にかかわる。後者はポライトネスの語用論的な側面であり、具体的な場面での相互行為を通じて行為者がそのつど関係を更新してゆくことにかかわる。行為者は、規範に従いながら行為すると同時に、自らの意図の下にふるまいを選択し、そのふるまいを選んだことによって生じる〝含み〟としての対人配慮を伝達することで、相手との関係づくりに積極的に参与してゆくのである。

ポライトネスが実現される様々な形態は「ストラテジー」（方略、strategy）と呼ばれるが（B&L, pp. 68ff.）、その用いられ方にも受動的／能動的の両面があることを押さえておく必要がある。日本語敬語のようなシステムを考察する場合には、言語的ふるまいを全般的に規制する社会的コードとしての側面と、個々の場面における関係表示の方略的手段としての側面とをともに把握することがとりわけ重要である。受動性と能動性のどちらに偏りすぎても、〝儀礼＝行為〟としてのポライトネスを捉え損ねてしまう。

実際、ポライトネス理論をもっぱら能動的な方略の理論と受け取ってしまう誤解は少なくない。たとえば、井出（一九八七）、Ide (1989) は、日本語の敬語使用を受動的なもの（「わきまえ [discernment] 方式」）と規定し、ポライトネスを能動的なもの（「働きかけ [volition] 方式」）と規定した上で、ポライトネス理論の枠組みに日本語敬語を「押し込め」るなら「狭義の敬語〈＝日本語敬語〉はその本来の機能が歪められて」しまうと批判した（井出［一九八七］二七、二九頁）。（「I-5」で見た「敬意表現」では、この「わきまえ」が「心」に置き換えられている。）しかし、〝選ばされるもの〟としての「わきまえ」をポライトネスの儀礼論的側面に、〝選びとるもの〟としての「働きかけ」を同じく語用論的側面にそれぞれ置き換えてみれば、それらは元々ブラウン&レヴィンソンのポライトネス概念がもっていた両義性のことにほかならない。つまり、井出の批判はポライトネスにおける位相差を見落としている。(4)（ただし、この二つの側面に関してブラウン&レヴィンソンが明確な議論を展開しているとは言えず、その点では彼らにも責任の一端はある。）

もう一点、ここで受動性／能動性と呼んできたものがネガティブ・ポライトネス／ポジティブ・ポライトネスの区別のことではない、という点にも注意したい。どちらのポライトネスにも、〝選ばされる〟側面と〝選びとる〟側面とがある。(5) ブラウン&レヴィンソンのポライトネス理論は、デュルケームやゴフマンから受け継いだ儀礼論的側面と、語用論的側面――後で見るように言語哲学者グライスから受け継いだものが最も大きい――とを重層的に一体化したところで成立しているのであり、[6]そこに可能性の中心がある。この点を確認した上で、以下ポライトネスの全体像を眺めてゆくことにしよう。

### ▼儀礼論的普遍——象徴的交換

ポライトネス概念の儀礼論的性格を、ブラウン&レヴィンソンは交換の象徴性という言葉で表現する。彼らはそこで、ヨーロッパ諸語によく見られるいわゆるT（親称）／V（敬称）代名詞[7]の言語的交換と、たとえばインドのタミル語圏の村における料理／サービスの非言語的交換との間に平行性を見出す。まず彼らは、T／V問題を世に知らしめたBrown (, R.) & Gilman (1960) を要約する形で、次のように述べる。

> 親密さとの連関において、人物AとBは親称(T)代名詞を交換し、社会的距離（あるいは疎遠さ）との連関において、AとBは敬称(V)代名詞を交換し、Aの地位がBより高いという優越性との連関において、Aは親称(T)代名詞を与え敬称(V)代名詞を受け取る。(B&L, p. 45)

R・ブラウン（ブラウン&レヴィンソンのP・ブラウンとは別人）らはここに二つの関係軸、すなわち〝ヨコ〟の関係としての「連帯（solidarity)」の関係と〝タテ〟の関係としての「力(power)」の関係を読み取り、前者における対称性と後者における非対称性が、社会的人間関係と人称代名詞の用法との間で相似的であることを見出していた（Brown & Gilman, 1960, pp. 257-

261)。ブラウン&レヴィンソンはそれを受け継ぎ、フェイス侵害度の見積もりの公式やポライトネスから見た文化の類型論などに応用してゆく（B&L, pp. 74ff., pp. 250-251〔後述〕）。

親称／敬称代名詞をもつタミル語圏のある村では、非言語的な交換として、料理／サービスの交換が見られる。そこでは、諸カーストは、対等性または親密性との（ヨコの）連関において料理を交換し、優越性との（タテの）連関において、より上位のカーストが料理を提供し、より下位のカーストがサービスを返礼する。そして、これとまったく平行的に、親称(T)代名詞は料理と同じパターンで用いられ、敬称(V)代名詞はサービスと類似のパターンで用いられるという。

一体、親称(T)代名詞と料理の間に何が共通しているのだろうか。本質的にそれは、どちらも「親密なもの」である。それでは、敬称(V)代名詞とサービスの提供との間には何が共通しているのだろうか。対照的に、それらは「親密でないもの」である。(ibid., p. 45)

こうして二種類の交換は、〝親密さ〟にかかわる象徴的交換として、より一般化された同じ儀礼論的意味づけを付与されることになる。T／V問題の発生について、R・ブラウンらはヨーロッパにおける特定の歴史的条件を重視し、たとえば四世紀にローマ皇帝が二人存在したことと複数形による呼称が敬称となったこととを関連づけて論じたが（Brown & Gilman, p. 255）、ブラウン&レヴィンソンはそうした解釈を退け、複数形での呼称が単数形による直接指示よりもポライトになることの普遍的な契機を儀礼論的に探ろうとする。その契機とは、距離化と脱距離化の契機である。

親密さまたは受け手に対する優越性の象徴である親称(T)代名詞と、疎遠さまたは受け手に対する劣位性の象徴である敬称(V)代名詞との非対称的な性質は、前章に見たゴフマンの目上／目下関係の非対称性（［II-1］p. 129）が言語の平面に投射されたものである。この非対称性をブラウン＆レヴィンソンは重視する。似たような平行性として、イギリス田園地帯の紳士は、自分の賃借人に食事をもてなすことはあっても賃借人から食物を受け取ることは慎むだろうと述べ、

つまり、一方通行的な「共食」がすなわち優越性なのである。（B&L, p. 46）
親密にでなく用いられる親密なものは、……すなわち、優越性の象徴となる。（ibid.）

と念を押すように付け加える。

これは、ブラウン＆レヴィンソンが、距離化の（敬避の）契機と同じだけ、あるいはそれ以上に、脱距離化の契機（親密さの契機とそれが象徴交換的に用いられたときに発生する意味）に大きな関心を寄せていることの表れである。宇佐美まゆみが言うように、彼らのポライトネス理論の最も大きな特色は、いわゆる「敬語」の体系をもった言語の敬避的ポライトネス（ネガティブ・ポライトネス）のみならず、「丁寧」や「丁重」の語感とは反対をゆく親密さ（親・卑）の表現もまたフェイスを顧慮した「ポライト」な言語的ふるまいであり得ることを、「ポジティブ・ポライトネス」の概念として取り込んだところにある（宇佐美［一九九八］一四八頁）。従来の敬語研究がもっぱらかかわってきた距離化の契機と同じ資格のものとして、脱距離化の契機を扱うことができるようにな

ったことの意味は大きい。

### ▼語用論的普遍——対人配慮と効率性

〈距離〉の概念としてポライトネスを見れば、ネガティブ・ポライトネスとは距離を大きくすることであり、ポジティブ・ポライトネスとは距離を小さくすることである。距離が最も小さくなるのは距離ゼロの場合で、それを〝顧慮のゼロ度〟と見ることができる。このスケールの中に置き入れてみれば、ポライトネスとは、距離ゼロ（顧慮のゼロ度）から少しずつ距離（顧慮）を増してゆく階梯の体系となる。これは、ポライトネスを対人配慮という発話効果にかかわる語用論的問題として捉えることであり、ここにおいて、ブラウン＆レヴィンソンのポライトネス概念は語用論的契機を合わせもつことになる。

では、対人的な顧慮のゼロ度とは、どのような発話に見出すことのできる特徴だろうか？　発話に際して、相手が誰であるか、相手と自分の立場、発話の場面や状況、といった要素を考慮しなければならないとしたら、そのこと自体がすでにして対人配慮を要請せずにはいない。それゆえ、顧慮ゼロ度の発話とは、相手が誰であるか等々の要因に左右されることなく、ただ真実の事柄のみを過不足なく直裁かつ明瞭に伝えるような言葉のことである。現実の発話の中にその例を探すことは難しいが、切迫した緊急事態における発話、たとえば、火事の発生を知らせ避難を呼びかける「火事だ！　逃げろ！」や、狙撃されそうになった要人に向かって言う「危ない！　伏せろ！」あたりが最も〃純粋例〃に近いだろう。もう少し広めに取って、〃事実の正確な伝達〃を旨とするニュースを読むアナウンサーの言葉（の、視聴者に対する配慮である「です・ます」を除いたもの）などを含めてもよいかもしれない。いずれにせよ、そこからわかることは、こうした発話を連ねただけでは、日常言語における〃自然さ〃は生じてきそうにないということである。

実際、日常会話はほとんどつねに何らかの対人配慮に刻印されている。日本語や朝鮮語のように敬語体系をもつ言語なら、敬語の使用や呼称にかかわる不可避的な選択抜きには、対人的な発話自体がそもそも困難であるとさえ言ってよい。そうした言語においては、対人配慮が社会言語学的なコードとして組み入れられていると見ることができる。しかし、ポライトネスの問題としてより重要なのは、敬語体系を有する言語とそうでない言語とを問わず、人びとの日常会話が、慣習化した次元から特定の会話の場面で創出される次元まで、様々な次元の対人配慮に彩られているという事実である。(8)

語用論はそうした配慮がいかにして表現され伝達されるかを問題とする。多様に可能な手段を貫いて言えることとは、以下に見るように、それらが顧慮ゼロ度の発話とは異なり、情報の過不足や婉曲や不明瞭といった特徴を多かれ少なかれ必ず帯びていることである。例を4つ挙げる。

［例1］週末のパーティーに誘われた人が、あまり行く気がないのに「うん、行けたら行くね」と答える場合。

期待される返事はyesかnoのいずれかであり、〝行けるならば行く（＝行けないならば行かない）〟という論理的に同語反復である発話は、期待される情報量を明らかに満たしていない。

［例2］商売で儲かってしょうがない人が儲かっているかと聞かれ、「いやあ、実際はそれほどでもないんですよ」と答える場合。

〝儲かっていない〟という発話の内容は事実に反するので、この発話は虚偽であるか、そう見なされ得る。

［例3］友人に借金を申し込まれた人が、直接には答えず「こないだ車をぶつけちゃってね」と言う場合。

発話は問いに対する答えではなく、その内容も直接的には〝金を貸す〟こととは別の事柄であるため、その分だけ文脈的な関連性が薄い。

［例4］部屋のクーラーをつけてほしい人が、「いやあ、今日は暑いねえ」と言う場合。

〝クーラーをつけてほしい〟という意図が明確にされておらず、周囲の人の察しによってしか意図は実現されない。当然発話は曖昧であり不明瞭となる。

これらの発話はすべて、何らかの点で解釈のための余計な労力を必要とする。にもかかわらず人びとがこうした発話を日常的におこなうのは、対人配慮という別の効果を生じさせるからである。例の各々について、「フェイス」の顧慮という観点から次のようにコメントすることができる。

［例1］言下に断ることで相手のフェイスを潰してしまうことを避けたいという話し手の意図の表れであると同時に、せっかくの誘いを断ることで自分のフェイスを潰してしまうことも避けたいという意図の表れである。

［例2］真実をそのまま言って自分を相手より優位に置くことは相手のフェイスへの脅威となるため、それを慮ってあえて虚偽の発話をおこなうものと解することができる。

［例3］相手の希望に添わない答えをして相手のフェイスを潰す代わりに、関連性が間接的な周辺事情を述べることで、相手が自ら申し込みを撤回する〝逃げ道〟を作っておく効果をもつ。［例1］同様、断ることで自分のフェイスを潰してしまうことを避ける効果もある。

［例4］自分の願望に相手を奉仕させることは相手のフェイスを潰してしまうため、それを避け、相手が〝自発的に〟気づいて施しをしてくれるのに任せようとする意図に基づいている。


もとより、情報論的なポイントを外した発話がつねに対人配慮の表現となるわけではないし、相手と自分のどちらのフェイスを指向するかによっても、ニュアンスは大きく変わり得る。(9) さらには、文化によって、どのような種類の〝逸脱〟が対人配慮の表現として好まれるかについての相違も存在する。ブラウン&レヴィンソンの主張は、フェイスへの顧慮という動機がある種の特徴をもった発話を産み出し得るという点にあるのであって、発話のある種の特徴がフェイスの顧慮に関する様々な動機づけと一対一の対応をもつという主張ではない。

ブラウン&レヴィンソンはこうした発話の特徴を、効率性の犠牲という点に求める。そして、語用論の先駆者である言語哲学者P・グライス（Paul Grice）の会話の理論を参照しながら、会話における「協調の原理」とその下位原則である四つの「格律」からの逸脱という形でそれを説明しようとする。グライスの議論を追っておこう。

### ▼ポライトネスと「グライス的枠組み」

グライスの「協調の原理」（Cooperative Principle）とは、

会話者が（他に事情がないなら）遵守するものと期待される大まかな一般原理
（Grice, 1989, p. 26［邦訳、三七頁参照］）

のことである。その下には、哲学者カントの「範疇」に倣って立てられた、より具体的な、主観的に妥当する実践原則としての四つの「格律」（格率、maxims）が置かれている。[10]下位格律も合わせ、まとめて示す（ibid., pp. 26-27［邦訳、三七-三九頁参照］、またその後の語用論の領域でしばしば呼ばれる別名を［　］内に併せて記す）。

量（Quantity）　発言には必要なだけの情報量をもたせるようにし、必要以上の情報量はもたせない。［情報性の格律（maxim of informativeness)］

質（Quality）　発言は真なるものとなるようにし、誤っていると思うことや根拠のないことは言わない。［真実性の格律（maxim of truthfulness）］
関係（Relation）　関連性があるようにする。［関連性の格律（maxim of relevance）］
様態（Manner）　明瞭に話す、すなわち、曖昧さや多義性を避け、簡潔に順序立てて話すようにする。［明瞭性の格律（maxim of clarity）］

協調の原理と四つの格律は、現実にすべての会話を拘束する条件として位置づけられているわけではない。会話というものが「合目的的」あるいは「合理的」な営みであるならば、会話の参加者はそうした実践原則を自らに課すだろうし、相手もまたそれを遵守するだろうと期待する、いわば前提的準拠枠としての相互的な想定である（ibid., pp. 29-30［邦訳、四一-四三頁参照］）。もしそうした想定がないとしたら――たとえば、相手は嘘を言っているかもしれず、本題とまったく無関係なことを言っているかもしれない、等々をつねにまず警戒しなければならないとしたら――会話の参加者は、そもそもコミュニケーションの成立自体を疑ってかからなければならなくなり、コミュニケーションへの参加は容易ならぬことになってしまう。しかし一方、人びとは現実にすべての会話に協調的であるとは限らないし、協調的であっても、つねに格律を遵守するとは限らない。そうした意味で、協調の原理と四つの格律は、コミュニケーションの成立に必要な前提的想定であると同時に、そこからの逸脱の可能性が初めから織り込まれた原理原則としての性格を合わせもっている。

グライスは、現実の会話における格律からの様々な逸脱の仕方を、四類型に分けて論じている（ibid., pp. 30ff.［邦訳、三三頁〜参照］）。なかでも重要なのは、話し手が格律を「無視」（flout）する場合で、話し手はあからさまに格律を破るが、かといって、その会話に対して非協調的であるとも思われない。そのとき、格律に合致しない現に「言われたこと」（what is said）と「話し手が協調の原理を遵守しているという仮定」とを、矛盾なく調和させるのが「会話の含み」（conversational implicature）である。つまり話し手は、格律（からの逸脱）を利用して「会話の含み」を伝達しようとしたのであり、そうした場合、聞き手からすれば、「言われたこと」のレベルでは格律が守られていないが、より深い「含みとされたこと」（what is implicated）のレベルでは格律がなお作動中であると考え、逆算的に含みを推論できることになる(11)。

そうした「含み」の具体例として、グライスは、レトリック、たとえば皮肉（irony）や隠喩（metaphor）、あるいは緩叙法（meiosis）や誇張法（hyperbole）において、格律がどのように利用されるかを述べる（ibid., pp. 33ff.［邦訳、四六頁〜参照］）。皮肉を例にとれば、たとえば、親しい友人Xによって商売敵に秘密を漏らされてしまった人物が「Xはいい奴だ」と言った場合、その出来事を知っている聞き手なら、明らかに真実でないその発話が「質の格律」に反していることを直ちに了解する。しかし、話し手がその会話に非協調的であろうとしているのでないならば、話し手が伝えようとしたのは、表向きの命題と相反する命題（たとえば「Xはとんでもない奴だ」）なのだと、聞き手は推論することができる。

ブラウン&レヴィンソンは、こうしたレトリックのみならず、対人配慮であるポライトネスもまた格律からの逸脱に関係する大きな契機であるとして着目した。[12] 彼らは、グライスの格律を顧慮のゼロ度と見て、次のように言う。

直言する（bald-on-record）ストラテジーを、グライスの格律に合致した話し方として扱うことができる。これらの格律は、最大限に効率的な伝達を成し遂げるためのガイドラインを構成するだろう会話の諸原理の直観的な性格づけである。（B&L, pp. 94-95）

注意すべきは、彼らの力点が「最大限に効率的な伝達」の方にあるのではないことである。自然な会話はしばしば非効率的であるのみならず、会話の自然さは、まさに非効率的であるその仕方から生じるものであると彼らは考える。少し長くなるが引用する。

事実、自然な会話の大部分は、こんなぶっきらぼうな流儀に従って進行するわけではまったくない。本書の全体を通じた趣旨は、格律的に話さないことの強力かつ広範な一つの動機はフェイスに対して何らかの注意を向けたいという願望である、というものである。……ポライトネスは、すると、そうした合理的な効率性から逸脱するときの主要な源泉であり、そして、まさにその逸脱によって伝達されるのである。[13] しかし、かの格律からのそうした背反においてさえ、それらの格律はより深いレベルでやはり作動している。聞き手が、深層にある意図されたメッセージとその（ポライトなあるいは他の）背反の出所を確定する推論的作業――要するに、含み、すなわち、まさしくこの仮定によって生成された推論を見つけること――を強いられるのは、端的に、格律がいまだに作動中であると仮定されるからにほかならない。

(B&L, p. 95)

さきに見た四つの発話例を思い出してほしい。［例1］～［例4］の発話は各々、量・質・関係・様態の格律に反しており、逸脱はどれもフェイスの顧慮と結びついていたことがわかるだろう。それらの発話は「言われたこと」のレベルでは格律に反しているが、かといって話し手が非協調的なわけではなく、より深い「含みとされたこと」のレベルにおいて「ポライトネス」が伝達される。そして受け手は、ポライトネスを斟酌することで、「話し手の見かけ上の非合理性や非効率性」に「合理的な解釈」を与えることができるようになる（ibid., p. 4）。ポライトネスを動機とした効率性からの逸脱という言い方で、ブラウン&レヴィンソンはこうした事態のことを考えている。

## ▼フェイス侵害度とポライトネスの階梯

格律からの逸脱が語用論的効果を伴うといっても、それは一様ではない。背反する格律の種類と結びついて典型的に生じやすい効果といったものがあるかもしれないし[14]、目的－手段的な「実践的推論」の観点からしても、発話内容や状況次第でフェイス保持に必要十分な効果の程度は異なるはずである。ブラウン&レヴィンソンは、この後者の方に着目した。

《クラスメートからペンを借りたい》という意図で発せられる四つの文を考えてみよう。

(1)「ペン、借りるよ。」

(2)「あ、かわいいペンだね。貸してくれる？」

(3)「すごく申し訳ないんだけど、もしあったらペン貸してもらえない？」

(4)「(独り言のように) あ、しまった、ペン忘れてきちゃったな。」

同じ行為に関する発話であっても、これら(1)〜(4)の違いは、話し手と聞き手の関係や、《ペンを借りる》ことがどのくらい言い出しやすい状況か、といった諸条件について、異なった想定をさせるだろう。用件をそのまま言う(1)からは、話し手と聞き手がとても親しい友人だろうと想像されるのに対し、賛辞「かわいい」や疑問形を含んだ(2)では、友人ではあるが(1)ほどの親しさではない関係が想像される。謝罪や仮定表現を含んだ(3)になると、おそらく二人は友人ではないか、あるいは、ペンを借りることが頼みにくい状況にあるといった想定が強くなる。そして、依頼の言葉を直接には言わない(4)では、普段話をしないクラスメートしか周囲にいない状況とか、あるいは、ペンを借りたいという依頼自体がある種の非常識を含むような状況（たとえば試験の教室のような）を想像することができる。

つまり、いまの文例においては、(1)よりも(2)、(2)よりも(3)の順で、相手のフェイスに対するより大きな顧慮が表現されている（後述するように(4)には少々問題がある）。そして、ブラウン&レヴィンソンは、そうした言語的な対人配慮の程度について、それが相手のフェイスに対して発話内容がもつ侵害の度合いを反映するものであり、[15]それゆえ、フェイス侵害度の大きさと対応するポライトネス・ストラテジーの階梯を考えることができると主張したのである。

だがその前に、フェイス侵害度とはどのようにして見積もることが可能なのかを見ておく必要があるだろう。発話内容の性質だけで相手のフェイスにかかる負荷を一意的に決めることはできない。いま見たように、それは人間関係や状況といった複数の要因が絡み合った総体としてはじめて決定される性質のものである。そこで、ブラウン&レヴィンソンは、次のような三変項の公式としてフェイス侵害度を規定する。

フェイス侵害度見積もりの公式。(ibid., pp. 76-77)

$$W_x = D(S, H) + P(H, S) + R_x$$

$W_x$　行為xのフェイス侵害度（Weightiness of the FTAx）
D (S, H)　話し手Sと聞き手Hの社会的距離（Distance）
P (H, S)　聞き手Hの話し手Sに対する力（Power）
$R_x$　ある文化内における行為xの負荷度（Rating of imposition）

P／D／Rのうちの一つの変項だけを動かし、他の二つを固定して考える思考実験をしてみれば、この公式の意味するところがよくわかる。仮に、D［距離］とP［力］すなわち人間関係に関する値を固定してRx［負荷度］だけを動かしてみることにしよう。Rxの値が、たとえば依頼行為において何を依頼するかで変動することは言うまでもないが、「文化内における負荷度」という点に注目するなら、同一の行為でも文化が違えばRxの値は異なるはずである。したがって、たとえば隣の家から何かを借りたい場合の行為の〝重み〟は、いわゆる気さくな下町文化では小さなRx値によって表され、近所付き合いのない都会の文化では大きなRx値によって表されることになろう。この公式は、人間関係のみならず（これはD値やP値の変動で表現される）、そうした文化差をもWx［フェイス侵害度］の値の相違として表現することができる。[16]

さきの文例に戻ると、(1)～(4)はその順でD値すなわち〈距離〉が大きくなっており、他の値を固定して考えれば（実際にはRx値も関係するだろうが、話を単純にしておく）、D値の差がそのままWxの差となる。かくして、それらはブラウン&レヴィンソンの掲げる次の階梯（の(1)～(4)まで）にそのまま対応することになる（ストラテジーの番号の大きさは、発話がもつフェイス侵害度の大きさと対応し、したがって相手への顧慮の大きさと対応するとされる（ibid., pp. 73, 75)）。

ポライトネス・ストラテジーの階梯（ibid., pp. 68-71）　顧慮の大きさ

(1) 直言［軽減行為を伴わず、ありのままを明言する］（bald on record [without redressive action]）　小

(2) ポジティブ・ポライトネス［軽減行為を伴う］（positive politeness [with redressive action]）

(3) ネガティブ・ポライトネス［軽減行為を伴う］（negative politeness [with redressive action]）

(4) ほのめかし（off record）

(5) フェイス侵害行為をしない（Don't do the FTA.）　大

（小 ↔ 大）

こうしてポライトネスは、対人的相互行為の目的＝効果の階梯として実現される語用論的概念となる。もっとも、いくつもの要因が絡まり合った複合概念を最終的に一つのスケール上で表そうとすることは過剰な単純化に陥る危険と隣合わせであるし、現に、容易には決着のつかない問題を孕むことになっているのも事実である。

フェイス侵害度の公式について言えば、公式とはいっても、実際に各変項を数値化して計算することは現実的でない。ブラウン&レヴィンソン自身、文字どおりの計算を考えているわけではないが、$W_x$の公式を概念式と見るにせよ、単純に変項の加算和として表すことが適切とは言えないだろ

う。(彼らの「公式」は、たとえば「2メートルと30グラムと4リットルを足せ」と言っているようなものだから。) すくなくとも、Rx[負荷度]を一種の係数(%)のようなものと考え、Wx=%Rx{D(S, H)+P(H, S)}とでもして、人間関係に関する値と行為の負荷度の文化内的評価とが分けられる程度の表現は必要だろう。

また、ポライトネス・ストラテジーの階梯についての問題点もある。なかでも大きい問題がストラテジー(4)の「ほのめかし」をめぐるもので、「ほのめかし」がつねに顧慮の大きさを反映するものかどうかは疑わしい。保持されるフェイスが相手のものか自分のものかによる相違([注9]参照)と平行的に、「ほのめかし」の動機もまた、ポライトであろうとすることと責任回避をしようとすること([注13]参照)との間で大きく引き裂かれてしまうからである。

しかし、それでもなお、彼らの理論は強みを失わない。その強みは、彼らがポライトネスの階梯を、純然たる語用論的スケールとしてではなく、儀礼論的な相互行為論の基礎の上に重なるものとして立てたところにある。ポライトネスに関する理論的アプローチとしては、たとえばG・リーチの「ポライトネスの原理」(Politeness Principle: PP)もよく知られている(Leech, 1983)。彼は、グライスの「協調の原理」と同等の「原理」という最上位に語用論的な「ポライトネスの原理」を置き、それによって、いわば効率性の原理と対人配慮の原理とが拮抗しながら機能しているようなイメージが描かれる。しかし、ブラウン&レヴィンソンはそれを支持しない。ここで詳述する余裕はないが、その理由の一つは、ポライトネスが「社会的にコントロールされて」いる機能である点に求められる（ibid., pp. 4-5)。つまり、リーチの「ポライトネス」が純粋に語用論的観点から立てられた概念であるのに対し、ブラウン&レヴィンソンのポライトネス理論は、儀礼論的な〝動機〟の上に語用論的な〝効果〟を重ね合わせた重層性に最大の特色をもっているのである[17]。

敬語の体系を有する言語とそうでない言語の現象的差異、あるいは、敬語を有する言語の間でも、その用法の現象的多様性を一つの平面上で捉えることは容易ではない。ブラウン&レヴィンソンのポライトネス理論は、動機の普遍性と効果のシミュレーションという道具立てによって、現象の多様性を切り詰めることなく同じ相のもとで意味を語れるようにしたところに第一の功績がある。次の二つの章では、ポライトネス・ストラテジーの主要な二類型であり日本語における敬語の使用／不使用を支えるネガティブ／ポジティブ・ポライトネスの各々を概観し、敬語論とポライトネス論との接点を具体的に確認してゆくことにしよう。

## 3 ネガティブ・ポライトネス——〝いま・ここ〟にいないかのように

### ▼三つの観点

ブラウン&レヴィンソンの立てた五つのポライトネス・ストラテジーの中で、日本語の敬語と最もかかわりが深いのは「ネガティブ・ポライトネス」である。

体系化した「敬語」は「ネガティブ・ポライトネス」が結晶化したものである、とブラウン&レヴィンソンは考える。その意味で敬語は、ネガティブ・ポライトネスを表現する代表的な手段の一つである。しかし同時に、「ネガティブ・ポライトネス」がすなわち「敬語」というわけではないことにも注意しなくてはならない。距離化の契機が敬避的効果を伴って対人配慮の表現となるものはすべて、相手のネガティブ・フェイスを顧慮するネガティブ・ポライトネスなのであり、したがって「敬語」はその一部として包摂される。すると、敬語論にとっての問題は、「ネガティブ・ポライトネス」全体の中で「敬語」がどのような位置を占め、あるいは、敬語とそれ以外の手段がどのような連関の内にあるかといった、ポライトネス・ストラテジーとしての敬語の性格を明らかにすることである。

ブラウン&レヴィンソンは、ネガティブ・ポライトネスを五つの契機によって下位区分し(1)、それを最終的に10の下位ストラテジーとして整理している（B&L, sec. 5.4）。しかし、ここでは、これまで重ねてきた議論の観点を引き継ぐ形での再整理を試みたいと思う。筆者が着目したい観点は三つある。すなわち、(i)儀礼論的動機のより直接的な反映と見ることができるもの、(ii)語用論的効果の方をより指向すると見ることができるもの、(iii)それらの中間形、ないしは、両者を接合するところにストラテジーとしての本領があると見ることができるもの、である。以下、この三つの観点に沿って考察してゆくこととしたい（便宜的に類型(i)(ii)(iii)と呼ぶ）。これは筆者なりの再整理であるので、ブラウン&レヴィンソンの論述とは順序が異なることをあらかじめお断りしておく。

**▼敬語とポライトネス――その儀礼論的意味**

まず類型(i)から見てゆく。ネガティブ・ポライトネス・ストラテジーのうち、デュルケーム＝ゴフマン的な儀礼論的動機を最も直接的に反映する手段は、自分と相手のD［距離］を大きく取り、あるいは、相手のP［力］を自分より上と見なすことである。ブラウン&レヴィンソンはこれを、

［ストラテジー5］ 敬意を払う（Give deference）

という一つのストラテジーにまとめる形で捉えようとする（ibid., pp. 178-187）。

この「表敬」が、対人的相互行為における社会的〃ふるまい〃であることは言うまでもない。彼らの見るところ、敬語という道具自体、社会的人間関係が直接的にコード化されたものである。

「敬語」に与えられる定義はこうである。

われわれは、広義の「敬語」を、……会話における参加者間の、もしくは参加者と言及される人物／事物との相対的な社会的地位が、直接文法的にコード化されたものと理解する。

(ibid., p. 179)

つまり、ある言語の敬語体系を見れば、それが表現している社会的人間関係が背後に透けて見えることになる。（敬語論的に言えば、これは第I部で見た〈関係認識〉の敬語論の見方にほかならない。）だが、もし敬語が人間関係を言語の平面に投射しただけのものであるならば、敬語は、社会言語学的コードではあっても、言語的相互行為におけるポライトネスの問題ではなくなってしまう。ブラウン&レヴィンソンは、そうは考えない。

一般に、敬語はポライトネス・ストラテジーの結晶化から生ずるものである。(ibid.)

敬語は、会話の含みの結晶化である。(ibid., p. 23)

ここに彼らのスタンスが凝縮されている。彼らが見たいのは、じつは、出来上がった体系としての敬語ではなくて、体系としての敬語が生成されてくる過程にあるポライトネスの言語行為なのである。（すぐ後で述べるが、それゆえ彼らは、ポライトネス的考察が、敬語の通時論にも資するところがあると考える。）

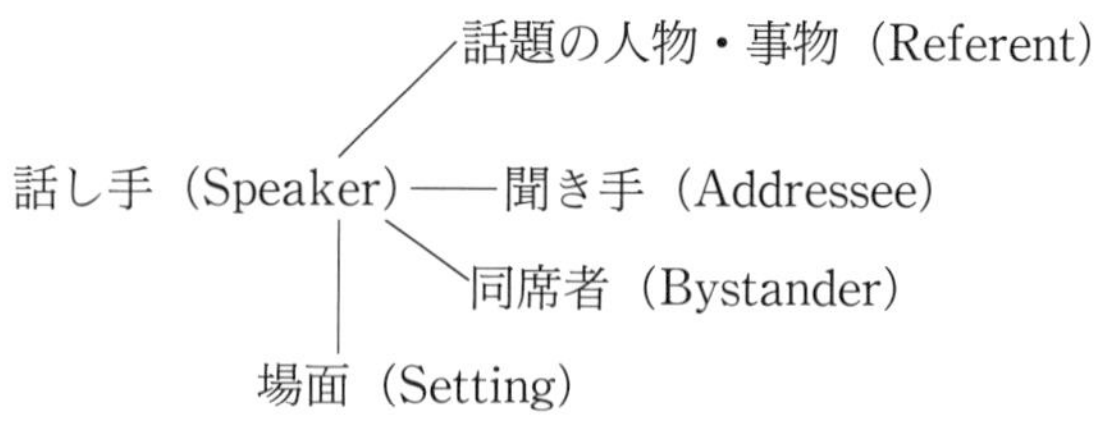


敬語において問題となる社会的人間関係は、話し手と聞き手だけではない。話題の人物はもとより、ときには同席者も含めて〝誰に敬意が払われるか〟をつねに考慮しなければならない。そうした〝会話の場〟のダイクシスを捉えるための枠組みとして、ブラウン&レヴィンソンは「敬語の軸（honorific axes）」を設定する（ibid., p. 181）。

日本語の敬語を例にとれば、［話し手―話題］の軸は素材敬語（referent honorifics）すなわち「尊敬語」と「謙譲語」の、［話し手―聞き手］の軸は対者敬語（addressee honorifics）すなわち「丁寧語」の、それぞれ問題となる。［話し手―同席者］の軸については、ジルバル語（オーストラリア・アボリジニの言語の一つ）の「義母語」[2]が例に挙げられるが（ibid., p. 180）、日本語でも、江戸時代にロドリゲスが指摘していたような、同席者の影響を考慮しなければならない場合は（現代でも）少なくない（［I-1］p. 13）。［話し手―場面］の軸についても、日本語の丁寧語「ます」が、聞き手の軸から場面の軸へと移行しつつあるのではないかとブラウン&レヴィンソンは見ている（ibid., p. 277［後述］）。

では、ポライトネスの言語行為を「敬語の軸」の中で考察するとはどういうことだろうか？　ポライトネスにおいて問題となるのは相手または自分のフェイスであり、「敬意を払う」というストラテジーにおいては、顧慮されるのは相手すなわち聞き手のフェイスである。とすれば、「話題の人物・事物」や「同席者」や「場面」といった要素が、どのようにして聞き手のフェイスとかかわりをもつのかが考察されなければならないだろう。敬語の軸を設定したのち、ブラウン&レヴィンソンは素材敬語の機能から考察を始めるが、見落としてならないのは、それが素材敬語と「話題の人物・事物」との間ではなく、素材敬語と「聞き手」とのかかわりをめぐっての考察だという点である。（ただし、あらかじめ言っておけば、彼らの議論は必ずしも明快ではない。）

まずT／V代名詞のシステムが、（対者敬語ではなく）素材敬語として捉えられるべきであることが述べられる。二人称の敬称(V)代名詞が対者敬語ではないという捉え方は、意外とも思われる。しかし、ヨーロッパ諸語において、最も純粋に対者的要素として機能するのは「呼格（vocative)」をはじめとする呼びかけの形であって、二人称といえども（主語という）文法的要素として働く代名詞はすでに素材的要素なのである。つぎに補う例のように、呼びかけ形（'Honey'）と二人称代名詞（'you'）が同一の文中に共存するのも、両者の機能が異なっているからである。

*Honey*, have *you* done the dishes?　ねえ、皿洗い、終わった？

かくして、T／V問題は素材敬語の問題となる。しかし、この素材敬語は誰を顧慮するのだろうか？　答えは、聞き手その人にほかならない。そこで、こう述べられることになる。

素材敬語としてのT／Vシステムでは聞き手Hが直接顧慮される（ibid., p. 181）

では、T／V代名詞ではない素材敬語では誰が顧慮されるのだろうか？　ブラウン&レヴィンソンがわざわざT／V代名詞から話を始めたのは、この問いを導くためだったように見える。他の素材敬語が〝第三者〟を顧慮するだけだとすれば、右で確認したように、それは相手を顧慮することにはならず、それゆえポライトネスの問題としての重要性も低いことになる。しかし、彼らが言いたいのは、そうではなくて他の素材敬語もまた、聞き手への顧慮と関係があるということである。さきの引用は、じつは次のように続く文の前半部分だった。

素材敬語としてのT／Vシステムでは聞き手Hが直接顧慮されるのに対して、他の素材敬語は、聞き手を間接的に顧慮するような推論を提供することができる。（ibid., p. 181）

彼らの眼目は、他の素材敬語は聞き手を間接的に顧慮する働きをもつという点にある。とすると、T／V代名詞と合わせて考えれば、素材敬語一般のポライトネス的機能は、（直接的か間接的かの違いはあれ）聞き手の顧慮にあるということになる。これが、ブラウン&レヴィンソンが考える敬語のポライトネス的意味である。

彼らが例として取り上げるのは、日本語における身内敬語抑制の現象である。彼らはこの現象が、素材敬語そのものの働きから説明できるのではないかと考える。すなわち、素材敬語が聞き手を顧慮する働きをもつのなら、話し手が聞き手の身内を高めるのはよいが、自分の身内を高めることは素材敬語のこの働きを相殺してしまう。それゆえ素材敬語は「身内感受性を強める（sensitive to in-group membership）」のではないか、というわけである（ibid., p. 181）。言い換えれば、身内敬語抑制の現象がある敬語体系の方が、そうでない敬語体系よりも、ポライトネス的〃含み〃をもって機能する幅が大きいことになる。体系としての敬語を有する言語同士の間で、ポライトネス的機能のいわば度合いを比較することができるという視点は斬新である。

もっとも、彼らが取り上げているのは敬語の使用ではなくて不使用にかかわる現象なのだから、それのみをもって素材敬語における聞き手への顧慮の証拠と見なすには無理がある。（だから彼ら自身、「〜ような推論を提供することができる」と微妙な言い回しをするのだが。）実際問題として、素材敬語がすべて聞き手を顧慮すると言うことはできない。たとえば、

(a)「お客様は私が御案内するね［しますね］。」

と言う場合に、〃受け手尊敬〃である謙譲語「御案内する」は、すくなくとも、聞き手に敬意を払うという意味での顧慮を聞き手のフェイスに向けるものではない。むしろそれは、聞き手にネガティブ・ポライトネス的な顧慮を与えないことにおいて、聞き手を話し手との〃ウチ〃的な関係の中に置き、同時に、動作の受容者（「お客様」）を［話し手―聞き手］の連帯的関係の〃ソト〃に置くことで敬意の対象とする、と見なくてはならない。（以後この連帯的関係を〃われ＝われ関係〃と呼

ぶ。また、対者敬語である丁寧語「ます」の機能は、素材敬語とは独立である。）

反対に、動作受容者と聞き手が一致した（つまり同一人物の）場合に、

(b)「あの書類はこの間お送りしましたよね？」

と言ったとすれば、話し手は、動作受容者＝聞き手であるこの人物を、自分との連帯的関係をもたない人物として、つまり〝ソト〟に置いて遇したことになる。対面する相手を素材化して表現することは、のちに［III-1］で見るように〝三人称化〟ないしは〝非人称化〟であり、そのこと自体が距離化の効果をもつ。ブラウン&レヴィンソンが素材敬語に見ようとする「聞き手に対する間接的な顧慮」が最も明瞭に認められるのは、このケースである。

要約すれば、素材敬語の機能は、対象人物を敬避的に〝遠くに置く〟ことであり、それ以上でも以下でもない。それがネガティブ・ポライトネス的な意味で聞き手に対する顧慮となり得るのは、聞き手と敬意の対象人物が〝ウチ〟的な関係にあるか、もしくは同一人物である場合に限られる。一方、聞き手と話し手が〝ウチ〟的な関係にある場合には、聞き手は、敬意の対象すなわちネガティブ・ポライトネス的な顧慮の対象とはならない。このことは同時に、聞き手が話し手によって話し手の〝近くに置かれる〟ことを意味するので、話し手によるそうした連帯的関係の表明を脱距離化的なポジティブ・ポライトネスと見ることができる。ポジティブ・ポライトネスもまたれっきとした聞き手のフェイスに対する顧慮である以上、こうした敬語の裏面の機能もまた、ポライトネス

的観点からは非常に重要である（この論点は第III部で詳しく考察する）。素材敬語をめぐるブラウン&レヴィンソンの議論には、このネガティブ／ポジティブの二方向性という観点が抜けており、そのために素材敬語の機能を捉えきれなかったことは否めない。

つぎに、対者敬語はどう考えられるだろうか。ブラウン&レヴィンソンは、ポライトネス理論の応用可能性を述べた章で、敬語の通時論のポライトネス的解釈とも呼ぶべき議論を展開し、そこで対者敬語と素材敬語の関係について述べる（ibid., pp. 276-277）。そこでは、まず、同一の形態素が対者敬語にも素材敬語にも用いられる傾向があること、そして、対者敬語は素材敬語に比べてはるかに数が少ないことが指摘されたのち、両者の間には通時的関係があるのではないかという考えが表明される。すなわち、素材敬語が基本にあって、聞き手に対する間接的な顧慮が直接化する形で対者敬語が派生したのではないかと彼らは考える。

日本語の例で考えれば、「侍り」や「候ふ」はたしかに素材敬語（この場合謙譲語）から対者敬語（丁寧語）へと変遷した例であり、現代の対者敬語「ます」もまた、素材敬語（謙譲語）の「参らす」が「まらする」を経て対者敬語化したものである。（「です」については、尊敬語起源説と謙譲語起源説の諸説がある。）このことは、「ます」や「です」という語の中に聞き手に対する距離化の契機が元々含まれていたというよりも、素材敬語の一部が聞き手に転用されるようになったことで聞き手が距離化の対象となったという解釈を導く。この点はブラウン&レヴィンソンが述べているとおりである。

ここに至って、「敬語」とネガティブ・ポライトネスが完全に嚙み合うように思われる。

### ▼負い目感受性——〈負荷度〉の関与

対人的相互行為の儀礼論的契機は、まずもって、水平的なD［距離］と（それが絶対化・固定化される）垂直的なP［力］とで構成される社会的人間関係の契機である。これまでの議論もその範囲内に収まっていた。しかし、相互行為とは必ず何かを行為することで成り立つものである以上、人間関係の中にどういう行為を置き入れるかによってもその意味は変動する。行為のR［負荷度］から派生する契機もまた、実質的に距離化の契機をなすものとして考察されなければならない。

内在的にフェイス侵害度の高い行為——相手のフェイスを侵すものとして典型的なのは《依頼》や《忠告》である——をする場合には、その内容の実現可能性を低く見たり、相手に大きな負荷をかける意図がないことを知らせ、現実に発生する侵害行為について謝罪する、といったフェイス侵害の軽減ストラテジーが用いられる。該当するストラテジーを例とともに挙げておく（引用頁の参照がないものは筆者の作例である［以下同様］）。

［ストラテジー3］悲観的になる（Be pessimistic）

［例1］｛*Could* / *Would* / *Might*｝ you do X? (ibid., p. 173)

［仮定法由来の過去形助動詞の使用が不可能性への言及となる］

［例2］「できたらで構わないんですが、……していただけますか？」

［ストラテジー4］相手への負荷（Rx）を最小限にする（Minimize the imposition, Rx）

［例3］I *just* dropped by *for a minute* to ask you if you ... (ibid., p. 177)

「……してもらえるかなと思ってちょっと寄ってみただけなんだけど。」

［例4］「別に大したことじゃないんだけど、ちょっと気づいたことがあって。……」

［ストラテジー6］謝罪する（Apologize）

［例5］I'm sorry to bother you ... (ibid., p. 189)

「お邪魔して申し訳ないんですが、……」

［例6］「間違ってたらごめんなさい。ただ、ちょっと気になったので、……」

「内在的なFTA（フェイス侵害行為）」の種類として、ブラウン&レヴィンソンは、侵されるフェイスがネガティブ／ポジティブのどちらであるか、自分側／相手側のどちらであるかによって（つまり、［II-2］注(3)に掲げたマトリックスに沿うように）、全部で40余りの行為を挙げている(ibid., pp. 65-67)。そのリストを見ていけば、純粋に事実確認的（constative）な文を除くほとんどあらゆる種類の文が、「内在的なFTA」となることがわかる。これに、状況や内容次第でFTAになるものも加えて考えれば、事実確認文でさえ例外ではなくなる。

たとえば、「明日は雨だから、遊びに行くのは来週にしようね」と前夜言われていた子どもが、翌日晴れているのを知って「今日は天気だ。」と言った場合には、〝ならば遊びに行こうよ〟という《提案》や《要求》のほのめかしにもなり得るし、〝遊びに行かない〟ことを早々と決められてしまったことに対する《非難》ともなり得る。あるいはまた、相手の年齢を尋ねるという質問はそれ自体では単純な事実の確認だが、文化によっては（たとえば日本でも）相手のフェイスに対するれっきとした侵害行為と見なされ、しばしば謝罪のようなストラテジーを伴って発話されることになる（例「大変失礼ですが、おいくつでいらっしゃいますか？」）。一方、それがまったくFTAにならない文化も存在する。（たとえば、韓国では、年齢による位階秩序が人間関係の基本なので、年齢を知らなければ、使うべき言語形式も決められない。）

これらのストラテジーはどれも、相手の「なわばりの完全性と自己決定の欲求」を指向する。ブラウン&レヴィンソンは、さらにそこから別の欲求が生じ得ると考える（ibid., pp. 209-211）。まず、話し手が聞き手の領域を侵さないよう慎重に扱うのはどういう場合であるかを考えてみると、聞き手が話し手よりも（力が）上である場合と、話し手が聞き手に借りを負っている場合——これも結局、聞き手の力の下に入ることを意味する——が、ともにそのケースとなる。聞き手側からすれば、話し手がそうした状態にあるときの方が自分の「なわばりの完全性と自己決定の欲求」が脅かされずに済むことになり、だから聞き手は、話し手が自分より下にいること、話し手にある程度の借りを負わせておきたいことを、潜在的に欲するのだという。こうした聞き手の潜在的欲求のうち、最初のもの——話し手が聞き手の下にいること——を指向するストラテジーは、さきに見た

［ストラテジー5（聞き手に）敬意を払うこと］である。そして、第二のもの――話し手が聞き手に借りを負っている――を指向するのは、聞き手の負荷となるＦＴＡをおこなうことにおいて、話し手が借りを負うこと、そしてその裏返しとしての、聞き手に借りを負わせないことである。この最後のものは、次のストラテジーをもたらす。

［ストラテジー10］借りを負うこと、相手に借りを負わせないことを明言する（Go on record as incurring a debt, or as not indebting H）

［例7］*I'd be eternally grateful if you would* ... (ibid., p. 210)
「もし……していただけたら一生恩に着ます。」

［例8］「先日は本当にありがとうございました。お礼もいたしませんで。」
［漠然とした恩義が返済されていないことについての言明］

［例9］I could easily do it for you. (ibid., p. 210)
「お安いご用ですよ。」

［例10］「本当につまらないものなんですが、よろしかったらお一つどうぞ。」

このストラテジーがどの程度機能するかは、その文化が「負い目感受的（debt-sensitive）」(ibid., p. 247) である度合いに応じて変わり、また、どのような行為がフェイス侵害度の高い行為と見なされるかも文化相対的である。[3] ブラウン＆レヴィンソンは、負い目感受性の高いケースとして日本文化に言及し、日本では、一杯の水を勧める程度の申し出でも、相手には、ときに西洋社会における抵当権並みに重いものとなり得ることが述べられる[4]。こうしたストラテジーが一般的な文化では、負い目への言及それ自体が感謝の表現になる。ツェルタル語のケースがそれで、日本語の「有難い」もその典型例である（ibid., pp. 210, 190)。

### ▼間接的であれ──語用論的効果

以上のように、儀礼論的動機を直接的に反映するネガティブ・ポライトネスのストラテジー（類型(i)）は、社会的人間関係にかかわる距離および力と行為の質にかかわる負荷度──これらは前章で見た「フェイス侵害度の公式」を構成する三つの変項D／R／Pにほかならない──の操作という形をとる。これに対して、類型(ii)として、動機よりも効果の方をより直接的に指向するストラテジーが存在する。

語用論的効果を指向するストラテジーを貫くものは、「間接的であること」である。ブラウン&レヴィンソンは、間接性のストラテジーを普遍的な「欲求の衝突」から生じるものとして説明する(ibid., p. 132)。話し手は自分の欲求を相手に伝えたい──直接的に伝えた方が確実に伝わる──が、その欲求が聞き手の負荷となる場合、それを伝えることは聞き手の領域を侵すことになる──話し手は聞き手の領域をなるべく侵したくない──ため、そこに欲求の衝突が生じる。この二つの欲求を最大限満たしつつそれを解消／軽減するには、欲求の伝達を間接化するのが最善の手段であり、そこから「慣習的な間接性（conventional indirectness）」が生じてくる。二つの欲求の衝突は普遍的なものと考えられるから、慣習的な間接性もまた「おそらく普遍的」であるという。

慣習的な間接性は、グライスの格律からのある仕方における逸脱として捉えることができる。

［ストラテジー2］質問する、曖昧化する（Question, Hedge）（ibid., p. 145）の後半、「曖昧化する」がそれであり[5]、格律のそれぞれを曖昧化することで直接性が回避される。

・量のヘッジ

［例11］Could you make this copy *more or less* final?（ibid., p. 171）
「この原稿、ある程度仕上げちゃってもらえますか？」

・質のヘッジ

［例12］「うーん、ちょっと、難しいですねえ。」

［例13］I think *perhaps* you should ...（ibid.）
「もしかして……した方がいいかな、と思うんですが。」

［例14］「間違ってるかもしれないけど、こうは言えないかな？」

・関係のヘッジ

［例15］This *may be misplaced*, but would you consider ...（ibid.）

「場違いなことかもしれませんが、……のことは考えていますか？」

[例16]「全然関係ないんだけど、ちょっと思いついたこと、言ってもいい？」

・様態のヘッジ

[例17] You're not exactly thrifty, *if you see what I mean.* (ibid.)

「あなたって、どうも倹約家とは言えないわよね。ねえ、どう？」

[例18]「……と言えないこともないように思われる。」

ヘッジがどの格律を指向するかは、一意的に決めがたいものも多い。しかし、伝達効率の犠牲を承知の上で表現を曖昧化している点には相違がなく、これらはすべて、格律からの逸脱において生じる〝含み〟によってポライトネスを伝える手段となり得る。

ブラウン&レヴィンソンは、英語においてとくに間接表現（「間接発話行為（indirect speech acts）」）が多く用いられることに注目し、ポライトな間接性を生み出すいわば規則的なパターンがあるのではないかと考えた。そこで見出されたのが、J・L・オースティンからJ・サールに受け継がれて精緻化された「言語行為論（発話行為論、Speech Act Theory）」との接点である。

たとえば《宣言》や《約束》といった「遂行的発話（performatives）」では、宣言や約束の文を発話することがすなわちその行為の遂行となるが、オースティンは、いくつかの前提的条件が満たされなければそれらは適切に機能しないこと（「不適切性（infelicities）」）を論じた（Austin,

1975, pp. 14-15［邦訳、二五-二七頁］)。それを承けてサールは、発話において行為が遂行される「発語内行為（illocutionary acts)」の構造を分析し、意図された「発語内的力（illocutionary force)」が適切に発動するための必要十分条件を定めようとした(6)（Searle, 1969, ch.3)。それらの条件は総称的に「適切性条件（felicity conditions)」と呼ばれる（Levinson, 1983, pp. 229-231, 238-240)。

ブラウン&レヴィンソンは、グライスの格律が発話行為における適切性条件と重なるものであると見る（B&L, p. 164)。たとえば、質の格律は誠実性条件と同じ点を問題にしており——行為者はその行為を意図していなければならない——、また、関係の格律は事前条件と同じ点を問題にしている——たとえば、相手が望んでいない事柄や、わざわざ言う必要もないほど自明の事柄について、《約束》をするのは適切でない——。したがって、四つの格律に応じたヘッジは、行為そのものを直接的に述べる代わりに、「適切性条件」に言及することがポライトな間接発話行為となることの具体例なのである。

さらに進んで彼らは、英語において、適切性条件に言及する間接発話行為のパターンが二つあるのではないかと言う（B&L, pp. 134-136)。一つは、（相手の〝逃げ道〟として）相手の状況的・能力的可能性への疑問の余地に言及すること、もう一つは、自分の欲求の実現不可能性を述べること、である。結局それは、

適切性条件＋
- 疑問文±仮定法±可能性操作子±'please'
- 平叙文＋否定形±仮定法±可能性操作子±付加子（tag）±'please'

（±の記号は、その要素が任意であることを示す）

と整理することができる。そしてこれらは、それぞれつぎのストラテジーに対応するとされる。

［ストラテジー2］質問する、曖昧化する（Question, Hedge）［（の前半）、前出］
［ストラテジー3］悲観的である（Be pessimistic）［前出］

〝塩を取ってほしい〟という《依頼》を表す慣習的な間接発話行為を例に、具体的に見てみよう。「適切性条件」は、この場合、相手の〝能力〟への言及とする。すると、上のパターンに従った次の［例19］［例20］はポライトだが、パターンと相違する［例21］［例22］はポライトではない（ibid., pp. 135-136 の例より）。

［例19］Could you possibly pass the salt (please)?［polite］
適切性条件＋疑問文＋仮定法＋可能性操作子＋（please）

［例20］You couldn't perhaps pass the salt, (could you?)［polite］
適切性条件＋平叙文＋否定形＋仮定法＋可能性操作子＋付加子（tag）

［例21］Couldn't you pass the salt?　［rude］
適切性条件＋疑問文＋否定形＋仮定法
［例22］You can pass the salt.　［rude］
適切性条件＋平叙文＋肯定形

とくに［例22］の文については、それが適切性条件をそのまま確認していることがポライトでない原因であると述べられる（ibid., p. 268)。逆に言えば、疑問形であれ否定形であれ、適切性条件を〝不確かな〟ものと見ることが、ポライトネスの源泉となる。否定と疑問を重ねた［例21］も、否定疑問は肯定を促すニュアンスを帯びてしまうがゆえに、ポライトではない響きをもってしまう。

　では日本語ではどうだろうか。たとえば、直接的な依頼である「あした、一緒に行こう。」よりは、適切性条件への疑問文による言及である「あした、一緒に行ける？」の方がポライトだし、さらに間接化した「あした、一緒に行けたりする？」は、（たしかにその回りくどさにおいて）よりポライトだと見ることができる。また、［例21］と似た否定疑問の形「あした、一緒に行けない？」が、ある種の押しの強さを感じさせるということもたしかである。

　だが一方、平叙文の否定形が英語と同じようにポライトネスを伝えるかというと、そうは言えないように思われる。「あした、一緒に行けないよね。」のように、それは依頼の発話というよりも、「ほのめかし」の発話と見るべきものになってしまうだろう。おそらく、日本語の場合には、「くれる・もらう」のいわゆる授受動詞が大きく関与するために、それを抜きにしては完全な考察ができないだろうが、ここではこれ以上立ち入らないこととする。

### ▼'as if' の論理——儀礼論と語用論の接合

ネガティブ・ポライトネスの類型(iii)は、儀礼論的な距離化の契機を間接性のストラテジーに置き換えて実現する。ここでの間接性には二つの手段がかかわっている。すなわち、

非人称化・非人格化・非個人化すること
視点を移動させること

であり、ストラテジーとしては、

［ストラテジー7］話し手Sと聞き手Hを非人称化・非人格化・非個人化する（Impersonalize S and H）（ibid., p. 190）
［ストラテジー8］FTAを一般則として述べる（State the FTA as a general rule）（ibid., p. 206）
［ストラテジー9］名詞化する（Nominalize）（ibid., p. 207）

の三つによって実現される。［ストラテジー8、9］については、［ストラテジー7］からの帰結と

見ることができ、事実上［ストラテジー7］に含めて考えることができる。

これらのストラテジーは、端的に、自称詞 'I' と対称詞 'you' を回避することによる表現の間接化を旨とする。そのかぎりで、これらは「間接的であること」という語用論的効果を実現するストラテジーである。しかし同時に、これらは「非人称化・非人格化・非個人化」の手段によって、人間関係自体を操作的に変化させ領域的な侵害を回避する、距離化の契機に基づいたストラテジーでもある。そこにおいて、これらのストラテジーは、儀礼論的動機と語用論的効果を接合する。

'I' と 'you' の回避——より正確には、話し手Sと聞き手Hを直接指示することの回避——は、具体的には次のような手段として実現される（ibid., pp. 190-204）。

(a) 命令形において主語 'you' を落とすこと
(b) 受動態や状況態を用いること
(c) 人称を汎称化あるいは複数化すること
(d) 対称詞の 'you' と自称詞の 'I' を別の語で代用すること

(a) に当てはまる言語は非常に多く、英語も日本語もその例である。命令形に主語を付ける形も可能だが、その場合、相手を直示することによって表現のトーンは非常に強くなる（ibid., p. 191）。

［例23］Do it at once!　　cf. *You* do it at once!

「さっさとやれ！」　cf.「お前、さっさとやらんか！」

つまり、主語が省かれる分だけ、命令による直示の強さが和らげられていることになる。

(b)の受動態がきわめて多く用いられることは言うまでもないだろう。なかでも日本語の〝受け身好き〟はよく知られている。英語の例を挙げておく。

［例24］*It is regretted* that …　cf. *I regret* that … (ibid., p. 194)
「……であることは遺憾です」　cf.「私は……を残念に思います」

「状況態（circumstantial voice）」はあまり馴染みのない用語だが、具格・位格・恩恵格といったいわゆる斜格（oblique case）が主語の位置に現れる現象を言う（マダガスカルのマラガシー語やポリネシア諸語に多い）。じつは日本語の次の例（主語に位格が来ている）なども、状況態と見て差し支えない。

［例25］貴兄には益々御清祥のこととお慶び申し上げます。

受動態にも状況態にも、いわば〝する〟の行為を〝ある〟の事態に置き換えてしまう効果があり、それが領域侵害の回避となってポライトネスを伝達することになる。

(c)の複数化の例としては、すでに述べたT／Vシステムにおける敬称(V)代名詞がその典型である

（［II-2］p. 139）。汎称化についても、「人」一般を表す英語の'one'やフランス語の'on'をはじめ、例を探すのはきわめて容易である。日本語の例を挙げておこう。

［例26］（子どもを叱って）「人の言うことを聞かないから、こうなるんでしょ！」

(d)の呼称に関しては、日本語の呼称詞全般がその好例となり、「きみ（君）」と「ぼく（僕）」、「あなた（彼方）」と「わたし（私 cf. 公）」等、いずれも地位や方向・場所を表す語からの転用である（［II-1］で見た穂積陳重の呼称論も参照）。ブラウン&レヴィンソンは、英語の例として、

［例27］Excuse me, *sir*.［polite］　cf. Excuse me, *you*.［rude］（ibid., p. 203）
［例28］（対称詞としての）*His* Highness「閣下」（ibid., p. 201）
［例29］（ニクソン元米大統領の言葉）But *the President* should not become involved in any part of this case.（ibid., p. 204）
「だが大統領は、この事件のいかなる部分にもかかわりをもつはずがない。」

を挙げている。

さて、これらのケースはすべて、次の特徴を共有している。

あたかも、動作主がS以外の誰かであるか、あるいは、すくなくともSでない可能性があるか

Sだけではない可能性があるかのように話し、また、受け手がH以外の誰かであるか、あるいは単にHが含まれるだけであるかのように話すこと（ibid., p. 190）

動作主を曖昧化し、受容者を曖昧化し、結局のところこれらの表現は、FTAを〝行為〟として述べることをなるべく回避し、それがあたかも〝事態〟の記述にすぎない〝かのように〟述べる手段であると言うことができる。［ストラテジー8］と［ストラテジー9］に割り振られる一般則としての表現や名詞化表現もまた、この延長線上に捉えられるものであることは明らかだろう。こうした操作的な方略を、'as if' の論理と呼ぶことができる。

'as if' の論理を構成する部分として、もう一つ重要なのは、視点操作（point-of-view operations）という手段である（pp. 204-206）。これは、時間的・空間的な〈視点〉を移動させることによって距離化を図ろうとする方略であり、次章で見るポジティブ・ポライトネスとしての視点操作と対をなす。[7]

鍵が距離化であることからも想像されるように、視点は、時間的には過去の方向へ、空間的には（文字どおり）遠くへと、移動させられる。まずは各々の例を見てみよう。

・時間移動

［例30］I *was wondering* if it'd be better to …

（ibid., p. 204の例を元に、日本語訳でも比較しやすい文に変更してある。）

「……する方がいいかなと思ったんですが。」
cf. I *wonder* if ... 「……かなと思うんですが。」

・空間移動

［例31］Could I borrow a tiny bit of *that* ［cf. this］ paper?
(this も that もともに使える状況で)「その紙をちょっとお借りしていいですか?」

現在時制よりは過去時制の方が、近称よりは遠称の方が、ネガティブ・ポライトネス的表現となる。日本語でも事情は基本的に同様であり、

［例32］(店で客の注文を復唱した店員が)「御注文のほう、以上でよろしかったでしょうか?」
cf.「御注文は、以上でよろしいでしょうか?」

と尋ねる最近の用法などは、過去形による〝時間的距離化〟を用いたポライトネス創出の新たな例とも見え、同時にまた、空間的な視点移動による対象指示の間接化(「～のほう」)の例でもある。後者については、穂積陳重が呼称を論じるなかで例に挙げた「こなた/そなた/あなた」における距離化とポライトネスの比例関係(［II-1］p. 113)も、日本語における対人関係表現の最も基本的な層を構成するものとして、あらためて注目に値する。

視点操作によって時空を移動させることは、話し手があたかも現実の〝いま・ここ〟にいない

〝かのように〟(as if) して話すことを可能にする。[8] 〝いま・ここ〟の時空的制約を脱することは、話し手が聞き手の領域を直接侵す危険性を最大限小さくする確実な方法であり、それゆえこの方略は汎用性の高いものとなるのである。この第三の範疇をなすストラテジーは、距離化の契機とそこから派生する間接化の方略によって構成される。そして、文字どおり距離を遠くする場合でなければ、距離化は間接化によって実現される。その点に立って見渡せば、結局のところ、ネガティブ・ポライトネス全体が距離化の契機と間接化の効果からなると見ることができるだろう。

# 4 ポジティブ・ポライトネス――私はあなたの欲するものを欲する

## ▼欲求の循環

ポジティブ・ポライトネスは、従来の日本の敬語論から最も遠いところにある。相手の「肯定的自己像」に対する顧慮であるこのポライトネスは（[II-2] p. 136）、日本語の「丁寧さ」の枠に収まらず、そのために、むしろすぐれて〃英語的〃（アメリカ的）な性格のものと受け取られてきた（たとえば、井出［一九八七］、Ide [1989]）。しかし事実はそうではない。日本語にもネガティブ／ポジティブ両面のポライトネスがあり、日本の敬語論は、それらをともに含むシステムの全体を対象とすることではじめて、従来考察の対象とならなかった側面に光を当てることができる。敬語に対する非敬語、とりわけ、いわゆる「タメ語」や、丁寧体から普通体への「ダウンシフト」（[II-1] p. 129）のもつ〃連帯〃的機能が、敬語のもつ〃敬避〃的機能と対比的に捉えられるようになる。敬語の語用論にポジティブ・ポライトネスが欠かせない所以である。

まずはこの点を確認した上で、相手の肯定的自己像を指向するということの意味から見てゆくことにしよう。ポジティブ・ポライトネスの主旨について、ブラウン&レヴィンソンは、「フェイス＝欲求」の観点から次のように述べる（B&L, pp. 70, 125）。

話し手Sは、聞き手Hの欲することを欲する。(S wants what H wants)

そして、話し手がそう欲するのは、話し手が、

聞き手Hは［Hの欲求を話し手Sが欲する］ことを欲する（H wants［S wants H's wants］）

(ibid., p. 102)

だろうと考えるからである。[1] そうしたHの欲求とは、ポジティブ・フェイスすなわち「他人からよく思われたい・受け入れられたい」という欲求にほかならない。相手のポジティブ・フェイスに対する同調的な指向は、相手の存在や在りよう、欲求や関心、思考や好みといった相手の領域に属する事柄について、共感を表明したり自分との同一性を表現する形をとる。一段抽象化して言えば、それは、

相手との間で何かを共有すること、ないしは共有しているかのようにふるまい、またそう見なすこと

と要約され得るような表現行為において実現する。相手と何かを〝共有〟するとは、相手との距離をなくし自分と相手が〝触れ合う〟ことである。それゆえ、ネガティブ・ポライトネスのストラテジーが距離化と間接性に収斂していたのとは対照的に、ポジティブ・ポライトネスのストラテジー

は脱距離化と直接性に収斂する。これは〝敬避〟的な――したがって「敬語」的な――発想とは正反対の指向性である。

ブラウン&レヴィンソンの挙げるストラテジーからは、

(i) Hの欲求を直接指向するもの

(ii) SとHの共通性を見なすもの

という二つの類型を抽出することができる。この各々は、(i)〝相手〟に対する指向と(ii)〝われ＝われ〟に対する指向であり、契機を少し異にしている。しかし、SとHの欲求の連鎖とつき合わせてみると、この(i)(ii)は、

(i) SはHの欲することを欲する

(ii) Sは｛Hが［Hの欲求をSが欲する］ことを欲する｝と考える

に対応するひとつながりのものとして考えることができる。後述するように、SがHの欲求に合わせてゆく(i)に比べて、(ii)ではSがHの欲求を見なす度合いが強い。その帰結として、(ii)はHとSの欲求の主体を転倒させる契機ともなり、「ポライト（polite）」であることと「無礼（rude）」であることの境界を曖昧にする要因ともなる。そうした見通しをもちながら、以下この区分に従って、ストラテジーの具体を見てゆくことにしたい。なお、ネガティブ・ポライトネスのときと同様、こ

の類型も筆者なりに立てたものである。(2)

## ▼〝相手〟に対する指向

まず、話し手Sが聞き手Hの欲することを欲するという形で、Sが直接Hを指向する類型(i)のストラテジーが存在する。しかし、これが「ポライト」であるということの意味は、ネガティブ・ポライトネスからでは理解することができない。欲求や関心といった事柄はそれを抱く当人の〝専権事項〟であり、他人がそれに言及すること自体が相手の領域に対する侵犯となる。それゆえ、ネガティブ・ポライトネス的な感覚からすれば、相手の欲することを欲することは、ポライトどころか無礼でしかないのである。

一方、ポジティブ・ポライトネスはその同じ行為に対極的な意味を見出す。すなわち、「ポジティブにポライトである(positively polite)」ことの根底には、相手という存在の積極的是認がある。相手を(言語的に)是認するためには、相手の欲求や関心が単に相手だけのものではなく、話し手もまた同じものを欲し同じものに関心を抱いていることが表明されなくてはならない。そこで用いられるのが、この類型のストラテジーである。

主たるストラテジーは三つある。ブラウン&レヴィンソンが挙げる例のほか、必要に応じて例を補足しながら概観する。

[ストラテジー1] H（の興味、欲求、必要、所有物）に気づく、注意を向ける（Notice, attend to H (his interests, wants, needs, goods)）

[例1] You must be hungry, it's a long time since breakfast. How about some lunch? (ibid., p. 103)

「お腹すいたでしょ？　朝ご飯食べたのずいぶん前だし。何かお昼食べない？」

[例2]「あ、髪、切ったんだ。」

[例3] God you're farty tonight! (ibid., p. 104)「おい、今夜はずいぶん屁をたれるね！」

[ストラテジー9] Hの欲求についてのSの知識と関心を主張または仮定する（Assert or presuppose S's knowledge of and concern for H's wants）

[例4] *I know* you can't bear parties, but this one will be really good — do come! (ibid., p. 125)

「パーティーが嫌いだってことは知ってるけど、でも今度のはほんとに楽しいから。おいでよ！」

[例5]「これ、前から欲しがってたよね。あげる。」

[例6]「このセーター、絶対気に入ってくれると思って、選んだの。」

[ストラテジー10] 申し出る、約束する（Offer, promise）

[例7]（嘘であっても）I'll drop by sometime next week. (ibid., p. 125)

「来週いつか寄るね。」

まず［ストラテジー1］では、［例1］〝食事をしたいと思っている（はずだ）〟や［例2］〝髪を切った自分がどう見えるか気になっている（はずだ）〟といった相手の状況に注意を向け、そうした欲求や関心をあらかじめ是認する言語表現がおこなわれる。是認は相手が何か失敗をした場合も例外ではなく、［例3］のように、相手の〝しくじり〟に気づいてやり、なおかつそれを気にしていないことを述べることで、相手を受容することが表明される。この最後のケースは、相手の失敗に対して「儀礼的無関心」（ゴフマン）を装うことで領域侵犯を避けるネガティブ・ポライトネスの態度と対照的である。

相手の状況という事実の共有が話し手の根拠となっていた［ストラテジー1］の例とは異なり、［ストラテジー9］では、話し手はより一般的な相手の人間像――相手のパーティー嫌い（［例4］）や相手の好み（［例5］［例6］）――を根拠として、相手の私的領域に踏み込んでゆく。さきに確認したように、こうした領域侵犯は相手のネガティブ・フェイスに対しては無礼となるので、このストラテジーはその分のリスクを伴うことになる。逆に言えば、そのリスクを冒しても人間関係の安定が変わらない（と話し手が考える）くらいに親密であるか、または、自分たちの関係は相互の侵犯を許容するほどの親密さに値するという含みの伝達されるのが、このストラテジーである。

鈴木睦が明らかにしたように、日本語においては、こうした相手の私的領域――相手の欲求・願望・感情・感覚・意志、等――に踏み込むことの可否が、「普通体／丁寧体」という形式の選択と連動している（鈴木［一九八九］、鈴木［一九九七］）。たとえば相手の欲求に直接言及している［例5］の文は、形式の丁寧度を上げて「丁寧体」にすると、相手の領域に踏み込んだ内容を相手の領域に踏み込まない形式に乗せることが不均衡を生む。そのためとりわけ目下から目上への発話としては、［例5′］のような不自然さ（この場合は押しつけがましさ）が生じてくる。[3]

［例5′］「？これ、前から欲しがっていらっしゃいましたよね。差し上げます。」

つまり日本語では、言語形式が敬避的なものであれば、内容も連動して敬避的でなければならないという制約がある一方、形式が敬語形を含まない非敬避的な場合（いわゆる「タメ語」）にはそうした制約がかからず、連帯的なポジティブ・ポライトネスとして機能することができる。（この前提の上で、［例5′］を敬避的でありながら親密さを表現する〝語用論的逸脱〟として発話することもあり得よう。）

最後の［ストラテジー10］では《申し出》や《約束》が問題となるが、これらは相手の利益になる将来の自分の行為について言明する（行為拘束型の）言語行為であり、その点で相手のポジティブ・フェイスを指向する。［例7］のように、実際にはその行為がおこなわれないとしても、それを言うこと自体がポライトネスの伝達となる。

以上をまとめると、この類型のストラテジーは、相手の領域への言及によって話し手と聞き手を脱距離的な関係に置き、そこで生じる連帯的効果によって人間関係の親密さを言語的に確認する、または親密さの含みを創出する機能を果たす(4)。

## ▼〝われ＝われ〟に対する指向

自分が相手と何かを共有していることを、相手の存在を是認し相手の価値観への共感を示す形で表現するのが類型(i)だった。それに対し、共有ということ自体、言い換えれば、自分が相手との間で構成する〝われ＝われ〟という関係の方に焦点を当てて表現するのが類型(ii)である。この類型のなかにも、話し手と聞き手の間で、文字どおり〝一致をつくる〟（名目上の一致も含めて）ストラテジーに加えて、〝一致を見なす〟ストラテジーと呼ぶべきものがある。まず前者から見てゆく。

［ストラテジー5］一致を求める（Seek agreement）

［例8］A: John went to London this weekend!

B: To Lôndon! (ibid., p. 113)

A「ジョンはこの週末にロンドンへ行ったんだよ。」

B「ロンドン！」

［ストラテジー6］不一致を避ける（Avoid disagreement）

［例9］A: That's where you live, Florida?

B: That's where I was born. (ibid., p. 114)
A「そこにお住まいなんですね、フロリダに？」
B「（ええ、）そこで生まれました。」

［例10］*So* when are you coming to see us? (ibid., p. 115)
「で、いつこっちに来るんだい？」

［ストラテジー5　一致を求める］の最も常套的な手段は、相手との一致をつくりやすい「安全な話題（safe topics）」——たとえば、天気、庭の美しさ、官僚制の無能さ——を持ち出すことである（ibid., p. 112）。ただし、「安全な話題」が固定的に決まっているわけではない。天気のような一般性が高いものほど、疎遠な相手との間でも安定的に一致をつくりやすく、反対に、相手との関係が密であるほど、より私的な話でも「安全な話題」となることができる。疎遠な関係にふさわしい「安全な話題」が親密な関係の中に突然持ち込まれた場合には、距離化の効果によってむしろ不自然さすら生じてくるだろう。話題は、話し手と聞き手の間に渡された〝われ＝われ〟関係の可能性の中で決定される。ブラウン＆レヴィンソンは、運動サークルでの会話の例として、自分の体験した血なまぐさい話というのを例に挙げている（ibid.）。いわゆる怖い話や、ひどい目に遭った話なども同様だろう。もう一つの典型として述べられているのは、［例8］のような相手の言葉の反復である。相手の言葉を部分的に反復することで、相手の関心と自分の注意が一致していることが

示される。

つぎの［ストラテジー6　不一致を避ける］は、実質的には不一致があったり文脈の共有がないような場合に、名目上あるいは擬似的な一致を演出し、言語上の不一致を回避するために用いられる。実際には相手の言葉の訂正であっても名目上の一致は保たれる英語の 'Yes, but ...' や日本語の「ええ、でも……」のような「名目同意（token agreement）」の例が挙げられる（［例9］）。先行文脈がなくても用いられる英語の 'then' や日本語の「じゃあ」は「疑似同意（pseudo-agreement）」と呼ばれ、そこでは、すでに話題を共有していたかのようにして新しい話題が提示される（［例10］）。このほか、「罪のない嘘（white lies）」も不一致を避ける手段の一つである（ibid., pp. 115–116）。

一致がつくられてゆくこれらのストラテジーに対して、すでに一致が存在すると話し手が見なすストラテジーもある。そのとき〝われ＝われ〟は文字どおり内輪として表現される。

［ストラテジー4］内輪であることを示す標識を用いる（Use in-group identity markers）

［例11］Come here, {*mate* / *honey* / *buddy*}. (ibid., p.108)

「こっち来なよ、{相棒／おまえ／だんな}。」

［例12］First call: Come here, *Johnny*.

Second call: John Henry Smith, you come here right away. (ibid., p. 111)

（最初に呼ぶとき）「ジョニー、こっちへいらっしゃい。」
（次に呼ぶとき）「ジョン・ヘンリー・スミス、すぐにここに来るのよ！」

相手との関係が内輪の関係であることを示す標識としては、T（親称）代名詞の使用や（ibid., p. 107）、親称的呼称の使用（［例11］）、フルネームに代わるニックネームの使用（［例12］）などが代表的である。その延長線上には、ジャーゴン、スラングの使用（ibid., p. 111）やいわゆる業界用語の使用、さらには二言語併用（diglossia）における〝威信言語〟から〝非威信言語〟へのコード・スイッチング（ibid., p. 110）――これには「標準語」と「方言」のような関係も含まれる――、といったものを考えることができる。これらの標識《マーカー》は、内輪的な人間関係に見合った呼称や用語を選択するというのが基本だが、その因果関係は容易に反転し、その場合には、内輪の標識が用いられることで相手との距離を詰める脱距離化の効果が促されることになる。［例11］は、相手との間に親密な関係を見なすことで、《命令》によるフェイス侵害度を和らげようとする発話の例であり、［例12］では、愛称による最初の呼称が含意する親密さと、姓と洗礼名まで付した呼称の含意する突き放した疎遠さとの対照が際立っている。[5]

ストラテジーの語用論的効果は、表現される人間関係と現実の人間関係とのずれを源とする。しかし、実際の関係を必ずしも反映しない親密さの表現は、相手の受け取り方次第では、ポジティブ・ポライトネスとしての脱距離化ではなく、端的に距離の不当な侵犯となる。もし、街を歩いているとき、近寄ってきた見知らぬ男から「よう、相棒！」と言われたら、親密さよりも突然領域を侵されたことへのとまどいの方を人は感じるだろう。同じように、日本語で親族名詞による呼称を親族以外の人に用いる用法（虚構的用法）もまた、微妙な問題を孕んでくる。見知らぬ他人に対して「おばさん／おとうさん／おばあちゃん」等の呼称を用いるこの用法は、親族でない人を親族扱いすることによる脱距離化的なストラテジーである。しかし、呼ばれた側がそれを過剰な領域の踏み込みと受け取った場合には、たとえば、

［例13］（宅配便の配達員が言う）「おばあちゃん、ハンコありますか？」

の呼称「おばあちゃん」を、「馴れ馴れしい」あるいは「失礼だ」と感じることが起こり得る。

### ▼親密、であるかのように

問題は、コミュニケーションにおける［話し手―聞き手］関係の根源的な非対称性にある。話し手はつねに先取り的に人間関係を見立てた上で、その関係に向けて発話するしかない。そして、話し手の意図した伝達が成就するか否かはもっぱら聞き手の解釈に委ねられている。それゆえ、〝われ＝われ〟を指向するストラテジーは、究極的には前章に見た'as if'の論理（［II-3］p. 180）の脱距離化的バリエーションとなる。そのストラテジー、

［ストラテジー7］共通基盤を仮定する／持ち出す／主張する
(Presuppose / raise / assert common ground)

では、話し手は、「視点操作（point-of-view operations）」によって「あたかもHがSであるかのように」話し（ibid., pp. 118–119）、あるいはまた、「前提操作（presupposition manipulations）」によって「SがHと親密であるかのように話す」（ibid., pp. 122–124）。

「視点操作」から見てゆこう。SとHの視点を一致させることで脱距離化を図るのがポジティブ・ポライトネスの視点操作である。その種類として、「人称性の転換」「時の転換」「場所の転換」の三つが分類される（ibid., pp. 119–122）。

・人称性の転換（personal-center switch）

［例14］A: Oh this cut hurts awfully, Mum.
B: Yes dear, *it hurts terribly*, I know. (ibid., p. 119)
A「あーん、この傷、ものすごく痛いよ、ママ。」
B「ああそうねえ、<u>すごく痛いわよねえ</u>。」

［例15］（たとえば頭をぶつけた子供にむかって）「ああ、いたい、いたい！」

［例16］I really had a hard time learning to drive, *you know*. (ibid., p. 120)
「わたし、車の運転覚えるのがすごく大変だっ<u>たじゃない</u>？」

話し手の視点を聞き手の視点と完全に同一化させるケース（［例14］）は、とりわけ相手の被った災難への同情や共感を強調する発話に多く見られる。日本語で子供に向けてよく用いられる［例15］のような言い方もその典型だろう。

一方、聞き手がほとんど知るはずのない事柄について用いられる英語の'you know'（［例16］）は、視点の移動による共感的用法である点では［例14］と同じだが、話し手が聞き手の視点に同一化するというよりも、聞き手の視点を話し手の視点に引きつけたと見る方が実態にかなっているだろう。ブラウン&レヴィンソンはこれを、「その種の状況一般についてのHの知識」に訴えるストラテジーと解釈している（ibid., p. 120）。

日本語の文末表現「〜じゃないですか」の次のような用法、

［例17］「缶コーヒーって甘いの多いじゃないですか。」

もまた、話し手が〝一般的知識〟と見なした情報を「じゃないですか」で確認するという点で、'you know'と非常によく似ている。この「〜じゃないですか」は、元々はしばしば詰問調の事実確認的用法を主とする形式だった。それが一九九〇年代以降、主として目上の必ずしも親密でない聞き手に対して、当座の共通基盤をつくり対人的な距離を詰めるための、ポジティブ・ポライトネス的な手段となった。この新しい用法は話し手の提示する話題についての〝共感〟を先取りする。しかし、〝一般的知識〟の資格で前に置かれる情報が、

［例18］「私も実家では一応長男とかやってるじゃないですか。」

のように、聞き手の知るはずがないものになればなるほど、話題の一般性が揺らぎ聞き手側の違和感は強くなる。[6] ここにおいて、「SはHの欲することを欲する」は、SとHが転倒した「HはSの欲することを欲する（だろう）」と化し、そうした発話は‘polite’であるよりも‘rude’であると受け取られる確率が高くなる。

「視点操作」の他の二つのタイプ、時の転換と場所の転換は、ネガティブ・ポライトネスの場合とは逆に、〝いま・ここ〟という時空への視点の移動によっておこなわれる。例を見てゆこう。

・時の転換（time switch）

［例19］I come down the stairs, and what do you think I see? — a huge mess all over the place, the phone's off the hook and clothes are scattered all over ... (ibid., p. 106)

「階段を下りるとね、何が見えると思う？——そこらじゅうぐちゃぐちゃになってて、受話器は外れてるし、服はそこらじゅうまき散らかされてるし……」

［例20］John *says* do *you* want to come too? (ibid., p. 121)

「ジョンがね、あなたも来たいかなあ、って言うの。」

・場所の転換（place switch）

［例21］（on saying goodbye）：This ［? That］ was a lovely party.（ibid.）（別れ際に）「素敵なパーティーでした。」

［例22］*This* guy came up to me and ...（cf. 'There was a guy who...'）（ibid.）「人が近づいてくるわけよ。」（cf.「近づいてくる人がいてね、……」）

［例23］（以前食べた料理の話をしながら）「いや、これがうまいわけよ！」

時の転換としては、過去の事柄をあたかも現在のことであるかのように話す「描出的現在（'vivid present'）」（［例19］）が典型であり、さらに人称性の転換と組み合わせて、応用的に「人づての言語行為」の手段として用いることもできる（［例20］'you' はいま会話している相手を指す）。これらにおいては、聞き手を〝語りの現在〟の中に引き入れることによって、語りの場を共有するのみならず、語られる事柄をも〝いま・ここ〟の時空で共有することがポライトネスとなる。(7)

場所の転換としては、距離化の 'that' に対する脱距離化の 'this' が典型例である。［例21］では、実際にはすでに終わったパーティーについて、事実どおりに遠ざかって表現する（'that'）代わりに、あたかもまだパーティーの最中であるかのように距離を置かずに表現する（'this'）ことで、パーティーへの〝共感〟が表明される。この 'this' には、［例22］のように、実際には初出である情報を、あたかも聞き手の知識の中にすでに存在しているかのように見なし、「よくある」とか「例の」といったニュアンスとともに提示する用法がある。[8] 日本語で、指示詞「そ」系列にあたる内容を「こ」系列で表現する［例23］のような用法も同類と見ることができる。

こうした場所的な視点の取り方は、ネガティブ・ポライトネスが優勢な言語とポジティブ・ポライトネスが優勢な言語とで、いわば基本設定《デフォルト》が異なっている可能性がある。ブラウン&レヴィンソンは、英語の'go / come'と日本語の「行く／来る」を引き合いに出し、たとえば「ご飯よ」と母親に呼ばれた子供のする返事が、

［例24］Eng. 'I'm *coming*.' vs. 日本語「いま行くよ。」

のように異なることを、英語においては〝相手の立場に立つ〟視点が基本となっていることの表れであると述べている（ibid., p. 121）。（〈視点〉概念については［III－2］であらためて取りあげる。）

［ストラテジー7］のもう一つの柱は「前提操作（presupposition manipulations）」である（ibid., pp. 122-124）。何を話題にするにせよ、話し手Sは、聞き手Hの欲求・関心をはじめとする価値観全般や、Hとの人間関係の親疎に関する何らかの前提をもっている（Hのことを知らない、という前提も含めて）。その前提を操作して、あたかもSがHと親密であるかのように話すのが、この「前提操作」である。

［例25］Would*n't* you like a drink?（ibid., p. 122）

「飲み物いりません？」

［例26］「仲間として言うんだけど、……」

［例27］「きのう『水戸黄門』見てたらさあ、……」（ibid., p. 124の例と同等の日本語の例）

［例28］（ボーイフレンドの名を挙げながら）Harry took me to the movies the other day.（ibid., p. 124）

「こないだハリーが映画に連れてってくれたの。」

疑問形で否定を述べることが肯定を含意することはよく知られている（cf.［II-3］の［例21］）。そのため否定疑問［例25］は、相手の欲求に関する肯定的な前提を先取りすることとなり、それは相手の欲求に関する前提を話し手側で操作することを意味する。同様にして、文字どおり親密さを操作することも可能であるし（［例26］ibid., p. 123参照）、相手との間に共通知識を仮定することも頻繁におこなわれる（［例27、28］）。この最後のケースに関しては、そうした操作がポジティブ・ポライトネスとして機能すると同時に、ある種の〝選別・排除的機能〟をも果たしてしまう点には注意しておいてよいだろう。「水戸黄門」を知らない／観ていない、あるいはSのボーイフレンド'Harry'を知らない場合には、Hはそのことを Sに告げるかSに問い返さなければならないが、そうした行為は、HがじつはSの内輪ではないということを明示的に表すからである。

### ▼“HはSの欲することを欲する”――politeとrudeの境界

内輪かそうでないかの選別機能と表裏をなすストラテジーは、そのリスクを負っている分だけ、脱距離化の力が強いと見ることができる。その極致とも言えるのが、［ストラテジー8　冗談を言う（Joke）］である（ibid., p. 124）。ブラウン&レヴィンソンは次の例を挙げている。

［例29］（Hのキャディラックの新車について）How about lending me this *old heap of junk?* (ibid.)

「このポンコツを俺に貸さないかい？」

「冗談」を言うことが「ポライト」であることと縁遠く感じられるとしても無理はない。しかし、前に［II-1］で触れた社会人類学上の対概念「忌避関係／冗談関係」を思い起こしてみれば、距離化の契機を反映する「忌避関係」と対をなす「冗談関係」同様の脱距離化の契機を反映するものとして、「冗談」という言語行為も理解することができる。忌避関係と敬避的な「義母語」や敬語が対応するように、冗談関係と冗談が対応する。そしてこの2つの対の関係はネガティブ／ポジティブ・ポライトネスと平行的である。

冗談として発せられる言葉は、グライスの格律からの違反であるのみならず、文脈に対する大きな攪乱である点で、それ自体は非協調的な要素の持ち込みであると考えた方がよい。しかし、それが結果として協調の原理の中に収まるのは、そうした要因を持ち込んでも影響されないほど親密であるという信用が前提されているからにほかならない。冗談とは人間関係をそのように見なす操作である。つまり、冗談を言い合う関係とは、話し手と聞き手が〝ともに遊べる関係〟にあることを言語的に確認する行為なのである。[9] 反対に、冗談を〝ともに遊べない〟人は〝内輪〟ではあり得ない。冗談を言い合うことは、そうした信用関係を証すことである。

ブラウン&レヴィンソンの挙げるストラテジーのうち、［ストラテジー11　楽観的である］には、Hの欲求とSの欲求との明確な転倒を見ることができる。そこでは、「Sは、Sの欲することをHも欲するだろうと想定する」（ibid., p. 126）。

［ストラテジー11］楽観的である（Be optimistic）

［例30］I'll *just help myself* to a cookie then — thanks!（ibid., p. 126）

「じゃあクッキーを一ついただこうか。どうも！」

［例31］「これ、ちょっと借りてもいいよね？」

このストラテジーにおいては、話し手が聞き手の欲求に自分を合わせてゆくという契機はすっかり影を潜め、あるとしても形の上でのことでしかない。とすると、これもまた、ある程度不作法な発言をしても人間関係が破綻することはないという話し手側の見なしによるものと言うべきであり、その点で、「冗談を言う」ストラテジーと本質は同じであると見るべきだろう。

話し手が聞き手との共同性を見なすストラテジーとして最も広く用いられそうなのが、次のような勧誘表現の転用である。

［ストラテジー12］ SとHをともに活動の中に含める（Include both S and H in the activity）

［例32］ *Let's* stop for a bite.（i.e. *I* want a bite, so let's stop.）（ibid., p. 127）

「ちょっと一息入れて、何か食べようよ。」

（i.e. 何か食べたいから、ちょっと一息入れようよ。）

［例33］（人に注意するときに）「おしゃべりはやめようよ。」

英語のLet'sの使用からわかるように、ここでは、‘I’や‘you’の代わりに‘we’を用いることでFTAを擬似的な共同性の内に回収する。(10) 話し手からすれば、自分の欲求を共同的な欲求として表現できる分だけ、自らのフェイスを保持しやすくなる。しかし、そのことが聞き手に対してもポライトな言語行為となるかどうかは、人間関係の微妙な問題とならざるを得ない。たとえば［例33］の発話がポライトな提案となるかポライトネスを装った命令となるかの境界は、表現それ自体の内にではなく、権力的な上下関係のような要因に依存するところが大きい。

デュルケームの積極的儀礼が消極的儀礼を前提としたいわば二次的な儀礼であったのは、それが聖性に触れるというリスクを伴わざるを得ないからであった（［II-1］p. 119参照）。同じように、ポジティブ・ポライトネスもまた、相手のフェイスという小さな聖性に触れることなくしては成り立たない。そのことは、このストラテジーが「ポライト」と「無礼」との境界をつねに踏み越えそうになることの不可避的な原因にほかならない。

しかし一方、ネガティブ・ポライトネスを極限まで追求した場合には、相手の領域にまったく触れないことになるために、コミュニケーションはそもそも発生しない。デュルケームを引用してブラウン&レヴィンソンが言うように（ibid., pp. 1, 44）、人は他者の聖性を〝敬避〟しつつ、同時に、他者との〝交感〟のうちに最大の喜びを見出すのである。そこにおいてポジティブ・ポライトネスは不可欠な要因となる。

### ▼ポライトネスからの視界

以上見てきたネガティブ・ポライトネスとポジティブ・ポライトネスの意味するところをふまえ、第II部の最後に、ブラウン&レヴィンソンのポライトネス概念が敬語論に対して開いてくれる視界を確認しておきたい。

まず第一に、「ポライトネス」とは、ほとんど人類学的・儀礼論的な、あるいは控えめに見ても、対面的相互行為における人のふるまいについての、普遍的な枠組みである。それは、伝達の効率性からの逸脱と引きかえに、距離化と脱距離化の効果による含みを伝達する。このとき、儀礼論的契機と語用論的契機がある一点で逆を向くことになる点に注意しなければならない。

儀礼論的基盤の上に成立しているかぎりで、ポライトネスには一定の慣習的な安定性が期待されることになる。（それが結晶化すれば、いわゆる「敬語」の体系となる。）しかし他方で、話し手にはつねに、自分と相手の関係を見なしながら相手との〈距離〉を含みとして表現する余地がある。この後者のコミュニケーションが成功するかどうかは原理的に聞き手の解釈に依存するため、ポライトネスのコミュニケーションは、［話し手―聞き手］の根源的非対称性のなかで、どこまでも不確定なものであり続ける。

ポライトネスを実現しようとする話し手は、つねに二重の含みを操らなければならない。多かれ少なかれコード化された慣習的含みとしてのポライトネスと、個々の会話の場でそのつど創出される個別的な会話の含みとしてのポライトネスである。この二種類の含みがもつ相対的な強さは言語によって異なるとしても、つねに両者は交じり合っている。この事情は、（日本語や朝鮮語のような）強固に慣習化されて見える敬語体系についても基本的に同様である。

この二種類の含みのことを、宇佐美まゆみのように、各々「無標ポライトネス」「有標ポライトネス」と呼ぶこともできる（宇佐美［二〇〇三］9、10）。また、かつてネウストプニーが先駆的に整理していた〈距離〉の一つの対に重ねることもできる(11)（Neustupný, 1978）。「帰属的距離／獲得的距離」として示されるこの〈距離〉は、片や社会言語学的にコード化された距離、片や語用論的に操作し得る距離のことである。この各々の〈距離〉から、コード化された含みと会話の場でつくられる含みが伝達される。だが、二種類の含みは色分けされていない。話し手は、聞き手との間で結ぶべき／結びたい関係に見合う距離を計算し、それにふさわしいと判断した表現を聞き手に渡す。聞き手は、その混合体の中から推論によって相手の含みを逆算するだろう。こうして〈距離〉の表現としてのポライトネスの問題系の中で、敬語使用の問題は語用論的含みの問題となるのである。

第Ⅲ部では、こうした視界の下に、敬語の語用論に向けた論点の整理と一つの実践の試みをしてみたい。

# III

# 敬語の語用論のために

# 1 敬語と人称――「人称説」とは何だったか

### ▼〝仲裁〟された対立

第I部で見たように(「I‐1、2」)、「敬語」が明治も半ばになってから対象化的思考の領域となり始めた背景には、「国民国家」日本の言語的アイデンティティーを打ち立てるという動機があった。それは〝自然な敬意の表現〟としての敬語像を描き出したが、そこで描かれたのが他者たる西洋の反照として希求された自己像だった点は見落とすことができない。

しかし、と人は言うかもしれない。それは思想史的問題ではあっても言語学的問題ではなく、敬語研究の言語学的成果自体は有効性を失っていないのではないか、と。だが、以下で見てゆくように、実情は必ずしもそうではない。問題は、さも言語学的に敬語の体系性や法則性をとらえるかに見えるテクニカルな議論が、〝日本語の優秀性〟(あるいは〝日本語の劣等性〟を打ち消すこと)にまつわるイデオロギー的負荷を、初めから免れていなかったことにある。いわゆる「人称説」[1]をめぐる議論はその典型であるように思われる。

この学説は、学的対象としての敬語の定位にかかわる一つの立場であり、その洗練形において現在でも有力な立場である。山田孝雄を唱道者とするこの説は、日本語敬語の内に「人称」を軸とした主述間の形態的呼応を認め、それによって敬語を「文法論的」現象と見ることを基本とする。その山田に時枝誠記が異を唱えた。彼は、人間関係認識が語の意味として実現するところに敬語の本質を見る立場から、敬語を「語彙論的」現象であると主張した（[I-3]）。二人の対立は学問的立場の相違であり、しかも、今の言葉で言えば敬語の構文論的側面を重視する前者と意味論的・語用論的側面を重視する後者との、〝棲み分け可能〟な対立とも見える。実際、石坂正蔵をはじめとする仲裁者たちの努力によって、両説の対立は、敬語の機能における二つの側面の問題としてすでに解消されたと見る人もいるだろう。

だが、仲裁のための努力は払われたかもしれないが、思想史的観点を含め説の成立自体が問われることはなかった。ひとたびその成立を問うてみるならば、山田の「人称説」は、洗練によって手なずけられた現代のそれとは大きく異なる姿を見せ始める。山田が「人称」を適用してゆく手続きには力ずくとも言える強引さがあったし、導入された「人称」概念のその後をたどってみても、ある面では現在の敬語研究さえもがこの最初の無理から自由ではないことに気づかされるはずである。そうした検討を加えてゆくにつれ、イデオロギー性を切り離すことで〝言語学的〟に洗練されていった人称説が、じつはすでに出発点から破綻していたこと、また、洗練の過程の中にかえって問題を見えにくくした側面のあったことが判明するだろう。

本章では、それらのことを確認した上で、敬語の人称論のあり得たかもしれない形を考察し、そうであれば得られたであろう展望について述べてゆくこととしたい。

## ▼分裂する「人称」

手始めに、用いられる敬語の種類が異なるだけの（ミニマル・ペアの）文を考えてみよう。現代語の「お……になる」（尊敬語）と「お……する」（謙譲語）でも、古語の「給ふ」（尊敬語）と「奉る」（謙譲語）でも構わない。主語（主格）の明示されない文、たとえば、

お送りになった。　／　お送りした。

を並べてみれば、同一話者が同じ語を用いて誰かの動作を表現する場合に、それをいわゆる尊敬語で待遇するか謙譲語で待遇するかの相違は、話し手と動作主体や動作受容者との関係を暗示するものであることがわかる。すなわち、尊敬語の文であれば、動作主体が話し手側に属さないと見なされた（〝ソト〟の）目上の人物である、また、謙譲語であれば、動作受容者が話し手側に属さないと見なされた（〝ソト〟の）目上の人物であり、動作主体は受容者よりは話し手側に近いと見なされた（〝ウチ〟の）人物である、といった具合に。

初期敬語研究は、まずこうした事象を捉え、敬語体系の中に各々の位置を与えようとした。そのこと自体は、研究史上の記念碑である。だが問題は、それをどう定位したかの方にある。話し手と動作主体がどのような関係にあるかが暗に示されるということ（これを「関係暗示」と呼ぶことにしよう）と、それを「人称」の表れと見ることとは、とりあえず別の事柄である。とりわけ、ヨーロッパ諸語に見られる文法範疇概念としての「人称」は、他から卓立した主語が動詞の形態を支配

するという、［Ⅰ-４］の三上章風に言えば主格の絶対的優位を示す事例と見なくてはならない。

しかし初期敬語研究は、その「人称」を敬語の柱に据えていった。三橋要也の場合、「人称」の語は、用いられてはいるが、まだ鍵概念と言えるほどではない。再度確認しておけば、彼は敬語を、尊敬すべき二・三人称者の動作存在等を述べる「他称敬語」と、尊敬すべき二・三人称者に対して自己自身のことを述べる「自称敬語」とに二分し、三人称者をへり下らせる「泛《ハン》称敬語」を「自称敬語」の下位に分類する。これは、「人称」を言いながらも実質的には〝自／他〟の領域的基準に基づいた区分であると見て差し支えない（［Ⅰ-２］p. 18)。

事実上この枠組みを受け継ぎながら「人称」概念で読み替えようとしたのが山田孝雄である。山田は、チェンバレンの言葉として、

〔日本語には〕又精密なる敬語あり。此法は或る程度まで動詞に於ける人称に代りて人称代名詞無きも差支なからしむるものなり。

という引用を掲げた上で、日本語敬語の関係暗示的機能を示唆しているこの言葉を、「然れどもこの言そのままにて採用せらるべきにあらず」と退けてしまう（山田［一九二四／一九七〇］一二頁）。山田がこれを退ける理由は、彼が敬語における人称性を認めなかったからではなく、この引用では物足りずに不満だったからである。

ところが実際には、『日本語口語便覧』のチェンバレンは、日本語敬語と「人称」との関係につ

いてむしろ否定的なトーンでこう書いていた。

三九四節

日本語における敬語の使用はヨーロッパ諸語の人称代名詞の使用に代わるものだと主張する人がいる。これは厳密には正しくない。たとえば、*go hon* という表現は"the august book"を意味するが、これは〔……〕単に"you"が立派な人物であるからこそ、多くの文脈において、表現 *go hon* がより正確な我々の表現 *your book* にかなりの程度符合するということであるにすぎない。その符合にしても、近似的という程度に留まっている。(Chamberlain, 1889)

『日本語口語便覧』の中に、山田の引用の出所と思われる箇所は他に見当たらないので、[2] 山田はこの一節の大部分を無視し、あるいは故意に曲解して〝引用〟した可能性が高いものと思われる。そうまでして山田がしたかったのは、日本語敬語の関係暗示的な機能を西洋語の人称と同等の〝関係明示的〟な機能として、文法的な「法則」の相の下に捉えることであった。山田は言う。

国語の動詞に人称なきことは勿論なるが人称の代りをなすことは敬語法の偶然の結果なりとはいふべからず。これ即ち敬語法に伴うて起る当然の現象なりといふべきものなり。

(山田〔一九二四／一九七〇〕一三頁)

山田のおこなう敬語分類は、実質においては三橋のそれと変わらない。しかし、敬語が「実に称格（＝人称）に関連するもの」であることを示したい山田は、あえて領域的分類である「他称／自称」を避けて意味論的分類である「敬称／謙称」を置いた上で、そこに重ねる形で「西洋文典のperson」による文法的対応を作るという、手の込んだ手続きを踏んでゆく（同、一三―一五頁）。

> 敬語は実に称格に関連するものにしてそれが、称格に関連する点より見て敬称と謙称との二に大別するなり。（同、一五頁）

> 敬語は実に句（＝文）の称格の区別に大なる関係の存するを認むべし。その大綱をいへば即ち第一人称の句にては謙称を用ゐ第二人称の句にては対称の敬称を用ゐ、第三人称の句にては一般の敬称を用ゐるを原則とす。（同、一八―一九頁）

だが、三橋のような「自称／他称」を基本とする線引きと、「一／二／三人称」の「人称」範疇による線引きとが、そのまま重なるわけではない。現代語の例で言えば、

［一人称］がお持ちする　／　［二人称］がお持ちになる

では、前者と後者の間に

一人称↓「謙称」　／　二人称↓「敬称」

の対応関係があるかに見えるが、ひとたび主語が三人称者になるや、

［三人称（e.g.うちの秘書）］がお持ちする　／　［三人称（e.g.先生）］がお持ちになる

となって、

三人称→「謙称」　／　三人称→「敬称」

のように対応関係はたちまち分裂してしまう。山田自身そのことには気づいていたから、「第三人称の句に於いては敬語は二様の状態あり」と述べざるを得ないのだが（同、一三五頁）、これは「二様の状態」というよりも、「三人称」においては敬語の関係暗示的機能は発揮されないと見るべき事柄だろう。

のちに石坂正蔵は、山田の「人称」説を次のように批判する。

敬語と人称との関連を考へたのは正しいが、それはあくまで……人称の枠に当てはめた敬語の様相であつて、そこに無理も起り、煩雑さも加はつてゐる。（石坂［一九五二／一九七八］六七頁］）

石坂の言う「無理」は、いってみれば「自称／他称」で済むものを、わざわざ西洋の「一／二／三人称」に置き換えて「法則」化しようとしたことの「無理」である。敬語の中に部分的な人称性の傾きを見出すことには飽き足らず、文法範疇概念としての人称の器にじかに敬語を盛り込むために押し通した「無理」であると言ってもよい。のちの著書『国学の本義』（一九三九／四三）において「国体の宣明」を国学の第一要義とし、「国語学を正しくやらない国学は砂上の楼閣に等しい」とまで言い切った山田と（緒言、一五八頁）、強引に西洋の文法概念を適用しようとした人称説の山田とを結びつける補助線がここに引けるだろう。山田にとっては、日本語が文法概念としての人称を欠いているという事実が、そのままでは文法上の〝欠陥〟に等しいものであり、人称説こそがその根本的な〝超克〟を意味していたということではなかったか。

## ▼「敬語的人称」の光と影

石坂正蔵の論文「敬語的人称の概念」（一九四二）は、敬語を「文法論的」現象と捉える人称説を批判的に継承しながら、同時に、敬語を「語彙論的」現象と見る時枝学説との調停を図った、敬語研究上の一つの転換点だった。「人称」説の誤りは文法概念としての「人称」をそのままの形で適用しようとしたところにあると考える石坂は、

話手の素材に対する距離と角度によつて素材は話手及び話手側にあるものと、聞手若くは第三者側にあるもの、即ちこちら側にあるものとあちら側にあるものとの二つに分別して把へるのが、国語の敬語的把握である。（石坂［一九四二／一九七八］七三五頁）

と述べ、「敬語的自称／敬語的他称」の区別を提案する。石坂はいわゆる丁寧語も「敬語的人称」の中に位置づけようとしたので、分類の全体像は次のように整理される。

「敬語的自称（＝謙称）」（＝「謙譲語」）
　→一人称者＋話手側の三人称者
「敬語的他称（＝敬称）」（＝「尊敬語」）
　→二人称者＋聞手側の三人称者
「敬語的汎称（＝謹称）」（＝「丁寧語」）
　＝無人称的な人称

「こちら側／あちら側」の区別を基本線としてあらためて前面に出したことによって、石坂の「敬語的自称／敬語的他称」が文法概念へのこだわりから少し自由になっていることは確かである。敬語使用における〝自／他〟の別という基準はこれで明確化され洗練される。しかし、これは実際には、山田の説を改良したものというよりも、三橋の「他称／自称」に「汎称」としての丁寧語を加えたものと見た方が近い。元々、三橋の「他称敬語」が尊敬すべき〝二・三人称者の領域〟に言及する敬語であり、「自称敬語（＋泛《はん》称敬語）」が謙譲すべき〝一・三人称者の領域〟に言及する敬語であったことを思い起こせば、石坂の「敬語的自称」と「敬語的他称」が、ほとんどそのまま三橋の分類と重なることは明らかである。その意味では、石坂による修正は、表向き山田の人称説との接続を保ちながらも、実質的には三橋の敬語分類に引き戻す試みだったと見ることができる。

だが、この石坂説にも難点がある。まず、無人称的な人称とされる「敬語的汎称」は「丁寧語」

よりもむしろ「美化語」（「おビール」や「お掃除」のような）のイメージであり、聞き手を指向する対者敬語としての丁寧語を「無人称」と呼ぶには無理がある。さらに、時枝学説との調停を図るのであれば、時枝の言う「詞の敬語」（尊敬語・謙譲語）と「辞の敬語」（丁寧語）を、「人称」という同じ平面に置くことが妥当かどうかという新たな問題も孕むことになる。

時代は現代にまで下るが、菊地康人の「敬語的人称」は、そうした難点に目配りしながら全体を整合的にまとめ上げた完成態と言えるかもしれない。(3) 菊地は、「普通の意味での三人称」を「一人称並み」「二人称並み」「純粋の三人称」に三分割することによって、「敬語的人称」の全体を、

「敬語上のⅠ人称（話手側の領域の人物）」
＝「普通の意味での一人称＋一人称並み（話手の身内）」
「敬語上のⅡ人称（相手側の領域の人物）」
＝「普通の意味での二人称＋二人称並み（相手の身内）」
「敬語上のⅢ人称（どちらか一方の領域とはいえない人物）」
＝「純粋の三人称」

と分ける（菊地［一九九四／一九九七］二一九頁）。いわゆる丁寧語に関しては、菊地は「対話の敬語」として、尊敬語・謙譲語にあたる「話題の敬語」と区別するので、「敬語的人称」の中には含まれない。

〝自／他〟の区別を基本としながらも、「Ⅰ／Ⅱ／Ⅲ人称」という形で「人称」を復活させたこの

体系は、たしかに洗練の度合いを高めている。しかし、その一方で、洗練度の高さゆえにかえって、「人称」と名づけたものの内実もまた、この体系は示してしまうように思われる。まず第一に、実質的には「話手側」「相手側」とそれ以外という三つの領域に分割されたこの体系は、言い換えれば〝会話の場〟における指示詞「こ／そ／あ」の体系と変わるところがないと言うべきではないだろうか。それが領域的概念であるならば、じつは問題になっているのは、ダイクシス的(deictic)意味における〝なわばり的〟な線引きのはずである。[4]

初め「人称」で出発したものが洗練の過程で「敬語的人称」に変容されなければならなかったのは、〝身内〟という（しかも場面によって自在に変化する）ダイクシス的流動性の高い範疇の扱いがつねに焦点となるからである。しかし、誰が誰の〝身内〟なのかは、その場における話し手と聞き手と話題の人物との関係によってしか決定されない。そのような〝身内〟に対する待遇の問題が「人称」概念のストレートな適用を妨げるということ自体、じつのところ敬語の使用原則が、文法概念としての「人称」ではなく、ダイクシス的体系「こそあ」と平行的に画定されていることの強力な証拠であるように思われる。そして、「こそあ」の体系について、たとえば、

「こっちにおいでよ。」

「??そっち／*あっちにおいでよ。」

のような現象が観察されたからといって、そのことが「こ」系列の〝一人称性〟、「そ」系列の〝二

人称性〟等々の人称性を示すわけではないのと同様に、敬語において主述間の部分的対応が見出せるからといって、それをもって直ちに人称性の表れと見なせるわけではない。

第二に、まがりなりにも「人称」であるはずの「敬語的人称」において、本来の意味での「人称」が実際どの程度まで生きているか、という問題がある。具体的に言えば、「敬語的人称」を実質的に支えている、［I人称＝話し手側］と［II人称＝相手側］という結びつきと線引きに関して、それ自体は安定的に機能すると言うことができるだろうか？　いわゆる謙譲語（受容者尊敬）を用いた次の例を見てみよう。

「君が車でお送りすればいい。」
「すみませんが、これをお渡ししてください。」

この場合、文の主語である「君」等は、話題の人物よりも話し手側に近いと見なされているが、しかし彼(女)らは「(一人称並みの)三人称者」ではなく、あくまで「二人称者」である。ところが、「敬語的人称」の枠組みは、石坂のであれ菊地のであれ、「二人称」の人物をつねに「相手側」に位置付けてしまう（「これをお渡しになってください」のように)。つまり、そこには「二人称者」を「一人称並み」に扱う余地は用意されていないのである。その点を修正して、

「敬語上のI人称（話手側の領域の人物)」

＝「普通の意味での一人称＋一人称並みの二人称＋一人称並みの三人称」

のように書き換えることは可能だが、そうしたところで今度は、鍵が「人称」にではなく〝(自分＋) 身内〟の線引きの仕方にあることがより明白になるだけである。要するに、「一／二／三人称」がすべて含まれてしまう「I人称」を「人称」と呼ぶこと自体が、そもそも無理な相談なのではないだろうか。

結局それが領域的な区分であることを認めるならば、敬語分類の基本形は、三橋においてすでに打ち出されていた「自称敬語（＋汎称敬語）／他称敬語」で十分に用をなすことがわかる。「人称説」の人称がヨーロッパ語の文法におけるそれと同列に論じられないことはもちろん、文法範疇としての人称性を日本語敬語の内に求め続けることに果たして意味があるか、という問いかけがどこかの段階で出されて然るべきではなかったろうか。筆者には、山田孝雄の「三人称」が分裂しており、「人称」概念そのままでは説明の用をなさないことが判明した時点で、「人称」そのものが放棄されてもよかったように思われる。

## ▼「文法的現象」としての敬語――原田信一の“Honorifics.”

では敬語は、「文法的現象」ではないのだろうか？　もし「文法的」であるとしたら、それはどのような意味においてだろうか？

「人称説」への直接の反証となるわけではないが、主語廃止論の三上章が山田の「人称説」にまったく言及していないのは面白い。もし、主格の人称が敬語動詞の種類と呼応するのであれば、そのことは「主格の絶対的優位」を示す事例として大きく取り上げなければならないはずである。ところが、主語廃止論を生涯考え抜いた三上が、敬語における人称的呼応を認めないのである。山田の説に対して三上は、「山田文法も敬語を文法的事実と認めるらしく」という冷ややかな言い方で、「御令息ハ、御卒業ナサレタ。」の「上下は首尾呼応していると〔山田は〕説く」と述べるにとどまっている。（三上［一九五三／一九七二］二〇三―二〇四頁）

三上自身は敬語法を、「それ自身は整然たる法則の体系」だが「適用のゆるやか」である側面を斟酌して、「ほとんど文法的だ」と見るのが妥当だと考えていた（同、二〇八頁）。前に見たように（［Ⅰ-4］p. 78）、彼は敬語を、命題内容（ディクトゥム）とモダリティー（モドゥス）の中間にあるものとして捉える。具体的な文を例にとれば、

〈源殿ガ〈平卿ニ盛衰記ヲ貸シ奉リ〉給ヒ〉候ヒキ

における敬語法は、

〈主格ガ〈与格ニ……謙譲〉尊敬〉丁寧

統括作用　陳述作用

のような統語的構造をもち、命題を形成する「統括作用」とモダリティーを担う「陳述作用」にまたがる形で展開するからである。

三上の関心事としては、

「尊敬語」＝主格尊敬、「謙譲語」＝与格・対格尊敬、「丁寧語」＝聞き手尊敬

という各々の位置づけに立った上で、

主格尊敬が与格・対格尊敬を挟む形で統括作用の最も外側に位置する

という事実から、「主格の相対的優位」が確認できれば十分だった。それもあって、時枝の「詞／辞」の読み替えとも見える「統括作用／陳述作用」と敬語法との関係といった論点については、ほとんど論じられないまま残されてしまった（同、第8章参照）。

その実質的な議論は、夭逝した〝天才〟言語学者原田信一によって受け継がれた。卒業論文に少し手を加えただけ（！）という原田の論文"Honorifics"（1976）は、日本語敬語の統語論の可能性を示したのみならず、統語論の論証力が遺憾なく発揮された記念碑的論文である。[5] この論文によって、時枝や三上が考えたような文の二つの次元が敬語にも見出せるということが、説得力ある根拠とともに明確にされた。

"Honorifics"の敬語研究に対する功績は、大きく二点ある。

第一は、日本語敬語体系の全体像の記述（敬語の分類）とその要素の特徴づけを、純粋に統語的観点からおこなったことである。原田は敬語を、「命題的（propositional）敬語」（＝「尊敬語」および「謙譲語」）と「遂行的［発話行為的］（performative）敬語」（＝「丁寧語」）とに大きく分け、さらに前者を「主語敬語」（＝「尊敬語」）と「目的語敬語」（＝「謙譲語」）に分類する（原田［二〇〇〇］二六八-二七〇頁）。この分類は、語の意味論的観点ではなく、あくまで統語論的観点に拠っているところが特徴である。最初の大分類について言えば、次の(a)(b)が根拠となる。

(a)命題的敬語は命題内容中に「目上の人物」の存在を要求するが、遂行的敬語はそうではないこと。

(b)遂行的敬語は、命題的敬語とは異なり、間接話法の補文中で生起しにくいこと。

この(a)(b)は、敬語の重要な統語的ふるまいに関する説明的記述ともなっている。(a)についていえば、命題内容中に「目上の人物」が含まれない文では命題的敬語を用いることができないので、たとえば、

「＊雨がお降りになる」

とは言えないが、一方、遂行的敬語は命題中の「目上の人物」を要求しないので、たとえば、

「雨が降ります」

という文が可能である。また、(b)によって、たとえば、

「太郎が［先生のお荷物をお持ちする］ことになっている」

という文は適格だが（補文中の命題的敬語「お持ちする」）、

「＊太郎が［先生のお荷物を持ちます／お持ちします］ことになっている」

は不適格となる（補文中の遂行的敬語「ます」）。原田のこの大分類は、三上の「統括作用／陳述作用」の各々における敬語を、より純粋に統語的観点から位置づけ直したものとなっているだけでなく、時枝の「詞の敬語／辞の敬語」の二つの次元を統語論的に捉え直したものとして見ることもできる。(6)

原田の功績の第二点は、敬語形式の生起／不生起に対して、その理由の説明を生成文法の方法論を用いて与えたことである。たとえば、次の例のように、表層的には同一の構造（形容詞＋名詞）をもった句であっても、敬語化され得る要素には違いがある。

「くろい帽子／＊おくろい帽子／くろいお帽子」

「忙しい時／お忙しい時／＊忙しいお時」

こうした現象は、（当時の「深層構造」のような）抽象的構造を仮定することで、合理的に説明することができる。そして、それを意味論的にではなく統語論的におこなうことによって、名詞句の敬語化も文の述語の敬語化と同一の規則で説明できるようになった。[7]

原田の仕事は、日本語敬語が「文法的現象」であるとはどういうことかを、当時まだ誰も試みなかった仕方で描き出した画期的なものだった。そしてそれは、山田が語ったような主述の人称的呼応においてではなく、むしろ時枝が「語彙論的」と呼んだ「詞／辞」の二次元を統語論の言葉で語り直したと言う方が近いものだった。

## ▼敬語と人称、再考

原田の「命題的敬語／遂行的敬語」と時枝の「詞の敬語／辞の敬語」は、敬語の対象の相違に基づく区別として、「素材敬語／対者敬語」と呼び換えて差し支えない。したがって、原田が明らかにしたことは、素材と対話者とを二つの次元として捉えることの正当性であったと言ってよい。

そして、もし敬語と人称性との関連をつけたいのであれば、この次元の相違を看過してはならないだろう。なぜなら、「素材」と「対者」という話し手との関係のありようからして、前者における〝三人称性〟と後者における〝一・二人称性〟が強く示唆されるからである。素材の三人称性と対話者の一・二人称性、この当然とも思える関係がこれまで語られてこなかったのは、日本語の「素材敬語」が山田以来ずっと、「謙譲語」の〝一人称性〟と「尊敬語」の〝二人称性〟において語られてきたからにほかならない。そして、すでに見たように、「人称説」的な意味での敬語と人称との対応づけは破綻している。

ここでバンヴェニストの人称論を思い起こすのもよいだろう。よく知られた論文の中でバンヴェニストは、一人称と二人称があくまで対話的な関係の内に成立するものであることを述べた後で、素材的な関係は定義上すべて三人称的、より正確には「非人称」的であることを強調する。

> ……しかし、三人称については、なるほど述辞は言い表わされるが、ただそれは《わたし―あなた》のそとで行われる。
> すなわち、《三人称》は一つの《人称》ではなく、それはまさに、機能として非=人称を表わす動詞形であることである。
>
> (Benveniste, 1966, p. 228［バンヴェニスト（一九八三）二〇六頁］)

日本語敬語に引きつけてこのことを考えるならば、敬語の人称性は次のように配当されることになろう。まず、一・二人称性の内にあるのは、話し手が聞き手との関係の中で聞き手を敬語的に待遇する対者敬語としての「丁寧語」である。（あるいはそこに、話し手が自らを〝下げる〟、「参る」「申す」「存ず」「いただく」のような文字どおりの「へり下り」――いわゆる「謙譲語」から分離されたものとしての「丁重語」――を加えてもよいかもしれない。）他方、素材敬語は、対話的な関係の外に置かれた素材に対して三人称的ないしは非人称的に言及をおこなう「尊敬語（主語敬語、動作主尊敬）」および「謙譲語（目的語敬語、受容者尊敬）」である。そこでの「三人称」が「非人称」であるならば、原田の言うような「命題」の構成部分としての《わたし》や《あなた》にかかわる敬語もまた、れっきとした素材敬語の地位を主張することができる。たとえば、

〔私／君／彼〕がお持ちしたカバン

という句においては、一／二／三人称者すべてが主語になり得る。しかし、一／二／三人称すべてが主語になり得るということは、とりもなおさず、それらが対話的関係における人称性を担っていない、あるいはすくなくとも、対話的関係の中では〝非人称的〟と見るべきであることを示しているからである。

あるいはまた、時枝が「詞の敬語」（尊敬語・謙譲語）を、あくまで素材間の関係の表現であるとこだわったことを思い起こすのもよいだろう。たとえば、

私がお持ちしたカバン
あなたがお持ちになったカバン

のような、［一人称→謙譲語］対［二人称→尊敬語］のペアを作ることができ、尊敬語や謙譲語の対話的人称性がそこに表れているかに見えるとしても、それはたまたま一人称者や二人称者が「素材」として文中に現れたことによって引き起こされたにすぎない「誤認」なのである、と(8)（［Ⅰ‐

3］p. 46参照)。実際、言及される人物を素材化すなわち非人称化することが敬意表明の一手段となることは、敬称的呼称における〝場所化（位格化）〟による直接指示の回避にも顕著に表れている。たとえば、

閣下におかれましては益々御健勝であられ、……

をみればわかるように、（それ自体が避称である「閣下」に、さらに）位格化による避称「におかれましては」を重ねてはじめて敬意表明が万全となるのは、もっぱら非人称化の効果である。(9)

「尊敬語」と「謙譲語」の分岐は、二人称と一人称の分岐にあるのではない。真の分岐点は、それぞれの動作主体を話し手が〝ソト〟と見るか〝ウチ〟と見るかの領域的な相違にしか求めることができないのである。（さらに一歩踏み込むことが許されるなら、「へり下り」は「丁寧語」の一種であるとする三上章の見解を採用して［三上、一九六三、三五五頁］、「へり下り」は〝ウチ〟を指向した対者敬語、「丁寧語」は〝ソト〟を指向した対者敬語として、ひとまとめにすることも可能かもしれない。）そこまで含めた〝敬語における人称性〟を、話し手・聞き手・動作主という関与者の種類とウチ／ソトの区別という観点から整理すれば、次のようになる。

対話的関係（対者敬語）

（話し手［一人称］＝ウチ　→「へり下り（＝丁重語）」）

聞き手［二人称］＝ソト　→「丁寧語」
素材的関係（素材敬語）
動作主体［三人称（非人称）］＝ウチ　→「謙譲語（目的語敬語、受容者尊敬）」
動作主体［三人称（非人称）］＝ソト　→「尊敬語（主語敬語、動作主尊敬）」

いうまでもなく、ここで用いている「人称」の語は、動詞の形態を支配するという文法範疇概念としての「人称」ではない。

しかし、もし敬語における人称性を指定するとしたらこれが最も自然な分析になるだろうことは、次のような敬語使用の事例によっても裏付けられる。「敬語動詞が、マス〔やデス〕を伴わないはだかの形」で用いられるケース、たとえば、

「あなたもいらっしゃる？」
「あ、そちらをお持ちになるのね。[10]」

等の文は、「学習者にとってもっともわかりにくいものの一つ」であると言われる（窪田［一九九〇］一〇一頁）。尊敬語の動作主体が二人称者である場合、その人物は対話における聞き手と同一人物であることになるので、前者にだけ敬語を用い、後者には丁寧語（聞き手尊敬）を用いないならば、待遇が矛盾するように見えるからである（同、一〇三頁参照）。上の例でいえば、尊敬語で待遇される二

人称者［↑「いらっしゃる」「お持ちになる」］と、丁寧語で待遇されない二人称者［↑「ます」「です」の不使用］とが分裂する。

「敬語的人称」は、この見かけの矛盾をそのまま背負うことになる。すなわち、尊敬語「いらっしゃる」「お持ちになる」が「二人称」に対して敬意を表しつつ、かつ、対話の敬語としては、同じ「二人称」であるはずの人物に敬意を表しない、という矛盾を説明することができない。それに対して、命題の次元と対話的関係の次元とで両者が異なる人称性をもつと見るならば、この矛盾は解消する。つまりそれは、時枝が述べていたのとまったく同様の意味で、命題中の三人称（非人称）的〝話題の人物〟が、対話的関係における二人称者とたまたま同一人物であることからくる見かけ上の矛盾なのである。

これらの用法には、他人様の行為には敬意を払うという態度と、目の前にいる聞き手には敬意を払わないという態度とが共存している。より厳密に言い換えれば、話し手は、素材化された他者としての《あなた》には敬意を払う一方、《わたし》との間で対話的関係を結んでいる対者としての《あなた》には敬意を払わない。次章の議論を少しだけ先取りして言えば、素材化された《あなた》は、それがバンヴェニスト的な意味で非人称化されることで話し手との間に〈距離〉を置かれた存在となり、その距離が敬意の表明（deference）となる。それに対し、対話的関係の内にある敬語的に遇されていない《あなた》は、端的に話し手が〈距離〉を置かない存在であり、その距離のなさは対者的には等位または下位の待遇を意味する。[11] 待遇は矛盾しているのではなく、まさしく分裂しているのである。そしてこの分裂は、日本語が素材敬語と対者敬語を次元の異なるものとして保持しているかぎりの必然であると言わなければならない(12)。

### ▼〈視点〉、そして〈距離〉

日本語の敬語は、命題的関係と対者的関係にまたがるという意味で、三上や原田が論じたような「文法的現象」と見ることができる。だがそれは、山田やその後の「人称説」の論者たちが見ようとした意味での「文法的現象」ではない。もし日本語敬語の人称性を語ることに意味があるとすれば、それは素材敬語（尊敬語／謙譲語）が、対象人物を対話的人称関係の外に置いて待遇する距離化の手段であることを明確化するためにである。日本語敬語は、最終的に使用の鍵を握るのが〝ウチ／ソト〟の領域性であるような、つまりは時枝が「語彙論的」と呼んだものをもう一歩進めた「語用論的」現象なのである。

「敬語的人称」の概念は、洗練の度を高めたことによって、広く受け入れられやすい体裁をとることに成功した。しかし、「敬語的人称」が想定する「人称」概念はあくまで文法範疇概念であり、一方〝ウチ／ソト〟の領域的概念は語用論的概念である。両者は似て非なるものであることを、「敬語的人称」は図らずも視界から隠してしまった。ボタンをかけ直してもいいころだろう。

いまあらためて、敬語論のフィールドを語用論に置き直し、〝ウチ／ソト〟の動的な関係を考察の軸に据えるなら、そこで必要なのが〝ウチ／ソト〟の区別そのものを可能にする構成的〈視点〉

の概念であることが明らかになる。この〈視点〉概念は、ロドリゲスやチェンバレンがすでに見抜き、時枝や三上が孤立的に主張した概念であり、同時に、明治以降の敬語論が大勢において理解しなかった概念である。この欠落は埋め戻さなければならない。

〈視点〉概念を得た敬語論は、つぎには、話し手と視点との関係から生じてくる〈距離〉を考察の対象とすることになる。それは、距離を置くことが敬意の表現となり、距離を置かないことが時に親愛や時に軽卑の表現となることの、原理と仕組みを解明することである。ここにおいて敬語論は、〈視点〉と〈距離〉の敬語論となる。

# 2 〈視点〉と〈距離〉の敬語論——語用論の可能性

## ▼久野暲の「共感度」

〈敬意〉と〈関係認識〉の対立を止揚するには、発話における言語行為的な主体性とシステム論的な被拘束性との両面を含み込んだ議論の平面が必要である。ブラウン&レヴィンソンのポライトネス概念は、発話主体のそうした能動性と受動性を合わせもった概念として新たな平面を担うことができるだろう。最終章となる本章では、敬語をこの平面に置き入れたときにどのような理論化が可能となるかを探ってみたいと思う。はじめに、これまで述べてきたことの確認も兼ねて3点の基本認識を押さえたうえで、本章で用いる道具立てを導入する。

第一に、敬語は距離化の表現であり、距離化とは、対象人物を〝遠くに置くこと〟によってその領域の侵犯を回避するネガティブ・ポライトネスの一形態である。対象人物を遠くに置くとはその人物を〝ソト〟待遇することであり、定義上それは、その人物を脱距離化的に〝ウチ〟待遇することと相反関係にある。それゆえ、敬語使用の裏面にある敬語の不使用が、対象人物を〝遠くに置かないこと〟によって領域の共有を表現するポジティブ・ポライトネスのストラテジーとなり得る。

第二に、この地平ではウチ／ソトの区別が鍵となる。ただし、ウチとソトの境界は固定的なものではなく、そのつど話し手の〈視点〉によって構成され更新されるような、流動性の高いものである。その流動性ゆえに、話し手のとる〈視点〉とそこから表現される〈距離〉が語用論的〝含み〟を発生させるのである。ここにおいて敬語論は、〈視点〉と〈距離〉の語用論となる。

ここから第三の論点が生じてくる。ポライトネスの視界の中で、敬語の使用が〈距離〉の問題に還元されるというとき、そのことはまた、敬語の不使用も同様に〈距離〉の問題であることを含意する。敬語（使用）の語用論は、敬語不使用の語用論と表裏をなすものであり、両者は同時に成立するのである。そこでは、距離化と脱距離化を同時に捉えることのできる道具立てが必要となるだろう。そして、対人関係における距離の二方向性が一元的に捉えられたなら、ウチ／ソトの境界もまた正しく書き表されているはずである。

こうした要請を満たすものとして、本章では、「機能的構文論」の提唱者である久野暲による「共感度」の概念とその大小を書き表す不等式を援用することにしたい。久野（一九七八）における定義、あるいは日本語の授受動詞「クレル／ヤル」等の「視点的談話法規則」をめぐる議論の詳細は後掲の注に譲るとして、[1]ここでは、久野の道具立てがほとんどそのままで日本語敬語の語用論を説明的に記述できることを述べ、次節以降でそのことを具体的に例証してゆきたい。

「共感度」とは、文要素（名詞句）の指示対象に対して話し手がいだく「自己同一視化」の度合いのことである。話し手がある事態を言語的に表現したとき、その表現の語彙や文構造には、話し手がどのような「カメラ・アングル」＝「視点」に立っているかが反映される。たとえば、同じ事態を能動文で表現するか受動文で表現するかを考えてみると、能動文の場合には、話し手の視点は動作主寄りか中立的な位置にあるのに対して、受動文では、動作主ではなく受容者寄りのところにあると見ることができる。したがって、ある事態を能動文ではなくわざわざ受動文で表現するときには、話し手は受動文の主語すなわち動作の受容者に対して、より大きく「自己同一視化」をしている、ないしは、より大きな「共感度」をもっていることになる。もしもそうした共感度の関係が現実と矛盾していたならば、その受動文の使用は不適切と判断されることになる。このように、特定の語彙や構文の使用は、共感度に関する一定の条件を満たしていなければならない。久野はそれを「視点制約」と呼んだ（久野［一九七八］一三九–一三六頁）。

「共感度」すなわち話し手による「自己同一視化」の強さとは、話し手からの〝心理的近さ〟のことと読み替えることができる。つまり、「共感度」のスケールとは、話し手からの社会的・心理的な〈距離〉を逆さにしたスケールである。とすれば、話し手／聞き手／敬意の対象人物といった人々の共感度関係を書き表すことは、それらの人間関係を〈距離〉のスケールの中に置き入れることにほかならず、そして、〈距離〉のスケールは、それらの人物間の潜在的なポライトネスの関係を表示することになる。一方、日本語敬語のいわゆる尊敬語／謙譲語／丁寧語は、それぞれに固有の共感度関係をもっている。その共感度関係は、久野が授受動詞などについて示したのと同じように〈視点〉による制約の反映であり、それゆえ、共感度関係を定式化したものは、敬語の対人的な機能と使用における制約とを同時に表示するはずである。(2)

そのように書き表された〈距離〉の関係が実際の人間関係と矛盾していれば、その表現は「誤用」であることになるし、あるいは、矛盾しているように見えても、話し手にそう見なし得る余地があってそれを意図したのなら、そこからポライトネス的な含みが創出されることになる。それがどういう種類の含みであるかは、共感度の不等式からそのまま読みとることができるだろう。

## ▼日本語敬語の共感度関係と視点制約

では、久野が用いた共感度の不等式に倣って、日本語敬語の共感度関係とそこに見られる視点的な制約を順次確認してゆこう。(3) はじめに、以下で用いる表記とその意味について簡単に述べる。

E(x)　指示対象xに対する話し手の共感度（Eは「共感（Empathy）」の頭文字）

E(x)＞E(y)　話し手のxに対する共感度がyに対するよりも大きい
　↓話し手はyを遠くに置く［敬語使用］（yを〝ゾト〟待遇する）

E(x)＝E(y)　話し手のxに対する共感度とyに対する共感度に差がない
　↓話し手はyを遠くに置かない［敬語不使用＝「敬語のゼロ度」］
　　（yを中立的に待遇する／yを〝ウチ〟待遇する）

これらの式は、ある敬語を使う／使わないことによって話し手が誰かを誰かよりも遠くに置くか置かないかの相違を表現する。道具立てはこれだけである。あとは、問題となる敬語の種類、xとy

に入る人物の種類、それにいくつかの不等式の組み合わせによって、文全体のポライトネス的意味と含みがどのようにつくられるかを見定めてゆけばよい。

まず、丁寧語「です・ます」から始めよう。丁寧語は、聞き手との間に距離を置いて、聞き手への顧慮を表す語である。したがって、共感度の関係は、単純に次のように表される。

丁寧語「です・ます」 E（話し手）＞E（聞き手）

(1)「これ、おいしいです。」

これに対し、丁寧語を用いない場合には聞き手は〝遠くに置かれない〟ことになるが、そこからの含みは二通りの可能性がある。すなわち、聞き手は、中立的に待遇されるか、または〝ウチ〟待遇されるかのいずれかである。〝中立〟と〝ウチ〟では隔たりが大きいように思われるかもしれないが、言語形式として区別がない以上はその区別を書き表すことはできない。むしろ、ポライトネスが、言語形式との間に一対一の対応をもつものではなく、あくまで不確定で、つねに解釈の可能性が開かれていることの表れと見るべきだろう。

敬語使用との対比を明確にするために、敬語の不使用を「敬語のゼロ度」と呼ぶことにしたい。敬語の語用論的効果は非敬語との対比において発揮されるものであり、視点的な傾きをもたない後者では、話し手は共感度E（話し手）とE（聞き手）との間に差をつけないというのがその趣旨である。(4)

敬語のゼロ度（視点的中立）　E（話し手）＝E（聞き手）

(2)「僕が行った。／君が行った。／彼女が行った。／先生が行った。」

日記文や記録文において基本的に「です・ます」が用いられないことの理由も、丁寧語の不等式と視点的中立との差の中に求めることができる。それらの文体では、そもそも聞き手（読み手）の存在が前提とされないか（日記文）、または、聞き手（読み手）が存在したとしても、述べられる内容は話し手からも聞き手からも独立した中立の位置になければならない（記録文）。「です・ます」による共感度関係の傾斜は、そうした視点的中立の障害となってしまうのである。同様にして、補文中で「です・ます」が現れにくいことも説明できる。

(3)「＊[この料理がおいしいですこと]を、知ってほしいです。」

［　］で括った補文の内容は、話し手が客観的事実として相手に差し出したい事柄であり、そのためには、話し手にも聞き手にも寄らない視点的中立を確保する必要がある。

丁寧語の不使用が、話し手と聞き手との間の距離を詰め、聞き手への共感度を相対的に大きくするのは、次のようなケースである。

敬語のゼロ度（ポジティブ・ポライトネス）　E（話し手）＝E（聞き手）

(4)（料理を作ってくれた相手に）「これ、おいしい！」

この場合、敬語の不使用は相手を〝近づける〟効果をもたらし、そこから、相手を〝ウチ〟待遇するポジティブ・ポライトネス的な含みを表すことができる。

対者敬語として［話し手―聞き手］の関係を表示する丁寧語とは異なり、尊敬語（動作主尊敬）と謙譲語（受容者尊敬）は素材敬語として、各々［話し手―動作主］［話し手―受容者］との関係を表示する。ただし、このとき、日本語敬語の相対敬語性が、話し手とそれらの人物との直接的な関係ではなく、聞き手を媒介とした関係において機能することに注意しなければならない。（以下、敬語の共感度関係を表す際には、その箇所で注目する語［文例に傍線を付した語］の共感度関係のみを記すので、文全体における敬語の共感度関係とは必ずしも一致しないことに留意されたい。敬語が組み合わさった場合については次節で述べる。）

尊敬語「お／御……になる」　E（話し手）＞E（動作主）

ただし、動作主が聞き手と同一人物であるかどうかによって、次のように場合分けされる。

A：動作主＝聞き手　のとき　E（話し手）＞E（動作主［聞き手］）

(5)（相手のことを尋ねて）「そろそろお出かけになりますか？」

B：動作主≠聞き手　のとき　E（話し手）＝E（聞き手）＞E（動作主）

(6)「社長はご出席になるんでしょうかね？」

謙譲語「お／御……する」　E（話し手）＞E（受容者）

かつ　E（動作主）＞E（受容者）

ただし、受容者が聞き手と同一人物であるかどうかによって、E（話し手）＞E（受容者）は次のように場合分けされる。（話し手と動作主との位置関係は相関的でない。）

A：受容者＝聞き手　のとき　E（話し手）＞E（受容者［聞き手］）

(7)（相手に向かって）「じゃあ今度御案内しますよ。」

B：受容者≠聞き手　のとき　E（話し手）＝E（聞き手）＞E（受容者）

(8)「お客様は君が車でお送りしてくれ。」

尊敬語／謙譲語の機能の核心は、各々動作主／受容者との間に距離を置くところにある。だがそれだけでは、日本語の相対敬語を朝鮮語のような絶対敬語から区別することができない。相対敬語性の鍵を握るのは視点的な制約であり、そこでは距離化の対象となる人物と聞き手との関係が決定要因になる。このことは、身内敬語と呼ばれる次のような不適切な使用例において明瞭に表れる。（＊印を付した共感度の不等式は、そのような共感度関係の下では当該の語の使用が不適切であることを示す。また、用例の次に付した↓以下は、当該の語の使用が含意する共感度関係を示す。）

尊敬語　＊E（動作主）＞E（聞き手）

(9)「＊私のお父さんがそう仰っています。」

↓「仰る」　E（話し手）＝E（聞き手）＞E（動作主［「私のお父さん」］）

謙譲語　＊E（受容者）＞E（聞き手）

⑽（取引先の人に）「＊例の書類、うちの課長にお渡ししておきました。」

→「お渡しする」E（話し手）＝E（聞き手）＞E（受容者［「うちの課長」］）

尊敬語の⑼では、現実の共感度関係は「私のお父さん」に対する方が家族外の聞き手に対するよりも大きいはずだから、動作主「私のお父さん」を聞き手より遠くに置くことは共感度関係の矛盾を引き起こす。謙譲語の⑽では受容者の位置が問題で、「うちの課長」への共感度は聞き手への共感度よりも大きいはずだから、受容者「うちの課長」を聞き手よりも遠くに置く謙譲語の使用は不適切となる。

こうした問題が生じるのは、すべて第三者待遇にかかわる場合である。従来、第三者待遇の問題は、誰を敬意の対象者とするかという観点のみから論じられてきた。しかし、ここまで繰り返し指摘してきたように、日本語敬語の相対敬語性は、誰に敬語を用いるかよりも誰に敬語を用いないかという点において、その性格を最も顕わにする。素材敬語は敬意の対象者を〝素材化〟して遠くに置くが（［Ⅱ-3］、［Ⅲ-1］参照）、見方を変えれば、その場合に聞き手は遠くに置かれることなく、話し手とともに内輪的な関係の中に取り込まれることになる。こうしたウチ的な関係を、［Ⅱ-3］で名づけたように（p. 163）〝われ＝われ〟関係と呼ぶことにしよう。

他方で、動作主敬語である尊敬語なら動作主が、受容者敬語である謙譲語なら受容者が、各々内輪的な関係の外で遇されるが、彼らは決して話し手との間に〝われ＝われ〟関係を形成することがない。このようにして、ある人物を〝われ＝われ〟関係の外に出して遇するか内に置いて遇するかの選択は、距離化によるネガティブ・ポライトネスと脱距離化によるポジティブ・ポライトネスのストラテジーとして、そのままポライトネス的な含みを伝える手段となるのである。[5] この点については、後でもまたあらためて論じる。

▼〝われ＝われ〟関係

敬語の実際の使用においては、尊敬語／謙譲語／丁寧語はしばしば組み合わさるが、そうした用例に対しても、共感度の不等式を組み合わせることで、全体的に表現される〈距離〉の関係を表すことができる。尊敬語／謙譲語／丁寧語の機能はそれぞれ独立なので、種類の異なる敬語が重ねて用いられても、共感度の不等式を単純な算術和として組み合わせればよい。（同じ人間関係について「＝（敬語のゼロ度）」と「＞」の両方が現れるときは、「＞」として実現すると考える。）一つ例を挙げる。

敬語の複合形における共感度関係（距離の関係）

(11)「お客様は社長がお送りしてくださるそうです。」

謙譲語「お送りする」　E（話し手）＝E（聞き手）＞E（受容者）

かつE（動作主）＞E（受容者）

尊敬語「くださる」　E（話し手）＝E（聞き手）＞E（動作主）

丁寧語「です」　E（話し手）＞E（聞き手）

↓E（話し手）＞E（聞き手）＞E（動作主）＞E（受容者）

この場合、話し手は、聞き手よりも動作主を、動作主よりも受容者を〝遠くに置いて〟遇している。それゆえ、その順に〝敬意の度合い〟が高くなると言い直しても構わない。

距離の関係にこうした一元的な表現形式を与えることで、敬語使用によって表される距離の関係と、授受動詞のような他の手段によって表される距離の関係とを、同じ視野の中に収めることが可能になる。ここでは授受動詞の複合形を例に取ろう。落語「三井の大黒」の中で、大工の棟梁が、左甚五郎を諭して若い衆（「あいつら」）に謝らせようとするときの言葉である（井上ひさし『私家版日本語文法』一八〇頁より借用）。

授受動詞の複合形における共感度関係（距離の関係）

⑿「おまえさんもひとことね、ちょいとね、あやまっといてやっとくれよ。」

「やる」　E（動作主）＞E（受容者・i）

「くれる」　E（受容者・j）＞E（動作主）

（i、jは、それらを付した人物が同一人物でないことを示す。）

→E（受容者：j［話し手］）＞E（動作主［聞き手］）＞E（受容者：i［「あいつら」］）

↑〝恩〟

――準〝われ＝われ〟関係――〝恩〟↓

ここでは、「おまえさん」が「あいつら」に謝ることで、「おまえさん」は棟梁に〝恩〟を「くれ」、さらに、その〝恩〟の関係に基づく〝われ＝われ〟的な関係を背景にして、「おまえさん」は「あいつら」に〝恩〟を「やる」のだという、〝恩〟と距離の二重化された関係が同時に表現されている。では、同じことを次のように言ったらどうだろうか。

(13)「おまえさんもひとことね、ちょいとね、あやまってくださいよ。」

「くださる」＝授受動詞「くれる」E（受容者［話し手］）＞E（動作主［聞き手］）

＋尊敬語　E（話し手）＞E（動作主［聞き手］）

→E（受容者［話し手］）＞E（動作主［聞き手］）

↑〝恩〟

この文では、「くれ」ではなく「ください」という尊敬語形が用いられているにもかかわらず、棟梁が「おまえさん」から〝恩〟を受けるという関係が表されるのみで、棟梁が左甚五郎を〝われ＝われ〟的な関係の中に引き込んで若い衆に謝らせるという距離の操作はまったく表現されない。(12)

と⒀の例を通じて、〝敬意〟や〝恩〟の関係が〈距離〉の関係に還元できること、そして、表現されているポライトネス的含みを比較できることがわかるだろう。

共感度の不等式を敬語に適用することの利点がもう一つある。現実の敬語使用の場面では、話し手が動作主であったり、聞き手が受容者であったりして、同一の人物が複数の役割を兼ねるケースが頻繁に生じる。しかし、話し手／聞き手／動作主／受容者は原理的に独立の存在なので、その場合でも役割上の分離を保持することはなお可能である。共感度の不等式は、〝敬意の対象〟が捉えにくく見えるこうしたケースをも、役割関係の不等式として書き分けることができる。

まず、聞き手が動作主（あるいは受容者）と同一人物であるときに、素材敬語である尊敬語（あるいは謙譲語）だけを用いて丁寧語を用いない例を見てみよう（さきに［Ⅲ-1］p. 229で取り上げたのと同じ例である）。

丁寧語抜きの素材敬語使用

⒁「あなたもいらっしゃる？」

尊敬語使用　E（話し手）＞E（動作主:i）

丁寧語不使用　E（話し手）＝E（聞き手:i）

（:iは、それを付した人物が現実には同一人物であることを示す。）

→E（話し手）＝E（聞き手:i）＞E（動作主:i）

cf.「あなたも来ます（か）？」E（話し手）＞E（聞き手）

ここでは、動作主iとの間には距離を置くが、聞き手iとの間には距離を置かないという関係の取りようが表されている。そこから生じる語用論的含意は二通りあり得る。一つは、動作主の行為には距離を置くけれども聞き手との間には距離を置かないという方略によって、ポジティブ・ポライトネス的な〝親密さ〟の含みを表現するというものであり、もう一つは、それなりに置かれるべき距離を無視して聞き手を〝われ＝われ〟関係の内に取り込んでしまうことにおいて、〝不敬〟の含みを帯びてしまうというものである。聞き手がどちらのニュアンスにおいて受け取るかは人間関係や場面に依存することであり、言語それ自体の内にどちらと決する要因があるわけではない（[III-1] 注11参照）。ここにもまた、ポライトネスの原理的な不確定性が窺える。（ちなみに、比較のために挙げた「あなたも来ますか？」では、端的に、動作主の行為に敬意が払われない。）

こうした役割関係の分離が最も顕著なのは、自分自身の行為を敬語で待遇するいわゆる自敬敬語である。

自敬敬語

(15)「ただいま。旦那様のお帰りだよ。」
尊敬語「旦那様」「お帰り」
E（話し手i）＝E（聞き手）＞E（動作主i）

この場合、話し手と動作主はもちろん同一人物だが、話し手は動作主としての自分をいわば外化し、動作主の行為を話し手としての自分から切り離して表現する。この変則的な表現が、（文字どおり「カメラ・アングル」としての）〈視点〉を聞き手の位置に移動させることではじめて可能となっている点は、ここであらためて確認しておくに値するだろう。話し手は、自分の行為を〃他人事〃として語ることで、久野の最も基本的な視点的談話法規則（「発話当事者の視点ハイアラーキー」、［注4］参照）から逸脱する。しかし話し手は、その意図的な逸脱から語用論的含みを生じさせるのである。右の例でいえば、話し手は、聞き手から見た場合に「旦那様」は敬語的上位に待遇されるべきであるという関係認識を、聞き手との〃われ＝われ〃関係の中に引き取って自らの言葉としてしまう。時枝や三上も論じていたとおり、自敬敬語は、敬語の用法としてさしたる例外ではなく、むしろ、敬語と〈視点〉との関係の深さを如実に表している現象と見るべきである。

ここまで見てきた例からわかるように、共感度すなわち〈距離〉の不等式は、そのまま敬語使用による含みの創出を説明的に記述する。ここでいう含みとは、話し手が意図して伝達しようとする語用論的含みのみならず、いわゆる正用法の幅の中で話し手がある選択をおこなうことから生じる含みであっても構わないし、さらには、話し手が意図せずして用いた表現から聞き手が一方的に受け取る含みのことであってもよい――一般に「誤用」と呼ばれるものはこの最後のケースの一部である。別の言い方をすれば、共感度の不等式を敬語に適用することの強みの一つは、〃正用法～語用論的逸脱～誤用〃の連続性を断ち切ることなく、一元的に捉えることができる点にある。

### ▼〈視点〉の移動と含み――〝上／下〟と〝ウチ／ソト〟

なかでも、話し手から見た〝われ＝われ〟関係のつくり方は、含みの最大の源泉である。たとえば次のような文は、日本語敬語が絶対敬語でないことを示す（身内敬語的「誤用」の）例として挙げられるのが普通だろう。

(16)「(?:)そのことは後でお兄さまがお話しになります。」
　↓E（話し手）＝E（聞き手）＞E（動作主［「お兄さま」］）

しかし、これが誤用となるかどうかは、単に右の共感度関係が現実にあり得ないか否かにのみ依存するのであり、聞き手が「お兄さま」より話し手に近いような人間関係がありさえすれば、この文は正用法とも語用論的逸脱ともなり得る。たとえば、古風で格式ばった家族内であれば、誰か他の兄弟姉妹との間に〝われ＝われ〟関係を設定して、「お兄さま」をその外に置いて待遇するような状況を十分に想定することができる。あるいはまた、親族会議に集まってきているオジやオバのような目上の聞き手を〝われ＝われ〟関係の中に引き入れてしまうことによって、たとえば、家督を継ぐべきは（より遠くに置かれた）この「お兄さま」なのだという含みを伝達する、といったことでも可能だろう。その場合なら、上下の関係を無視する故意の逸脱から語用論的含みが創出されることになる。

では次の文はどうだろう。

⒄「？ 大学の先輩で今度御結婚になる方がいらっしゃるんだけど……。」

この場合、聞き手は、話し手の「先輩」という人物をまったく知らないにもかかわらず、話し手から「先輩」に向けられる敬語的待遇の中に、話し手と〝われ＝われ〟関係を共有する者として一方的に組み入れられてしまうことになる。それで、

→E（話し手）＝E（聞き手）＜E（動作主［話し手の先輩］）

となって、身内敬語に対するのと同様の抵抗感を引き起こす可能性が生じるのである。

これらの問題は、以前から〝ウチ／ソト〟の領域にかかわるものとして扱われてきた問題である。たしかに、ウチ／ソトの区別は敬語の正用～誤用の基準として最も大きな役割を果たしている。しかし、その概念の境界は流動性が大きく、固定的に捕捉しようとする試みは必ず失敗する。事実、たとえば、会話の同じセッション内での同じ相手に対する発話であっても、次の⒅と⒆のようにウチ／ソトの線引きが自在に変更される現象は何ら特殊な例ではなく、日常的なものと言わなければならない。

⒅「私どもの課長もそう申しております。」

→E（話し手）＝E（動作主）＞E（聞き手）

⒆「課長も本当は違うことをなさりたいようなんですが。」

→E（話し手）＝E（聞き手）＞E（動作主）

動作主との間に〝われ＝われ〟関係をつくる⒅における距離の関係は、（尊敬／謙譲／丁寧に加えるべき第四の範疇）「へり下り（丁重語）」の関係であり、⒆の、聞き手を〝われ＝われ〟関係の中に取り込んだ尊敬語の共感度関係と対照をなす。そして、二つの発話のニュアンス——⒅における〝公的〟なニュアンスと⒆における少し〝私的〟なニュアンス——の差は、聞き手を遠くに置くか近くに置くかの違いをそのまま反映したものである。

鍵は聞き手の位置にある。すなわち、聞き手を〝われ＝われ〟関係の中に取り込むか否かが、そのまま［話し手—聞き手］関係を〝ウチ〟の関係と認定するか〝ゾト〟の関係と認定するかの相違となって表れる。尊敬語／謙譲語の不適切な用例としてさきに挙げた、文例⑼「＊私のお父さんがそう仰っています。」と⑽「＊例の書類、うちの課長にお渡ししておきました。」を再び取り上げてみよう。その不適切性は、〝ウチ〟なる動作主／受容者を不当に〝ゾト〟に置いて待遇したことによるというのが一般的な説明の方向性だろう。しかし、もし問題がそれで尽きているのだとしたら、そのことは聞き手とは直接の関係をもたない以上、それらの表現が「聞き手に対して失礼に当たる」と言われることのさらなる説明を待たなければならないはずである。ところが一方、⑼⑽の不適切性は、聞き手の位置についての問題と捉えることでもまったく同様に説明することができる。すなわち、それらの文は、〝ゾト〟なる聞き手を不当に〝ウチ〟に引き入れて待遇しており、そのとき、動作主／受容者は、聞き手の視点から見てなお距離の置かれるべき人物だと規定されていることになる。不適切さの原因をこの点に求めるならば、さらなる説明は必要ない。

第Ⅰ部で見たように、敬語研究史を振り返ってみれば、日本語敬語の相対敬語性が聞き手の位置への〈視点〉移動によって実現されることを指摘した時枝誠記や、敬語の使用／不使用を分ける基準が聞き手の〈視点〉に依存することを指摘した三上章に行き当たる。時枝は、「重点」の移動という言い方で自敬敬語的な用法に説明を与えるとともに、「重点」概念が「行く／来る」のような語にも適用できることをすでに述べていた（［Ⅰ-3］p. 52）。三上の言葉も再び引いておこう。

> A線こそは、もっと正しく言うと、H〔話し手〕に支えられたA〔相手〕の地位こそは敬語法の決定線である。（三上［一九五三／一九七二］二八頁）

いうなれば、本章で述べてきた〈視点〉と〈距離〉の敬語論とは、可能性の中心において理解されたとは言い難い彼らの論に言語行為の主体を付与したものである。時枝の着想が久野の理論と強い近縁性をもっていることは明らかであるし、三上が聞き手の視点を基準にして立てた敬語使用の原則――聞き手から見て敬意を払うべき人物にのみ敬語を用いるという原則――は、尊敬／謙譲／丁寧／へり下りのすべてにおいて聞き手の位置が関与する上述の共感度関係にも引き継がれている。敬語の語用論における決定線である〝ウチ／ソト〟の一線は左図のように、三上が〝上下〟の関係において捉えた〝聞き手の一線〟をそのまま横に倒したものにほかならないのである。その意

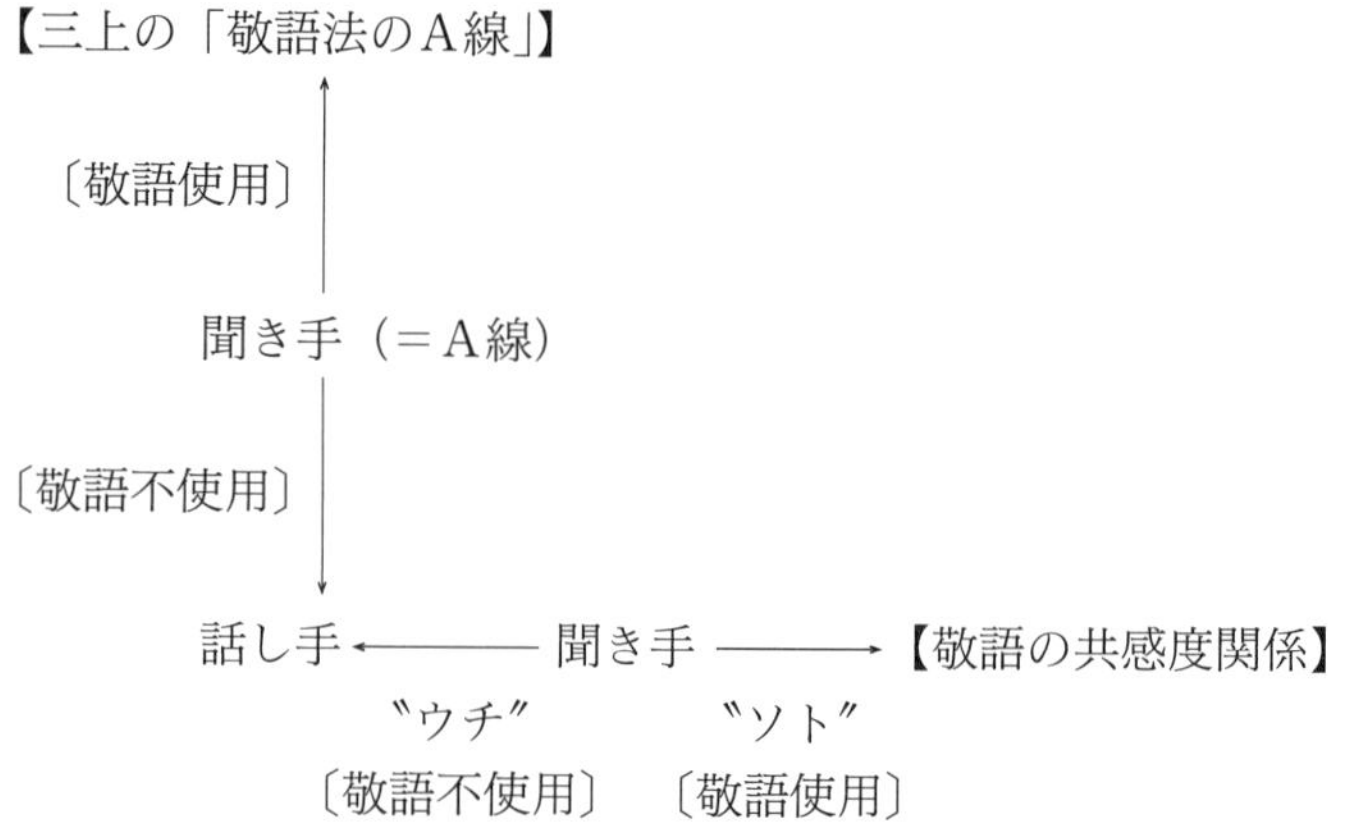


味で、敬語使用の原則が聞き手の一線にあるという三上の捉え方は、日本語敬語の相対敬語性そのものであったと言ってよい。

タテの関係は〝上下〟の関係であり、ヨコの関係は〝ウチ／ソト〟ないし〝親疎〟の関係である。〈視点〉と〈距離〉の表現である共感度の不等式は、それらを一元的に書き表す。このことは、日本語敬語の相対敬語性を担う〝上下〟の軸と〝ウチ／ソト〟の軸が一つに還元可能であり、それらがじつは一つの関係の二つの表れであることを強く示唆している。

### ▼疎外と内化のモーメント

共感度の不等式は、敬語の機能が、話し手によって設定される〈視点〉と〈距離〉にあることを示し、そのかぎりにおいて、敬語の機能を単一のものとして捉えることができる。では、その機能が〝上下〟の軸に表れるときと〝ウチ／ソト〟の軸に表れるときとの相違は、どこから生じるのだろうか。もとより、敬語におけるタテ関係からヨコ関係への比重の変化は、身分社会から非身分社会へと社会構造が変化したことの帰結である。しかし、この変化は、語用論的なある一つの問題を顕在化させることになった。身分の上下関係とは、話し手にとっては従うしかない不可抗力であり、その言語的表現としての敬語もまた、従うべきルールとしての社会言語学的コードだった。ところが、それが横倒しになった〝ウチ／ソト〟の関係とは、あらかじめ固定的には決まっていない部分を多く含み、最終的には話し手自らの裁量によって見立てなければならない関係であり、その見立て方次第で様々な語用論的含みが伝達されることになるような関係である。つまり、ヨコ関係に比重が移った日本語敬語においては、話し手が望むと望まざるとにかかわらず、敬語を用いることは必ず話し手による〝ウチ／ソト〟の線引きを含意してしまうのである。

話し手が誰かを敬語的に待遇するとき、話し手はその人物を、自分とは〝われ＝われ〟関係を共有しない〝ソト〟の人物としてしか遇することができない。ここにおいて、敬語における疎外の問題が顔を覗かせることになる。たとえば、ときおり過剰敬語の一種として取り上げられることのある、「被災者の方々」「障害者の方々」「外国人の方々」といった表現を考えてみよう。これらが重複表現であることはたしかだが（「者／人」＋「方々」）、ではこれらは〝過剰〟な敬語なのだろうか？　尊敬語の視点制約に準じて考えれば、これらの言い方において話し手は、聞き手との間に〝われ＝われ〟関係をつくるとともに、「〜の方々」をその〝ソト〟に置いて待遇する。だがそのことは、「被災者／障害者／外国人」を、話し手とは〝われ＝われ〟関係を共有しない人として遇することを含意せずにはいない。そしてその含意は、「被災者／障害者／外国人」との〝連帯〟的関係を表現することができず、逆に阻害要因となってしまうのである。つまり、こうした言い方に聞き手の側がどこか違和感を覚えるとすれば、それが〝過剰〟表現だからではなく、〝疎外〟表現としての要因を内包しているからである[6]。

ある人物に〝敬意を払う〟こととその人物を〝疎外する〟こととは同根であり、矛盾するものではないことに注意しよう。ブラウン&レヴィンソンが説くように、「敬意を払う」とは相手との間に〈距離〉を置くネガティブ・ポライトネスであり、他方、誰かを疎外する（alienate）とは、文字どおりその人物との間に〈距離〉を置いて内輪的関係の中に入れないこと（*alien*-ate）だからである。それゆえ、〝ウチ／ソト〟の線引きを必ず伴う敬語使用は、つねに疎外表現となる可能性を孕んでいる。敬語を言語形式と敬意の対象との関係という観点から見ているかぎり、このモーメントを捉えることはできない。敬語を〈視点〉と〈距離〉の語用論的観点の中に置き入れてはじめて、〝ウチ／ソト〟を分ける敬語の機能とそこから生じる含みとを明確に捉えることができるのである。

この〝ウチ／ソト〟の境界線は、原理的にはどこまでも広がってゆくことができる。ところが、たとえば、うちの家族とよその家族、うちの部署とよその部署、うちの会社とよその会社、うちの県とよその県、……という具合に同心円を広げていったとき、実際にはこの境界線が、うちの国とよその国、という地点で止まってしまうことに気づくだろう。そこに立ち現れてくるのは、「皇室敬語」という問題である。

よく知られているように、外国の首脳が来日したようなとき、TVのニュースは、「フランスのシラク大統領が来日しました。天皇陛下が皇居でお出迎えになりました。」という具合に天皇だけを敬語で待遇する。〝ウチ／ソト〟の境界をここに適用すれば、外国首脳に尊敬語、天皇に謙譲語を用いることになるはずが、そうはなっていない。こうした用法を解釈するには二つの道がある。一つは、皇室関係だけは「絶対敬語」であるとするもので、通常この解釈が採用されている。(7) しかし、形の上の区別がないところに用法上の基準を二種類見ようとするこの解釈は二重基準《ダブル・スタンダード》である。この二重基準は回避できないのだろうか？

じつはそれは容易である。右のような用法も、普通の敬語と同様の「相対敬語」であると見るのである。その場合、〝われ＝われ〟関係は、日本国民と来日した外国首脳との間でつくられ、天皇がその外で遇されることになる。共感度の不等式で書けば、E（日本国民）＝E（外国首脳）＞E（天皇）ということになるが、これを共感度関係の矛盾と見るかどうかは解釈の問題にすぎない。天皇は国家を超越しているという前提を置きさえすれば、外国首脳といえども天皇よりは〝近い〟存在となるからである。皇室敬語を「絶対敬語」として例外扱いすれば、こうした問題に直面しなくて済むという〝利点〟がある。しかし、その「例外」が表現している意味を考えたならば、結局は「相対敬語」的な解釈と変わらないところに行き着くはずである。

従来、こうした問題は、敬語をめぐるイデオロギーの問題と捉えられてきた。しかし、〈視点〉と〈距離〉の敬語論は、すくなくともここまでは、その「用法」の語用論を語ることができる。

# むすび——敬語論の展望

「敬語とは何か?」この問いに対する答えとして本書は、「敬語は敬意の表現である」に代わる定義「敬語は距離の表現である」を置きたいと思う。

日本語の「敬語」という言語形式は、話し手・聞き手・言及される登場人物の三者間の関係を〈距離〉の関係として表示するシステムである。人は誰かに対して敬語を用いることによって、敬語の対象との間に距離を表し、誰かに対して敬語を用いないことによって、その人びとを脱距離的な関係の中に置き入れる。そうして、誰から見て誰が〝ウチ〟的であり誰から見て誰が〝ソト〟的であるかの線引きを、そのつどの発話において表現する。敬語は、人間関係を相対的な距離の関係として構成的に表現する。

敬語と〈敬意〉との関係については次のように捉え直すことができる。たしかに敬語は敬意を表現する。しかし、敬語というシステムが直接表示するのは〈距離〉であり、距離が第一義的に示すのは、対象人物との関係が〈視点〉を介して〝ソト〟的(疎遠)であるか〝ウチ〟的(親密)であるかの対立である。敬語において表現される敬意とは、話し手が距離を置き〝相手の領域を侵さないこと〟によって間接的に示される、結果ないしは効果としての含みのことなのである。

こうした〈距離〉を、人は選ばされるだけでなく、また選びとる。表現すべき関係と表現したい関係とをともに含むそのつどの発話において、話し手は受動的かつ能動的な主体となる。したがって、敬語についての説明的記述は、意味論的に表示される距離の関係との連続性を断ち切ることなく、語用論的含みとして伝達される距離の関係をも表すことができなければならない。これは〈距離〉の概念による敬語の語用論である。

敬語論とポライトネス論を同じ平面の上で接続することも、媒介項〈距離〉によってもたらされる。「敬語＝敬意」と「ポライトネス」とを異なった概念としてぶつけ合っても、媒介項が欠けていれば、そこに生じるのは受容か拒絶かの対立だけだろう。かといって、一般名詞としての「ポライトネス」で事足りるかといえば、明確な定義を欠いた「敬意」が空虚な概念に堕してしまうのと同様に、空虚な概念の再生産でしかない。両者がともに〈距離〉の表現であることの認識に立ってはじめて、敬語は非敬語と対になってポライトネスの表現装置となるのである。

本書では、敬語の語用論までの筋道をたどってきた。その先には、ポライトネス論と接続した敬語論の可能性が続いている。そこに光を差すだろう二つのアプローチについて最後に触れておきたい。

一つは、敬語と敬語以外の手段とを同じ平面に乗せて「ポライトネス」の機能的観点から考察しようとするアプローチである。宇佐美まゆみが精力的に行なっている「ディスコース・ポライトネス」に関する一連の研究がこの方向性をリードしている（宇佐美［二〇〇一ａ］、宇佐美［二〇〇二］、Usami［2002］等）。宇佐美は、談話（ディスコース）におけるポライトネスの「基本状態（デフォルト）」を設定し、そこからの偏差を、話し手の従うべきものとして想定される「無標ポライトネス」と話し手が語用論的に伝達しようとする「有標ポライトネス」の観点から探ってゆく。そこでは、丁寧体（敬語体）と普通体（非敬語体）の間で変動するスピーチ・レベルの機能や（[II-1] p. 129参照）、終助詞「ね」のネガティブ／ポジティブ両面にわたるポライトネス的機能といったことがトピックとなる。

言語形式と発話内容とが連動しているという観点から、話し手の言及する〈領域〉に着目する方向性も興味深い議論の平面を提供してくれる。鈴木睦によって提起されたこの方向性においては「聞き手の領域」が焦点となる（鈴木［一九八九］、鈴木［一九九七］、また［II-4］p. 188参照）。とくに、「聞き手の私的領域」に言及することは、不可避的に領域侵犯の意味合いを帯びてしまうため、日本語の場合、普通体（非敬語体）による脱距離化的なポジティブ・ポライトネスの表現としては許容されても、丁寧体（敬語体）による距離化的なネガティブ・ポライトネスの表現としては強く制約される傾向が強い。聞き手の領域は、聞き手の欲求・願望、感情、好み、感覚、意志、思考、行動、所有物、等々の様々な要素から構成されていると考えられるが、ポライトネスの表現において課される制約の強弱や、逆に好まれる要素といったものを指定することができれば、日本語・日本文化におけるネガティブ・フェイスとポジティブ・フェイスの内的構成を明らかにすることができるかもしれない。

これらの方向性は、ともに、通言語的な対照研究（あるいは方言間の対照研究）の可能性を開くものである。「ポライトネス」の機能的観点から異言語（異方言）間の類似した言語形式を比較対照することが、もう一つのアプローチとなる。

なかでも、朝鮮語（韓国語）との対照は、大きな可能性をもっているように思われる。韓国語の敬語には、日本語と同様に、尊敬／謙譲／丁寧に相当する三つの範疇があるが、このうち、丁寧語に当たる対者敬語の部分が高度に発達している（李・李・蔡［二〇〇四］第6章参照）。そのため、たとえば、格式形の最敬体と非格式形の丁寧体との間、あるいは、同じ非格式形の丁寧体と普通体との間で、スピーチ・レベルの移行がどのようにおこなわれるか、また、話し手が言及する内容に関する制約がどのように記述できるか、といった興味深い問題を見出すことができる。前者については、年齢による位階秩序の強い韓国語の性格を反映した結果が得られるだろうと期待されるし、後者についても、韓国語で「〜してください」式の挨拶が好んで用いられるといった指摘を考えれば（任・井出［二〇〇四］第I章）、聞き手の領域に踏み込んだ行為指示的な表現に対する制約が日本語より弱い可能性があるだろう。この前後者ともに、少しずつ研究が出始めてきているようである。

敬語の語用論を理論化する観点からも、韓国語との対照は興味深い問題を提起する。日本語の丁寧語に相当する対者敬語の形式として格式形／非格式形の二系列が存在するため、韓国語の敬語が表現する〈距離〉も二種類存在する可能性を考えなければならないからである。格式形がタテ（上下）の距離を表し、非格式形がヨコ（親疎）の距離を表すという捉え方が最も穏当であるように思われるが（梅田［一九七七］参照）、いずれにせよ、韓国語敬語の語用論が日本語とはまた違った複雑さをもつことは確かだろう。

これとともに、韓国語の絶対敬語性をめぐる問題もまた、日本語とは異なる語用論的手段の存在を考えさせる契機となる。韓国語では一般に、身内敬語を抑制しないと言われる（たとえば、よその人と話すときには、「わたしのお父様がこうおっしゃいました」のような言い方をしなければならないとされる）。しかし現実の用法においては、たとえば友だちと話をしているような場合なら、自分の父親を敬語で待遇することはむしろ少ないという。このことは、韓国語において、第三者をどう待遇するか（第三者待遇）が、話し手が聞き手をウチ的に捉えているかソト的に捉えているかの標識として機能している可能性を示唆するように思われる。

　こうした方向性は、いずれも〈距離〉を軸とした敬語論とポライトネス論の接続の先に開かれてくる可能性である。本書は、〈距離〉（とその起点となる〈視点〉）の思想の系譜が描き出せることを示そうとした。そして、いくつかの論点を思想史的、通文化的、言語理論的な文脈にまたがって接続することになった。接続は多くの点で不在であるように見えたし、そのことによる欠落は大きなものと思えた。本書がもし何か言い得たとすれば、そうした接続の不在を埋める遅れてきた試みにおいてであり、接続の結果としての新たな敬語論の可能性においてであろう。

# 《注》

## ［Ⅰ-1］システムの鳥瞰者たち

(1) 江戸時代の国学研究の中で敬語に言及しているものとしては、たとえば、一八世紀末（寛政年間）の本居宣長『玉あられ』や宣長門下の藤井高尚『消息文例』があり、一九世紀に入ってからは（文政〜天保年間）、藤井の弟子（東条）義門の『山口栞』などがある。しかしこれらは、手紙文を書くといった文章作法や活用研究の中で敬語語彙の語法を取り上げたものであり、敬語を体系的に捉える視点は見られない。

用語としても、「敬ひ詞」といった言い方に代わって「敬語《ケイゴ》」という語が現れるのは、明治七〜八年ごろからのことである（辻村［一九七七］八九頁参照）。これは、一八七二［明治五］年に学制が敷かれ、文典（＝文法書）が編まれるようになった時期と一致する。

(2) B・H・チェンバレン（Basil Hall Chamberlain）は、一八五〇年の生まれ。一八七三［明治六］年に来日し、翌年から海軍兵学寮の英語教師になる。一八八六［明治一九］〜一八九〇［明治二三］年にかけて帝国大学の教師を務め、退職後、初代「名誉教師」となる。語学関係ではアイヌ語や琉球語の研究もおこない、文学の領域では『古事記』の英訳でも知られる。一九一一［明治四四］年スイスのジュネーブに移り、一九三五［昭和一〇］年に同地で没した。弟子に、上田万年、岡倉天心らがいる。

(3) 『日本語口語便覧』は第二版が翌年の一八八九［明治二二］年に出されている。したがって、その改訂作業をおこなった時点で、チェンバレンがロドリゲスをすでに読んでいたことは間違いない。卓越した語学の才で知られるチェンバレンは、イギリス生まれだが、六歳からフランスで育ち、一七歳のとき一年間をスペインで過ごしている。スペイン語を自由に話したとの自伝的記述もある（太田［一九九〇］六六頁）。

(4)「絶対敬語／相対敬語」の命名は金田一京助による。日本語敬語の基本的性格を絶対敬語性に見るか相対敬語性に見るかについては議論があり、その経緯は［I-4］および［I-5］で詳しく見る。

(5)「丁寧（polite）」については、独立の範疇としては立てられていない。チェンバレンは四〇二節で「ます」に言及しているが、「丁寧」という範疇というよりも文体的要素として捉えられている。また、さきの三九三節の条件四も、丁寧語を念頭に置いて書かれたものである。

(6)「通事《つうず》伴天連《ばてれん》ロドリゲス」と呼ばれるジョアン・ロドリゲス（João Rodriguez）は、一五六一（?）年ポルトガルの小さな町に生まれ、一六歳になったばかりの一五七七年に来日。日本のコレジオでイエズス会士としての正式な教育を受け、その後、通事（通訳）として秀吉や家康との折衝に関与し知遇を得た。『日本大文典』の刊行間もなく、一六一〇年にマカオに追放され、一六二〇年『日本小文典』（通称）を刊行。日本に戻る希望がかなわぬまま、一六三四年同地で没した。ロドリゲスの伝記は、土井（一九四三）に詳しい。なお、『日本大文典』の邦訳が出たのは一九五五年（土井忠生訳）、『日本小文典』の全訳は一九九三年（池上岑夫訳）のことである。

(7) 話し手から見て〝ウチ〟に属する目上の人のことを〝ソト〟の人に話すとき、敬語（尊敬語）を用いて表現することを「身内敬語」と呼び、敬語を用いずに表現することを身内敬語の抑制という。

(8) この点は、身内敬語抑制の主因である〝ウチ／ソト〟の意味を考える上で示唆的である。身分の上下という〝タテ〟の関係とウチ／ソトという〝ヨコ〟の関係は異質なものと思われがちだが、ロドリゲスのこの説明は、ウチ／ソトの関係と上下の関係が相互に還元可能であることを示唆しているからである。この論点は［III-2］で詳しく述べる。

(9) 第三者待遇表現の史的変遷を詳細に跡づけた永田高志によれば、中世末期から江戸初期の言葉を反映していると考えられる『虎明本狂言』台本（一六四二年）の待遇表現には、ロドリゲス『日本大文典』の記述との非常に大きな類似が認められる。そして、その特徴は、〃ウチ／ソト〃の別が敬語の使用基準となる「内外敬語」への「過渡期的表現」であると見ることができるという（永田［二〇〇一］三二頁）。

⑽　江湖山恒明は、ロドリゲスに対して積極的に高い評価を与えた例外的な論者である。『敬語法』（一九四三年）の「総論」を締めくくる言葉として、江湖山は次のように書いている。「山田博士と時枝氏の見解が、敬語法研究における双璧であると思はれるのであるが、右二氏の考説でさへも、ロドリゲスの学説の中に含まるべきものであると考へなければならない時に、我々はしみじみとロドリゲスの偉大を反省すべきであるといふ事を、くどいやうだが、繰返し強調しておきたいと思ふ。」（六四頁）

## ［Ⅰ-2］発見された敬語

⑴　三橋の論文は、北原保雄の編んだ敬語文献のアンソロジー（北原［一九七八］）で読むことができるが、その巻末の原著者紹介には「元山形県皇典講究分所教授」とのみある。三橋の人物像については敬語関係の書物や辞典類にも説明が見当たらないが、筆者の知り得たところでは、次のような経歴の人物である。

三橋要也《ようや》は、相模国の大山町（現在の神奈川県伊勢原市大山）生まれ。明治一八年、国学者権田直助の「名越舎」に入門（二二歳）、翌一九年に「皇典講究所」入学、一年後に「予科第三級」を卒業し、明治二一年秋から「皇典講究所山形分所」の教授となる。皇典講究所が編纂した『古事類苑』の編纂委員も務め、明治二七年から「神宮皇学館」教授。

「皇典講究所」は、現在の国学院大学の前身で、明治一五年設立。皇典の研究と神職の養成を目的とし、人材養成のために各県に分所が置かれた。三橋の師、権田直助は、幕末・維新期の国学者で、大山阿夫利神社の祠官を務め、また草創期の皇典講究所にも参画。皇朝医道を説き、また語学の方面でも、『語学自在』『国文句読法』などの著作がある。

（以上、国学院大学校史資料課・古山悟由氏の御教示によるところが大きい。厚く御礼申し上げたい。）

(2) 擬古文体の和文で書かれたこの書物は、前年に刊行された Chamberlain, *A Simplified Grammar of the Japanese Language* の和訳であると考えられている。チェンバレン自身が日本語で書いたと考えた評者もいたが、弟子の岡倉天心や伝記を書いた佐佐木信綱らは見解を異にしている。詳しくは、太田［一九九〇］二九-三〇頁を参照。

なお、この『日本語小文典』で敬語について言及されているのはほとんどこの箇所だけであり、敬語についての記述としては、少し後に書かれたはずの『日本語口語便覧』の方が、質・量の両面で数段優っている。この相違を、ロドリゲスの写本を読んだことによる影響と見ることも、できなくはないように思われる。

(3)「日本語」概念と「国語」概念の成立過程、およびそれらが孕む問題系については、イ・ヨンスク（一九九六）、安田敏朗（一九九七b）、小森陽一（二〇〇〇）らの論考によって、全体像が明らかにされてきた。

(4) 小熊英二によれば、一八九〇年代は国体論が最も勢いのあった時代である。当時の言説状況については、小熊（一九九五）第3章に詳しい。

(5) 本筋からは少し外れるが、三橋は「行為上の礼」と「言語上の礼」を対比して、各々を次のように特徴づけている。「されば、行為上の礼は、人に対して、視感の上に、我が敬意を知らしむるものなり。言語上の礼は、人に対して、聴感の上に、我が敬意を知らしむるものなり。」（北原編［一九七八］三頁、傍点引用者）「礼」を感覚モダリティーと結びつけて捉えようとする点は興味深い。

(6) 山田孝雄《よしお》は、一八七三［明治六］年富山市の生まれ。中学を中退して東京の油屋に丁稚奉公に出されたが、性に合わず、富山まで歩いて帰ったという逸話がある。その後、独学で小中学校教員の検定試験に合格、いくつかの学校に勤めた後、日本大学高等師範で教鞭を執る。大正一四年からは、東北帝国大学法文学部に開設された国文学講座の講師となる。昭和四年には、提出から二七年間放置されたという博士論文によって、東京帝国大学から博士号を授与された。退官後、昭和一五年に神宮皇学館大学学長、同一九年には貴族院議員となる。昭和三三年没。国語学・国文学・国史学の広範な分野における実証的研究で知られるが、思想的には一貫して国粋主義的な色彩が濃い。

(7) 敬語の分類について、山田は三橋と同様の二分法的分類を基本としている。しかし山田は、さらに西洋語の人称との対応をつくれるように、（「人称」概念と干渉しかねない）「他称／自称」を避け、（意味論的分類である）「敬称／謙称」の語を用いる。山田は全編を通じて、三橋にはまったく言及していない。

(8) チェンバレン『日本語口語便覧』三九二節に、No language in the world is more saturated with honorific idioms than Japanese という一文がある。

(9) これらの二つの用法は、ともに聞き手に視点を置く相対敬語的な用例としてもまったく問題なく説明することができる。この点については、［Ⅰ-3、4］および［Ⅲ-2］であらためて論じる。

(10) ちなみに、「思いやり（思遣）」は、松下大三郎が日本の国民性の根本的特徴として挙げた言葉でもある（松下［一九三三］四〇頁）。

(11) 上田万年の「国語」観と学問観については、イ（一九九六）が詳細に跡づけている。また、国学と国語学の関係については、イ（二〇〇三）も参照。

(12) 帰朝の翌年に書かれた「今後の国語学」でも、国語学の研究対象として、日本語の起源、神代文字の有無、仮字遣いの標準、テニヲハの本義、動詞変化の性質、といった例が細かく挙げられているが、「敬語」という語は見当たらない。

**［Ⅰ-3］〈敬意〉の実体論批判**

(1) 一九四一［昭和一六］年、天皇を頂点に戴く儒教的倫理観に基づいた礼法集「礼法要項」が、文部省によって制定される。「礼は、上、皇室を敬ひ奉り、下、億兆の相和する心より起る」という書き出しで始まるこの礼法集は、第五章が「言葉遣ひ」に当てられ、その9項目のうち8項目までが、敬語関連の礼の規定に割かれている。

また、それより一年ほど後になるが、言語学と日本語教育の専門誌であった『コトバ』は、一九四二〔昭和一七〕年七月号で「日本語の優秀性」を特集している。そこに「日本語のめでたさ」という記事を寄せた菊澤季生は、その最たるものとして敬語を挙げ、「他国に比類のない日本語の長所」、「礼儀に厚い国民性の反映」、「実に我が国体の反映」、「日本語のめでたさの結晶」等々を縷々述べた上で、「八紘一宇の精神は、実に敬譲の精神の中にこめられてゐる」とまで言っている（一二―一三頁）。

(2) 時枝誠記《ときえだもとき》は、一九〇〇〔明治三三〕年東京生まれ。東京帝国大学文学部卒業。第二東京市立中学校教諭を経て、一九二七〔昭和二〕年、日本統治下朝鮮の京城帝国大学に赴任。その直後からの二年間欧米に留学するが、その期間を除いた足かけ一七年間を朝鮮の地で過ごす。一九四三〔昭和一八〕年から東京帝国大学教授。定年退官後、早稲田大学教授。一九六七〔昭和四二〕年死去。

敬語に関する論考としては、一九三八〔昭和一三〕年から翌年にかけて矢継早に三つの論文を発表し、一九四一〔昭和一六〕年に、それらに基づいてまとめられた敬語論を含む『国語学原論』を上梓する。いずれも京城帝大時代に発表された。成書ならではのまとまりが『原論』にあることは言うまでもないが、敬語論の構想過程における、微妙ではあるが重要な時枝自身の変化を知る上で、『原論』の三年前に書かれた論文「場面と敬辞法との機能的関係について」との比較は示唆的である（後述）。

(3) 引用中の「敬意」と「国民の敬譲の美徳」を、各々たとえば「人々相推譲する意」と「わが民族間に推譲の美風（の行はるる）」に置き換えてみれば、それはそのまま山田の敬語観となる（山田〔一九三四／一九七〇〕一―二頁）。

時枝はまた別の箇所で、もし敬語が「日本民族の尊敬推譲の美風の顕現」であるというのなら、「ぐづぐづして居やがる」や「くたばつてしまへ」のような「卑詈語とでもいふべき」表現の存在は何を意味するのかとも問うている。（時枝〔一九四一〕、四四八―四四九、四七三頁）ただし、この論点に関しては、一段深い三上章の議論をも参照する必要がある（［Ⅰ-4］参照）。

(4) 詞辞二分論の文法論的難点についてはここでは立ち入らない。北原保雄による批判的解説を参照されたい（井上編［一九八九］Ⅰ「日本語文法理論」）。

(5) ただし、敬語として用いられる助動詞「る・らる（・す・さす・しむ）」は、概念過程を含むとして詞に分類される（時枝［一九四一］二七八頁～、四六二頁～）。この、あまり洗練されているとは言えない分類も、疑念を生む一つの原因となっている。

(6)「素材敬語」と「対者敬語」という用語は、辻村敏樹のものである（辻村［一九六七］参照）。

(7) 次のような見解や批判を参照。

「こういった時枝説の是非は、むしろ言語過程説の立場を容認するか否かによって決まるものではある」（辻村［一九六二］四三五-四三六頁）

「ただもう一つ突っ込んで考えてみると、時枝が、敬語を、敬意の表現ではなく、敬意に基づくところの表現――事物のありかたに対する特殊な把握の表現――であるとする、その論拠は曖昧で、どうも、大前提たる詞辞二分論に引かれすぎた感もないではない。敬意に基づく表現であるといっても、誰の誰に対する敬意に基づくのかは問題となるのであり、時枝の提示した疑問は依然として解けないのである。」（北原［一九七八］二九七頁）

(8) 時枝は、たとえば、「私の識別したいことは、両者の言語的相違についてである。一は事物のありかたを表し、他は聴手に対する敬譲を表現するのであつて、〔……〕一は詞に属し、他は辞に属する所以である」（時枝［一九四一］四九九頁）といった言い方をするが、この論理の先件と後件はしばしば入れ替わる。

(9) そうした関係把握のコードが時代によって変化するものであるということも、時枝は同所で明示的に述べている。彼はそこで、妻が自分の夫のことを敬語で待遇する身内敬語的な例を挙げている（時枝［一九三八／一九八〇］三三一頁）。「のふのふ御出家うちの人が手をおふて戻られました念仏をすゝめてくたされ」（狂

言拾遺巻一手負山賊）

⑽　さらにいえば、ここで時枝が、呼称の問題を敬語の問題と同一の問題系に属するものとして論じている点自体も先見的である。

⑾「詞」の敬語は、「話手と素材との関係の規定」か「素材と素材との関係の規定」かのどちらかに属するものとされ、「聴手と素材との関係の規定」といった表現はついになされない。

⑿　言語過程説は二つの源泉をもっている。一つは、当初から時枝自身が強調していた江戸期以前の国語研究における「てにをは」研究であり、もう一つは、晩年になるまで時枝があまり語らなかったフッサール現象学における「志向作用・ノエシス（Noesis）／志向対象・ノエマ（Noema）」の対概念である。（時枝は、当時京都帝大教授であった哲学者山内得立《やまのうちとくりゅう》の著作を通じて現象学に触れたと述べている。）後者に照らしていえば、言語過程説の「辞」は、感覚与件に意味付与をおこない「意味」として統握する意識の作用たる志向性すなわちノエシスに相当する。時枝はまた仏教思想との類縁性についても語っている。それを合わせた三者と言語過程説との相関については、鈴木（一九六八）一八四-一八五頁を参照。なお、この『講座日本語の文法』は、時枝文法によって編まれた唯一の講座である。

⒀　最後まで時枝は自らの立てた言語の「主体」を御しきれなかったように見える。たとえば言語政策的な文脈に現れたときには、彼の「主体」は易々と集団的主体に変貌を遂げ、「国語の話手」であり「日本民族の民族精神」の体現者ともなってしまうのである（時枝［一九四一／一九七六］六七-六八頁）。子安宣邦は、時枝の言語過程説における主体を批判して、「ある言語が、われわれのことばとして私に成立するのは、私がわれわれという言語慣習を同じくする共属関係にしたがって、われわれという内部意識を形成し、その意識によってみずからの言語を整序したからだということになるだろう。しかしこれは結局、ソシュールの『国語体』と称される『言語《ラング》』概念の言語意識への内部化ではないか。」と述べている（子安［二〇〇三］一五五頁）。

⒁　渡辺は言及していないが、これは、三上章が唱えた「敬語法のA線」を少し緩やかにした原則である。

三上については［Ⅰ-4］参照。

⒂　時枝の〈関係認識〉的な視点を明確に受け継いだ学説は例外的な少数派である。その中で特記すべき一つは、宮地裕の「関係把握」だろう。宮地（一九六五）は、「ヤル・クレル・モラウ・アゲル」の授受表現といわゆる謙譲語による表現とを、行為の主体・行為の受容者・行為の方向という三者の相関関係の中で詳細に記述した論文だが、その冒頭部で宮地は、「現代敬語の表現意識の基底が、〝丁寧〟であるにせよ、〝尊敬〟であるにせよ、いわゆる〝敬語〟形式によって表現される内容上の特徴は、きわめて広く言えば、〝関係把握〟の言語表現である。敬語体系を立てるばあい、その基本的仮説に、〝人称説〟〝称格説〟をとるにしても、あるいはまた、〝話手からの敬意説〟をとるにしても、いずれ、敬語は場面的人間関係・社会的人間関係・内容的行為関係などの〝関係把握〟を言語形式にあらわしているものにはちがいないからである。」と述べている（一八七頁）。

また、「場面の制約」を理論化する方向性として、次の二つを挙げておく。一つは、「配慮と扱い」を分けて考える南不二男の方法である（南［一九七四］）。南は、構造主義的方法論の影響の中で、場における人間関係の要素を素性的に記述した。もう一つは水谷静夫の「公理論的数理国語学」の方法で、会話の場における関係認識を、論理学と集合論とベクトル論を用いながら、文字どおり計算する（水谷［一九九五］）。ただし、この後者は、敬語の用法を数学的に解明したというよりも、敬語の用法が数学の言葉でも記述できることを示したものと言うべきであるように思われる。

⒃　「コミュニオン（communion）」はもともと、キリスト教における「聖体拝領」や「聖餐」を意味する語だが、以下では、より儀礼論的に一般化した意味合い、すなわち〝聖なるもの〟との「霊的交流」「交感」という意味合いにおいて用いる。詳しくは［Ⅱ-1］を参照されたい。

⒄　ロドリゲスやチェンバレンの敬語論とその〝外部〟的な視線との関係については［Ⅰ-1］に述べたが、時枝についても、彼が当時すでに一〇年あまりを朝鮮の地で過ごしていたことが、敬語論にも何らか

の影響を与えたのではないかと考えたくなるところがある。さきに「敬語のダイクシス」の項で見た議論の枕では、時枝は、「従来取り扱はれて来た敬語を、話者の敬意の表現としてゞなく、概念的把握の仕方に関するものとして考へることは、一面又敬語の教授上の原理としても重要なことであつて」（時枝［一九三八］三三〇頁）と述べて、珍しく「敬語の教授上の原理」という言い方をしている。「敬語の教授」が朝鮮の地を意識したものであることは、朝鮮語の絶対敬語的な性格を考えるまでもなく明らかなように思われるが、しかし時枝は朝鮮や朝鮮語についてほとんど語っていないので、これ以上の詮索は難しい。なお、時枝と朝鮮のかかわりについては、安田敏朗が詳しく論じている（安田［一九九七a］を参照）。

(18) 石坂の敬語意識はここでも面白い対照例となる。〈関係〉に対するまなざしは石坂のものでもあり、彼は、「敬語関係の起源は、『君臣関係』にあるのである。ただ単に起源のみではない、そこにこそ敬語法の本質を根幹を見るのである」と述べる（石坂［一九四四］一七頁）。しかし彼は、そうまで述べながら、そうした「関係」を人間関係の認識ではなく、〈敬意〉の〝コミュニオン〟に回収してしまう。次の引用を参照。「敬意といふ以上、尊敬の気持なり尊敬の感情で、それは誰かに、何かに向けられた主体的感情である。……そこに主体的な尊敬感情が存するのでなくてはならない。」（同、二〇五頁、傍点引用者）

### ［Ⅰ-4］虚礼のシステム

(1) 時枝がソシュールを、言語を制度としか見ない「言語構成観」であるとして繰り返し批判した事実を思い起こすと、このソシュールと時枝と山田の一段ずつずれた関係は興味深い。時枝が「言語過程説」において描き出そうとした「主体」は、制度を内化した「主体」だったと言うことができるだろう。［Ⅰ-3、注13］をも参照。

(2) 近世語の身内敬語については西田（一九九八）、方言の例については加藤（一九七四）を参照。清少納言『枕草子』では、「文《ふみ》ことばなめき人こそ」の段に、「わが使ふものなどの『なにとおはする』『のたまふ』などいう。いとにくし。ここもとに『侍り』などいふ文字をあらせばやと聞くこそ多かれ。」とある。清少納言の使用人である女性が夫のことを言うのに、「おはする」や「のたまふ」のような敬語（尊敬語）を用いるのは不愉快だ。そういうときは「侍り」（謙譲語）と言うべきなのに、と文句を言っている。

(3) 三上章は、晩年近くまで数学教師をしながら在野の文法学者として活動した異色の学者。

一九〇三［明治三六］年広島県生まれ。一九二七［昭和二］年、東京帝国大学工学部建築科卒業。同年、台湾総督府（建設省）に就職するも翌年職を辞し、その翌年、朝鮮に渡って中学と高校の教師を勤める。一九三五［昭和一〇］年広島に戻り、中学校の教師。一九四八［昭和二三］年から大阪の八尾高等女学校の教師。同校（校名変更を経て山本高等学校）に一九六一［昭和三六］年まで勤務する。

文法学者としての経歴は、三八歳でゲシュタルト心理学者の佐久間鼎に弟子入りし、処女論文を翌一九四二［昭和一七］年に発表したのが始まり。主著『現代語法序説』（一九五三年）や『象は鼻が長い』（一九六〇年）をはじめ、三上の著書はすべて五〇歳を過ぎてから上梓されている。大学に初めて職を得たのは五八歳のときで、六〇歳の年に三冊の著書を出し、六二歳で大谷女子大学の教授となる。六七歳の時に、アメリカのハーバード大学から招かれて渡米。その翌年、一九七一［昭和四六］年に死去。（『現代語法序説』の巻末に、妹三上茂子による略年譜が付されている。）

三上の先見性や独創性は、生前は正当に評価されたとは言い難く、死後ようやく高い評価が与えられるようになった。二〇〇三年三月には、三上の生誕百年を記念したフォーラム「三上章フェスタ」（くろしお出版主催）が開催された。

(4) 三上が古文の例で考察したことのもう一つの理由として、尊敬・謙譲・丁寧の形が直列的に並ぶ古文とは異なり、現代語の場合だと尊敬語「お……になる」と謙譲語「お……する」との共起形「＊お……しになる」が不可能であり、「お……申し上げ{られる／になる／なさる}」といった代替形もあまり落ち着きがよくない、という事情を挙げることができる。

(5)「相手から第三者への敬意（または不敬意）に対する話手の同意、不同意」（三上［一九五五／一九七二］一九四頁）

(6) いわゆる謙譲語の扱いをめぐっては、松下大三郎の「客体尊称」や後に続いた国学院の学者たち、あるいは玉上琢弥の「受け手尊敬」などへの支持を表明しながら、のちに、より主題的かつ詳細に論じられてゆくことになる。三上（一九六三）、三上（一九七〇）を参照。また、敬語法の統語論的側面については、［III-1］をも参照されたい。

(7)「聞手から見て高める対象とは思われないような人物」といった再規定の仕方は、判断基準の曖昧化ないしは先送りであると言うこともできる。しかし、「高める対象」が一義的に決定できないほど複雑かつ微妙なのが現代語の敬語であるというのが菊地による改変の趣旨である。

(8) ただし、三上自身も触れていないが、一九四一年に文部省が制定した『礼法要項』における規定は、三上説を支持する内容となっている。第五章「言葉遣ひ」第四項に、「長上に対して、その人より地位の低い者に就いて語る場合には、たとひ自分より上位の者であつても、普通には敬称・敬語を用ひないか、又は簡略にする」との文言がある（傍点原文）。このことは、三上の立てた原則が、実際の用法はともかくとして、一種の規範意識としてはたしかに存在していたことを示すに十分だろう。

(9) たとえば、Brown & Levinson (1987) は「視点操作」を、「ポライトネス」を実現するためのストラテジーの一つとして大きく取り上げている (pp. 118-122, 204-206)。もとより三上との直接の比較はできないが、それでも基本的な発想の近縁性は明らかであり、それは三上の先見性を示すものでもある。あるいはまた、Leech の「ポライトネスの原理」を思い起こしてみるのも面白い。（「ポライトネス」については第II部、「視点」については第III部で詳しく見る。）

(10)［III-2］で詳述するが、いわゆる〝ウチ／ソト〟の原則とは、三上の「敬語法のA線」を、タテの関係からそのままヨコの関係に直したものにほかならない。

(11) ラオ――羅宇。ラウ。ラオス産の竹を用いたことに由来する名前。

(12)「敬語は事柄（dictum）と要求（modus）の中間にあらわれる。」（三上［一九五五／一九七二］一九一頁）なお、ディクトゥム（dictum）とモドゥス（modus）は、スイスの言語学者バイイ（Charles Bally）の用語。

## ［Ⅰ－5］〝うやまう心〟の〝まことの言葉〟

(1) 金田一京助は、一八八二（明治一五）年盛岡生まれ。東京帝国大学卒業、文学博士。アイヌ語研究の基礎をつくり、とくにアイヌの叙事詩「ユーカラ」の紹介によって知られる。國學院大学、東京帝国大学教授などを歴任。学士院恩賜賞受賞、文化勲章受賞。同郷の歌人石川啄木の友人・支援者でもあった。一九七一（昭和四六）年没。

(2)「これからの敬語」には、呼称に関して「わたし／あなた」を標準の形とする、という内容の提言も含まれていたが、「あなた」は定着しなかった。これは、日本語の呼称システムにおいて、相手を呼ぶ際の代名詞の使用が、〝相手をすくなくとも目上には扱わない〟ことを含意してしまうからであり、その含意の方が強力だったことを示している。

(3)「婦人語」と「敬語」の対を、たとえば「日本語」と「敬語」に置き換えてみてもよいし、論理のパターンを調べるだけのためなら、たとえば「ヒマワリ」と「種」を代入しても構わない。いずれの場合でも、論理の第三段「ゆえに～」の部分が決して導かれ得ない。

(4) 彼自身が言及しているわけではないが、金田一が敬語における性差と考えたものの一つに、たとえば文語としての「候文」があった可能性は十分あり得る。候文の使用は男性に大きく偏っており、彼の主張を裏付ける事例とも見えるからである。しかしながら、候文が他の敬語形式と異なる使用原則をもっていたわけではなく、これは言語形式の〝使用域〟の問題ではあっても〝使用法〟の問題ではない。

また、金田一が敬語の用法における性差と見たかったものが、じつは「敬・謙・恭・愛・親」の敬語以外の部分、すなわち後二者の「愛・親」であった可能性もありそうに思える。（たとえば、戦前の東京山の手における女学生言葉を思い起こしてみれば、たしかにこの「愛・親」の部分の印象はかなり強い。）もしそうだったとすれば、それは第II部に見る「ポライトネス」のうちの、相手との距離を詰める「ポジティブ・ポライトネス」にかかわる問題だったことになる。しかし、これは〝敬語〟の問題であるよりはむしろ〝非敬語〟の問題であるし、金田一自身、「愛・親」を掲げるだけで、そうした用法について何らかの具体的言及をしているわけではない。

(5) 金田一は何度か、現代口語における敬語法の頂点が「丁寧形」ないしは彼の言う「恭称」にあると述べる。しかし、彼が称賛する敬語の「一糸乱れぬ使い分け」にとって、たかだか「です・ます」にせいぜい「ございます」が加わった丁寧語の占める位置は、さして大きなものではあり得ず、これを額面どおりに受け取ることはできない。［注4］をも参照されたい。

(6) 金田一は敬語のタブー起原説によっても知られる。だがそれは、不可解な点をいくつも残す説である。敬語の起原について比較的詳しく述べられている『日本の敬語』で見てゆくと、まず、敬語は「神をたたえるほめ詞《ことば》――美称が久しく繰り返されて敬語の基となる」（金田一［一九五九］二三頁）ことが述べられる。しかしその後、「階級意識」と結びつく「ほめ詞」だけでは敬語の起原は説ききれない（同、二四頁）として、目下への「親称」と目上への「敬称」がともに「タブー」に端を発すると論じられる（同、二七頁）。［II-1］で明治大正期の法学者穂積陳重の論を紹介しながら詳しく見てゆくが、文化人類学的に見て、〝タブー＝禁止〟に由来するのは〝敬して避ける〟敬称の方であり、〝近づけて親しむ／卑しむ〟親称はそれの論理的反転と捉えなくてはならない。敬称と親称がともにタブーから生じるとするのは論理矛盾である。また、神々を称賛する「美称」は、本居宣長が古代の日本には「忌み名」――タブーに由来する敬避の呼称――が存在しなかったとして立てた説であり、穂積が反証した説である。宣長の美称説を採りながら同時にタブー説を立てるというのも、これまた論理矛盾である。

(7)　［注5］でも触れたが、金田一の「丁寧語」は正体がつかみにくい。以前には、「丁寧語」の発達が著しい現代口語において敬語法が最高潮に達した、と言われていたはずだったのが、今度は、過剰を切り捨てた新時代の敬語もまた「丁寧語」だという。あまりに都合がよすぎると言われても仕方ないだろう。

(8)　第二一期国語審議会の第五回総会で、当時の江藤(淳)副会長は、「心」への傾斜を強める井出(祥子)委員らに対して、扱うべきは「社会的制度としての言語」であり「社会的制度としての敬語」なのではないかと異論を述べ、「思いやりと言語の問題は別問題だろう」と苦言を呈している。それに対して井出委員は、「心」の問題を扱ってこなかった言語学者が悪いと応じている（第二一期国語審議会審議経過報告［国語審議会、一九九八］）。この対立の構図は面白い。

## ［II-1］儀礼としての相互行為

(1)　穂積陳重《ほづみのぶしげ》は、一八五五（安政二）年宇和島藩士の国学者の家に生まれる。藩の貢進生として大学南校（のちの東京大学）に進み、その後、政府派遣の留学生として英独両国で学ぶ。ロンドン大学キングズ・カレッジ時代には、学力試験で最優秀の成績を修め高額の奨学金を獲得したという逸話がある。ドイツのベルリン大学を経て、一八八一（明治一四）年帰国、東京大学法学部講師となる。翌年には二七歳の若さで同教授兼法学部長に就任。同じ年に、実業家渋沢栄一の長女歌子と結婚。実務面の活動では、民法制定をめぐって生じた「民法典論争」にかかわり、仏人ボアソナードの民法典を振り出しに戻し、のちに自ら起草者の一人となって明治民法を起草したのが有名。大学を辞した後、男爵を受爵、貴族院議員、枢密顧問官、帝国学士院長、枢密院議長などを歴任。一九二六（大正一五）年没。代表的著作は『法律進化論』。また、随筆『法窓夜話』も広く読まれた。天皇大権の絶対的優越を主張した憲法学者穂積八束《やつか》は弟。

(2)　『古事記伝』巻一「古記典等総論」では次のように述べられている。「此の記（＝古事記）は、いさゝかもさかしらを加へずて、古へより云ひ伝へたるまゝに記されたれば、その意《こころ》も事も言《ことば》も相称《かな》ひて、皆上ツ代の実《まこと》なり。」

(3) 神々の名とは、たとえば「天之御中主神《あめのみなかぬしのかみ》」や「天照大御神《あまてらすおおみかみ》」といった名のことであり、天皇の名とは、たとえば、雄略天皇の「大長谷若健命《おおはつせわかたけのみこと》」や推古天皇の「額田部皇女《ぬかたべのみこ》」といった名のことである。

(4) ただし、現代の「あなた」は、距離による敬意の効果をすでにすり減らしてしまっている。

穂積はまた、この先に現れてくる敬称として、「陛下、殿下、閣下、貴下等」を挙げている。これらにおいては、同じ平面上での距離にとどまらず、「下」の明示による、より絶対的な上下の距離が置かれていると見ることができる。

(5) 法の発生という観点から見るならば、元々実名敬避の習俗が存在したところに律令制が導入され、法制度としての忌み名が習俗に上書きされた、というのが穂積の見解である（穂積［一九一九］一五三―一五八頁）。

(6) 天皇の自敬敬語と敬称的呼称の反転自称的用法を、山田孝雄がともに〝親愛の情〟の表れとして語っていたことを思い起こされたい。山田と宣長の思考における連続性はここでも顕著である。

(7) フランスの社会学者エミール・デュルケーム（Emile Durkheim）は、一八五八年にユダヤ教聖職者の子として生まれる。ドイツのウェーバー、ジンメルと並んで、科学としての社会学を構想したいわゆる「第二世代」を代表する一人。社会的事実を個人に外在する〈もの〉として規定し、観察と説明の方法を定式化することによって実証的社会学の定礎を作った。一八八七年からボルドー大学教授、一九〇二年からパリ（ソルボンヌ）大学教授。一八九八年には『社会学年報』を創刊、甥のモースをはじめとしてデュルケーム学派と呼ばれる多くの社会学者が育った。主著に、『社会分業論』（一八九三）、『社会学的方法の基準』（一八九五）、『自殺論』（一八九七）、『宗教生活の原初形態』（一九一二）など。一九一七年没。

(8) デュルケームは儀礼の類型として、もう一つ、喪の儀礼である「贖罪的儀礼」を立てるが、それは聖性一般に対する態度のありようというよりも、人の死の受け入れ方にかかわる儀礼と見た方がよいので、ここでは触れない。

(9)　後者の問題意識に近いものを、デュルケームの甥であるモースが引き取って『贈与論』を書いている。またそれは、モースを一つの軸として展開される今村仁司の〝交易論〟の問題意識でもある。今村仁司(二〇〇〇)参照。

(10)　対人関係の質を表す人類学的なタームに、「忌避関係」と、性的な冗談を言い合うなど親密な関係によって特徴づけられる「冗談関係」もまた、片やネガティブな、片やポジティブな質の関係である。しかし、ここでもまた、両者は論理的に対等ではないとの見解がある。アフリカのカラハリに住む狩猟採集民グイの親族名称体系を調査した大野仁美は、「冗談関係」は「忌避関係ではない」という否定形でしか定義できないことを明らかにした。「忌避関係」においては性関係にまつわる禁止事項が厳然と存在するのに対し、「冗談関係」には、「〜してもよい」はあっても「〜しなければならない」ような事項は存在しないという。とすれば、「忌避関係」は、「冗談関係」に論理的に先行するものとして位置づけられることになる。大野(一九九五)参照。

(11)　この考え方は、博士論文『社会分業論』(*De la division du travail social*, 1893)以来ずっとデュルケームの思索の根底を流れており、ひいては近代的道徳原理もそれを基盤として確立すると考えられた。たとえば、『道徳教育論』第七講では、「われわれの道徳の基本原理の一つは、……、人間の人格はこの上なく神聖なものである、すなわち、人間の人格は、あらゆる宗教の信者たちが神に捧げるのにも似た尊敬を得る権利を有する、というものである」と述べられる(Durkheim［1934/1963］p. 91［デュルケム(一九六四)一四四頁参照］)。

(12)　アーヴィング・ゴフマン(Erving Goffman)は、一九二二年カナダ生まれの、アメリカで活躍した社会学者。トロント大学卒業後、アメリカに移住、シカゴ大学で博士号を取得。出会い、集まり、会話など、人びとの対面的相互行為をミクロな視点で捉え、演劇論的アプローチを用いて、現代人の多元的自己を描き出した。一九五四～五七年にかけ合衆国国立精神衛生研究所の研究員として、精神病患者の参与観察をおこなう（その成果が論文「敬意を表すことと品位を示すこと」である）。その後、カリフォルニア大学（バークレー校）、ハーバード大学を経て、一九六八年からペンシルバニア大学教授。一九八二年アメリカ社会学会長。主著として、『日常生活における自己呈示』（邦訳『行為と演技』）（一九五六／五九）、『出会い』（一九六一）、『相互行為儀礼』（邦訳『儀礼としての相互行為』）（一九六七）、など。また、状況における行為という視点からの会話研究として、*Forms of Talk* (1983) がある。一九八三年没。

(13)「フェイス（face）」概念は中国語の「面子」を下敷きにしている（Goffman, 1967 [1982]［ゴッフマン（二〇〇二）］第一章注1参照）。しかし、中国語の「面子」が、その人の社会的地位や職業などからくる比較的不動の自己イメージとして捉えられるのに対して、ゴフマンの「フェイス」は、自分が関わり合いをもつ様々な状況に応じて変化する、いうなればそのつど相互的に〝演じられる〟自己イメージである点で異なっている。したがって、ゴフマンがフェイス保持の相互受容について語るとき、それはあくまで「作業上」の合意として捉えられていることに注意しなければならない（ibid., p. 11［同、一一頁］）。

(14)「回避プロセス」の例としては、相手の「しくじり」に対して「見てみなかったふりをする」こと（「儀礼的無関心」）などがあり、また、「修正プロセス」の典型的な手順としては、相手のフェイス侵害行為に対して、侵害の「申し立て（challenge）」→修正機会の「提供（offering）」→謝罪など修正行為に対する「受容（acceptance）」→修正の受容に対する「感謝（thanks）」、といったものがある（Goffman, 1967 [1982, pp. 15-23]［ゴッフマン（二〇〇二）一五-二三頁］）。

(15) ここでゴフマンは、子供の鼻を平気でほじくってやる母親の例を出している。

(16) この点について椎野信雄は、「逆説的にいえば、相互行為を成立させないためには、他者への表敬を行わないという保護措置の不履行だけではなく、自己のフェイスの喪失という防御措置の不使用があることになる。」と述べている（椎野［一九九一］注16）。

(17) 〝距離を置くこと／距離を詰めること〟の表現としては、「遠隔化／近接化」の対の方が正確である。しかし、のちに見るように、敬語／非敬語によって果たされる機能が、〝距離を置くこと／距離を置かないこと〟を契機とする点を勘案して、本書では「距離化／脱距離化」という言い方を用いることにする。

## ［II-2］儀礼論と語用論の出会い

(1) *American Heritage Dictionary* による‘polite’の次の定義1.が参考になるだろう。

1. Marked by or showing consideration for others, tact, and observance of accepted social usage.
(他人への配慮、如才なさ、認められた社会慣習の遵守を特徴とし、また表す。)
2. Refined; elegant.
(洗練された、エレガントな。)

本書では、こうした事情をふまえ、‘politeness’にはとくに訳語を当てず、単に「ポライトネス」とする。

(2) ブラウン&レヴィンソンは彼らの「フェイス」概念について、「ポジティブ／ネガティブ・フェイスの概念と用語は、部分的にゴフマンを経て、究極的にはデュルケームの『積極的／消極的儀礼』に由来する」としている（B&L, p. 285 n.8)。デュルケームとゴフマンに関しては、序章3・5節の「儀礼としてのポライトネス」でも比較的詳しく述べられている（ibid., pp. 43-44)。なお、本書では「積極的／消極的」という日本語の語感からくる誤解を避けるため、「ポジティブ／ネガティブ」をそのまま用いる。

(3) フェイスを脅かされるのは、相手側だけでなく自分側でもあり得る。また、脅かされるフェイスの種類も二通りある。前に述べたように、ブラウン&レヴィンソンはゴフマンの「表敬／品行」の区別は採らないので、結局、問題となるフェイスを「自分／相手」と「ネガティブ／ポジティブ」によって分けた（2×2の）マトリックスで考えることになる。そのマトリックスに従ってフェイス侵害行為を分類した例として、彼らは次の表を掲げている（B&L, p. 286 n.14)。

| 〔脅かされるフェイスの種類〕／〔フェイスが脅かされる側〕 | ネガティブ・フェイス | ポジティブ・フェイス |
| --- | --- | --- |
| 自分 | 《約束》 | 《謝罪》 |
| 相手 | 《警告》 | 《批判》 |

たとえば、《約束》という言語行為は、話し手が将来の自分自身の行為を相手の利益のために自ら拘束することであり（「行為拘束型（commissives)」、Austin, 1975, pp. 157ff.［邦訳、二六四頁〜］）、それゆえ必然的に、話し手は〝邪魔されたくない〟という欲求すなわちネガティブ・フェイスを多かれ少なかれ犠牲にすることになる。他の三つの言語行為においても、行為の実現が必然的に話し手または聞き手のフェイスを侵すことになる。ただし、本論中で具体的に扱われているのは、「話し手」が「相手」のフェイスを顧慮するケースがほとんどである。

(4)　これと関連して、ジェニー・トマスは井出のポライトネス批判に言及し、もし井出の言うように「ある特定の形を用いることがある状況で義務づけられているのであれば、語用論的には意味がない」と断じている（トマス［一九九八］二六六頁)。もちろん、たとえば、日本語の敬語と、より絶対敬語的性格の強い朝鮮語の敬語と、さらに用法が固定的なタイ語における王室向け専用の敬語などを、使用における義務的な度合いの大きさによって比較する、といったことは可能である——義務性はこの順で大きくなる。だがそれは、ポライトネスの半分の側面だけを問題にすることである。

ブラウン&レヴィンソンのポライトネス理論に批判的な見解については、岡本（二〇〇〇）第三章に整理されている（岡本自身も批判的な立場をとっている）。ブラウン&レヴィンソンを擁護する立場のものとしては、宇佐美（二〇〇三）3、4に、曲解に基づく批判とその原因が詳しく述べられている。

(5) 詳細は次章以降で論じるが、ネガティブ・ポライトネスを〝選びとる〟ケースと、ポジティブ・ポライトネスを〝選ばされる〟ケースについて、ここでわかりやすい例を挙げておく。前者としては、通常敬語を使う必要のない関係にある人が、親しさを拒絶するサインとして敬語を用いるようなケース――最も顕著なのは夫婦喧嘩の中に持ち込まれた敬語だろうか――が挙げられる。後者の例としては、親しさのふるまいが期待される場で、親しくもないのにさも親しげに話しかけなければならないケース――アメリカのパーティー文化における人びとのふるまいを思い描いてみればよいだろう――がある。

(6) 宇佐美まゆみは、ブラウン&レヴィンソンの「フェイス」概念が「操作的」に定義されたものであることを強調する（宇佐美［二〇〇三］4、九六-九七頁）。たしかに、ゴフマンのフェイス概念を「欲求」として捉え直したことなどを、「操作的」な再定義と見ることは至当である。しかし、「操作的」なだけなら別様の定義がいくらでも可能であり、筆者としてはむしろ、彼らのポライトネス概念の思想史的背景から来る重層的性格を明確にする方が、さきに見たような誤解を防ぎ、解消する近道なのではないかと考えている。

(7) 一人の聞き手を指すのに複数形（二人称または三人称）代名詞を用いることが敬称となり、単数形代名詞を用いることが非敬称（親称）となること、それによって単数二人称代名詞が二つになることをめぐる問題を、ラテン語のtuとvosの頭文字をとってT／V問題と呼ぶ（T代名詞が親称、V代名詞が敬称）。フランス語のtu／vous、ドイツ語のdu／Sie、ロシア語のТы／Выなど、ヨーロッパの言語ではT／V二系列の代名詞をもつ言語が少なくない（ちなみに英語では、thou／youの区別が消失し、元々敬称だったyouに一本化されている）。ただし、つぎに見るように、この現象がヨーロッパの言語に限られたものではないことも、ブラウン&レヴィンソンの着眼点の一つになっている。

(8) 社会言語学的なコード化の強さと話者にとっての選択の自由度とは反比例の関係にあるが、さきにも触れたように、ブラウン&レヴィンソンはこの二つの側面を区別しない。

(9) たとえば、スーパーでお菓子をねだる子供に親が、「ああ、今度、歯医者さんに行かなくちゃね」と言ったとすれば、その発話はフェイスの顧慮よりも、端的に間接的な脅しと見るべきだろう。

また、話し手が自分と相手のどちらのフェイスをより直接的に保持しようとするかによっても、微妙な問題が生じてくる。たとえば、［例4］のような「ほのめかし」の発話は、依頼すなわち〝他人にお願いをする〟ことが自分のフェイスの侵害になると感じた人が、自分のフェイスを保持するための手段としておこなうことも十分にあり得るだろう。聞き手がそのニュアンスを感じとった場合には、その発話はポライトであるよりも、ある種の傲慢さを帯びたものと受け取られるかもしれない。この点はまた触れる。

(10) 「格律」と「規則」の違いについては、［II-3］注(6)を参照されたい。

(11) この、聞き手の推論過程に焦点を当てて理論化したのが、スペルベル&ウィルソンの「関連性理論」(Sperber & Wilson, 1986) である。

(12) グライスは、さきの四つの格律以外にも美的、社会的、道徳的等々あらゆる種類の格律があると述べ、その一例として「ポライトであること」という格律を挙げていた (Grice, 1989, p. 28［邦訳、三九-四〇頁］)。ブラウン&レヴィンソンは、ポライトネス自体を「格律」とは見ずに、「格律」からの逸脱によって生じる「含み」と見る点でグライスと異なっている。それゆえ彼らは、たとえば「敬語」について、敬語は結晶化した「会話の含み」であり、グライスの「慣習的な含み」の好例である述べている (B&L, p. 23)。

(13) ブラウン&レヴィンソンは、合理性・効率性からの逸脱がすべてポライトネスを動機とすると主張しているわけではない。彼らは、「おそらく他にも多くの動機が存在する。たとえば、責任を回避しようという欲求が、我々のフィールドワークの中で一つの動機として浮かび上がってきた」(B&L, p. 95) と付け加えている。

(14) たとえば、いわゆる「謙遜」は、自分（側の人や物）が何かの基準に〝遠く及ばない〟ことが典型的に表明される点で、ネガティブ・ポライトネスの一類型と見ることができる。そして、謙遜における典型的な表現形式は、たとえそれが事実であっても否定ないし否定的に表現する（例「いえいえ、とんでもない」「身に余る光栄です」）というものである。そうすると、謙遜の表現では質の格律が破られやすいと言えるかもしれない。あるいはまた、さきにも挙げた「ほのめかし」による依頼においては、話し手は文字どおり意図を〝仄・めかす〟だけだから、つねに文脈的な関連性が小さくなる。とすると、そこでは関係の格律が破られることになる。

(15) より厳密には、顧慮の度合いは、話し手の、(a)命題内容を伝達したいという欲求、(b)効率性および緊急性の欲求、(c)相手のフェイスを保持したいという欲求、の三者の兼ね合いによって決まるとされる（B&L, p. 68)。

(16) それゆえ、ブラウン&レヴィンソンの理論は文化差を考慮しないという批判も正鵠を射ていないことになる。宇佐美（二〇〇二）5に、この点に関する詳しい論述がある。

(17) 橋元良明は、〝動機の理論〟としてのポライトネス理論をグライスと比較しながら論じている。橋元（二〇〇一）を参照されたい。

## ［II-3］ネガティブ・ポライトネス

(1) 五つの契機の実質を汲み取って表せば次のようになる。（括弧内に原著の表現をそのまま記す。）

・ほのめかさず（Be direct.）［ストラテジー1］
・思いこまず、決め込まず（Don't presume / assume.）［ストラテジー2］
・強要せず（Don't coerce H.）［ストラテジー1〜5］
・侵すことなく（Communicate S's want to not impinge on H.）［ストラテジー6〜9］
・侵した代償は払う（Redress other wants of H's.）［ストラテジー5、10］

(2) 男から見て忌避関係にある人物（とりわけ義母）について語るときに用いられる「敬遠体」のこと。オーストラリア・アボリジニの言語に広く見られる。

(3) 文化的変異に関しては五つの次元が挙げられ（B&L, pp. 243ff.）、そのうち、日本語に関係するものは三つある。

第一に、行為のもつフェイス侵害度の全般的レベルが文化によって異なる。大まかに、フェイス侵害度はポジティブ・ポライトネス文化で低く、ネガティブ・ポライトネス文化で高い。前者はアメリカ西部等を典型とし、後者の例としては、（アメリカに対する）イギリス、日本、また、インドのブラーフマンが挙げられる。

第二は、本文中で述べた「負い目感受性」に関する事柄である。

第三に、ストラテジーの文化内的分布を異文化間で比較することによって、社会的二者関係のパターンが導き出される（ibid., pp. 250-251）。D値（距離）とP値（力）の高低に応じたパターンの中で、日本の社会は、インド的タテ関係の〝高P&低D〟やアメリカ西部的ヨコ関係の〝低D&低P〟に対して、（イギリスと類似の）〝高D&低P〟と位置づけられ、二者が対称的に「ネガティブ・ポライトネス」や「ほのめかし」等の高次ストラテジーを用いるヨコ関係であるとされる。この点については、日本は〝高D&高P〟のタテ関係から〝高D&低P〟のヨコ関係への移行途中であると考えた方が実情に即しているだろう。

(4) ブラウン&レヴィンソンは、日本文化に関する情報の多くをルース・ベネディクトの『菊と刀』(1946) に依っているため、時としてその古めかしさが如実に出る。

(5) 'hedge' は直訳すると「垣根（をつくる）」ことであり、それゆえ「垣根表現」とも呼ばれる。ここでは、そのまま「ヘッジ」とするか、または、実質をとって「曖昧化表現」としておく。

(6) サールは（主に）四つの条件を抽出し、それを意味論的規則として定式化する。そして、それらの規則――「命題内容規則（propositional content rules）」「事前規則（preparatory conditions）」「誠実性規則

(sincerity conditions)」「本質規則（essential conditions)」――が、《約束》をはじめ《依頼》《主張》《質問》《感謝》等の行為をどのようにして構成するかが詳細に分析される（Searle, 1969, pp. 66-67［邦訳、一二四-一二七頁参照］）。ただし、サールの言っている「規則（rules)」がグライスの「格律（maxims)」とは性格を異にするものであることに注意。

前者は、たとえばアメリカンフットボールのゲームにおいて、「タッチダウン」という行為を構成する必要十分条件を抽出し、ルールブックの中で「タッチダウンとは、……」という形で定義することと同じである。逆に言えば、それらの条件を満たしながら行為していったならばその行為は「タッチダウン」と呼ばれることになる、という意味での「規則」であり、サールはそれを「構成的規則（constitutive rules)」と呼ぶ（Searle, 1969, pp. 33ff.［邦訳、五六頁～］）。構成的規則は、それを抜きにしてしまうと行為そのものが成り立たなくなり、たとえば「タッチダウン」の概念を欠いたアメフトはもはやアメフトではない。

これに対し、グライスの「格律」は、（出かけるときに曇っていたら傘を持って行く、というような意味で）主観的に妥当する実践的な原則である。ゲームの例でいえば、将棋を指している人が、「歩兵」を守るために「金将」を捨てるのは多くの場合得策ではないと考えることがそれである。こうした働き方は、サールが「構成的」に対して「統制的（regulative)」と呼ぶものに近い。統制的規則においては、それをしないことは基本的に非常識やマナー違反と見なされるが、履行しないからといって行為そのものが不成立に終わるわけではない。たとえば、葬式に喪服を着て行かないことは非常識と見なされるだろうが、だからといって葬式が結婚式になってしまうわけではない。

(7)　この手段は上で見た［ストラテジー7］に下位区分される。しかし、時間・空間的な視点移動のストラテジーを、直接的指称回避のストラテジーの下で捉えることには無理があるように思われる。この方略の重要性の高さを考えても、別建てにした方がよかっただろう。

(8)　この観点から、直接話法よりも間接話法の方がポライトであることが述べられる（B&L, pp. 204,

206)。

### [II-4] ポジティブ・ポライトネス

(1) この欲求は、入れ子が重なるようにしてSとHの間で際限なく循環し、原理的にとどまるところを知らない。その循環ゆえに、話し手Sのポジティブ・ポライトネスは、つねに聞き手Hの欲求の先読みによっておこなわれるしかなく、一意的に決定されることがない。

(2) ブラウン&レヴィンソンは次の三つの契機を挙げている (B & L, p. 102)。

- 〝共通基盤〟を述べる (Claim 'common ground') [ストラテジー1〜8]
- SとHが互いに協力者であることを伝える (Convey that S and H are cooperators) [ストラテジー9〜14]
- Hの(何かに対する)欲求を満たす (Fulfil H's want (for some X)) [ストラテジー15]

(3) 丁寧体において話し手は、聞き手の私的領域に言及することを避けるために、聞き手の領域であっても客観性の高い部分について言及したり、あるいは、中立の領域や話し手自身の領域に言及した文を用いる。たとえば、「??:先生、コーヒーお飲みになりたいですか?」の代わりに、「先生、コーヒーお飲みになりますか?」(聞き手の行動のみに言及)や「先生、コーヒーが入りました。」(中立の領域に言及)、「先生、コーヒーお持ちしましたが。」(話し手の領域に言及)のような言い方をする。この点についても、鈴木(一九六九)、鈴木(一九九七)参照。

なお、〝敬避的〟であることと〝連帯的〟であることについて形式と内容を一致させるか分離するかに関しては、言語ごとに扱いが異なり、それゆえ対照ポライトネス論の大きなテーマになると考えられる。「むすび」を参照されたい。

(4) 他に、同じ類型に分類できるストラテジーには次のようなものがある (B&L, pp. 104-107, 129)。

[ストラテジー2]（Hへの関心、同意、共感を）誇張する（Exaggerate (interest, approval, sympathy with H)）――イントネーションを誇張する

[ストラテジー3] Hへの関心を強める（Intensify interest to H）――「描出的現在（vivid present）」を用いる（→ストラテジー7）

[ストラテジー15] Hに（物、共感、理解、協力を）贈与する（Give gifts to H (goods, sympathy, understanding, cooperation)）

(5) 英語の呼称において、家族内で姓を呼ぶことと洗礼名を呼ぶことは、それぞれ〝家族の一員〟としての役割性と〝神の子〟であることの役割性のあからさまな指示を意味する。そうした役割関係の明確化は、相手（子供）との間に距離をつくることであり、その不自然な距離は親による《叱責》のニュアンスを伝達する。つまり、叱るときの呼び方である。

(6) 「～じゃないですか」の用法の変化とその背景については、滝浦（一九九七）および滝浦（二〇〇〇）第四章「コミュニケーションが伝えるもの」を参照されたい。また、[例17]のような「～じゃないですか」の新用法が、以前から大阪で用いられてきたポジティブ・ポライトネス的色彩の濃い「～やんか」「～やおまへんか」に近いものである点も興味深い。

(7) 描出的現在や直接話法において聞き手を〝いま・ここ〟に引き入れることは、話し手が聞き手に対して関心をもっていることの表れであるとブラウン&レヴィンソンは考える。それゆえ、これらの手段は「[ストラテジー3] Hへの関心を強める」の例ともなる（[注4]参照）。

(8) 『リーダーズ英和辞典』（研究社）には、このthisについて、「既に特定化されているかのようにして提示することで聞き手に現実感・親近感を与える」との解説がある。

(9) この論点に関しては、滝浦（二〇〇五）における、ことば遊びの語用論的考察を参照されたい。

(10) 以上のほか、同じ類型に分類できるストラテジーには次のようなものがある（B&L, pp. 128–129）。

［ストラテジー13］理由を与える（または求める）（Give (or ask for) reasons）

［ストラテジー14］互恵性を想定または主張する（Assume or assert reciprocity）

前者の典型は、英語の'Why not ...?'のような勧誘表現の例であり、後者では、「……してくれたら～してあげる」的な互恵性が取り上げられる。

⑾　ゴフマンの対人関係の社会学を下敷きに、「ポライトネスとは社会的コミュニケーションにおいて観察される〈距離〉にほかならない」（Neustupný, 1978, p. 198）と考えるネウストプニーは、〈距離〉の種類を次のように区別し、その各項目にポライトネスの種類を対応させる。

(a)表敬（deference）／品行（demeanor）
　個人間の距離／社会集団間の距離

(b)地位的距離（status distance）／連帯的距離（solidarity distance）
　目上～目下／親～疎

(c)帰属的距離（ascribed distance）／獲得的距離（achieved distance）

(d)対登場人物距離（narration personnel distance）／場面内対人距離（speech event personnel distance）

この(a)～(d)の上項と下項は、各々「より伝統的／より近代的」の区別とも対応しており、一般的に上項↓下項への変化傾向があるとも述べられる（ibid., p. 211）。日本語敬語に引きつけて言えば、〝タテ敬語〟から〝ヨコ敬語〟への変化、ストラテジー的敬語使用の増加、といった現象と合致する。ネウストプニーがブラウン&レヴィンソンよりも早く〈距離〉としてのポライトネスを提起していたことの先駆性は記憶されてよいだろう。

## ［Ⅲ-1］ 敬語と人称

(1) 提唱者山田孝雄の用語を引き継いで「称格説」とも呼ばれるが、本書ではその後の展開も含めて「人称説」で通すことにする。

(2) チェンバレンからのもう一つの引用（［Ⅰ-2］p. 28）は、同書三九二節からのものである。

(3) さきに「関係暗示」と呼んだもののことを菊地は「〈人称変化〉的機能あるいは〈人称暗示〉的機能」と呼んでいる（菊地［一九九四／一九九七］九九頁）。

(4) 「敬語上のⅢ人称」も「こそあ」の「あ」の領域（＝「こ」でも「そ」でもない領域）とちょうど重なる。たとえば、国技館で相撲を見ている人が、「今日は天皇陛下がお見えになるらしい」と言うか「今日は天皇が来るらしい」と言うかは任意である。

(5) その骨子の一部を日本語で短くまとめたものとして、論文「敬語の規則について」がある。“Honorifics” とともに原田の選集『シンタクスと意味』に収められているので、手軽に見ることができる。

(6) 原田は時枝文法と生成文法の近縁性も指摘していた。「時枝文法と生成文法」（原田［二〇〇〇］）参照。

(7) 要点だけを述べるとすれば、「くろい帽子」と「忙しい時」の深層には、各々、

｛Xの［形容詞］［名詞］｝／｛Xがその時i［形容詞］｝時i

と表せるような構造があると考えられ、「X」が「目上の人物」という特徴によってマークされると、他の要素の尊敬語化が引き起こされる。前者では、尊敬語化はXの所有物である名詞「帽子」には適用されるがその属性である形容詞「くろい」には適用されない（→「お帽子」「＊おくろい」）。一方、後者では、尊敬語化の適用は述語形容詞「忙しい」が対象となり副詞句「その時」は適用を受けない（→「お忙しい」「＊お時」）。詳しくは、原田（二〇〇〇）二八〇-二八三頁を参照されたい。

(8) 述部の敬語動詞との間に共起制限があるのは、尊敬語の使用における、

｛＊私／お客様［＝聞き手］／三上先生｝がお持ちになったカバン

のような「一人称者」に関してだけである。しかしこれとて「人称」による制限と見る必要はなく、原田の言う「命題内容中に『目上の人物』の存在を要求する」という条件が満たされていないからと考えれば十分である。その証拠に、「私」がたとえば「朕」と自称されるような存在であって、あらゆる聞き手から「目上の人物」であると見なされる場合には、［I-3、4］で取り上げたような自敬敬語が現れる。

なお、日本語における人称的制限と捉えられる現象としては、仁田義雄が挙げる、

｛私／＊君／＊彼｝は酒が飲みたい。（表出）

｛＊私／君／＊彼｝が彼女にそのことを伝えてくれ。（働きかけ）

のような共起制限がある（仁田［一九九七］一九六-一九七頁）。しかし、これに対してさえ、人称性は「希望」や「働きかけ」といった個々のモダリティーの側で指定しておけば済み、それゆえ真の人称的現象ではないとする批判がある。野田（二〇〇二）四六-四七頁参照。

(9) これと関連して、ポライトネスをめぐる議論の中でブラウン&レヴィンソンが、ヨーロッパ諸語に見られる敬称／親称代名詞（T／V代名詞）をも「素材敬語」として、すなわちそれ自体としては対話的関係の外にあるものとして見ていたことを思い起こされたい。ネガティブ・ポライトネスにおける「視点操作」の問題も含め、詳しくは［II-3］を参照。

(10) この文は、酒屋のレジで、買うものと買わないものを分けるのにまごついていた筆者が、酒屋の女主人から実際に言われた言葉である。こうした用法に〝女性語〟的なイメージが強いことはたしかである。しかし、筆者の個人的経験では、東京近辺で育った戦中派世代以上の男性には、この言葉遣いをする人がたしかにおり、必ずしも女性語とは言えない。

⑾ 窪田はこの用法を、「敬意の形をかりて、『品位』や『親愛』の情を示している」ものと見る（窪田［一九九〇］一〇三頁）。しかし、対者的な等位・下位の待遇は、それ自体としてはあくまで〝上位待遇しないこと〟であり、「親愛」と受け取られるか「軽卑」と受け取られるかは、人間関係を反映した「ポライトネス」の問題ではあっても、言語形式の側で決することのできる問題ではない（［Ⅱ-4］［Ⅲ-2］参照）。

⑿ 最近の敬語使用には、素材敬語の使用が対者敬語の使用を前提とする傾向——つまり、尊敬語や謙譲語の使用と丁寧語の使用がリンクする傾向——が認められるのも確かであり、その傾向が進めばこうした分裂現象は減少してゆくことになるものと思われる。

## ［Ⅲ-2］〈視点〉と〈距離〉の敬語論

(1) 久野暲は、久野（一九七八）において、統語論にダイクシス的な観点を加え、「機能的構文論」と呼ばれることになる理論化を図った。彼はその『談話の文法』第二章において、〈視点〉の概念が構文論と密接にかかわるものであり、「視点的談話法規則」が日常言語の文法分析に不可欠であることを論じた。その際に中心的な題材となったのが、いわゆる授受動詞の構文である。

久野が用意した道具立ては、話し手の「視点」ないしは「カメラ・アングル」と、そこからの「共感度」である。共感度は次のように定義される。「文中の名詞句の指示対象xに対する話し手の自己同一視化を共感（Empathy）と呼び、その度合、即ち共感度をE(x)で表わす。共感度は、値0（客観描写）から値1（完全な同一視化）迄の連続体である。」（久野［一九七八］一三四頁）

定義にあるように、「共感度」とは話し手による「自己同一視化」の度合いのことであり、ある文が適格であるためには、「共感度」に関するいくつかの「談話法規則」を満たしていなければならない。たとえば、共感度＝1の人物とは話し手自身のことであり、「話し手は、常に自分の視点をとらなければならず、自分より他人寄りの視点をとることができない」。このことは、「発話当事者の視点ハイアラーキー」として表される（同、一四六頁）。

1＝E（一人称）＞E（二・三人称）

「クレル」「ヤル」のような授受動詞の用法は、こうした「視点」に関する制約を受けていると考えることができる。すなわち、『クレル』は、話し手の視点が、主語（与える人）よりも与格目的語（受け取る人）寄りの時にのみ用いられる。『ヤル』は、話し手の視点が主語寄りか、中立の時にのみ用いられる。」ということであり、これを不等号を用いて定式化すると次のようになる（同、一四一―一四三頁）。

クレル　E（与格目的語）＞E（主語）

ヤル　E（主語）≧E（与格目的語）

この定式化の正しさは、次の文の不適格性を説明できることによって確かめられる（同、一四五―六頁）。

(a)「＊僕が君に／太郎にお金をクレタ。」

(b)「＊君が／太郎が僕にお金をヤッタ。」

(a)の文は「クレル」が用いられているので、話し手の共感度は、与格目的語［＝受容者］に対する方が主語［＝動作主］に対するよりも大きくなければならない。ところが、(a)の主語は「僕」すなわち話し手本人であるので、話し手からの共感度は最大でなければならず、よって、この文は共感度関係に矛盾を来す。(b)の文では、「ヤル」が主語［＝動作主］に対する大きな共感度を含意するにもかかわらず、話し手の共感度が最大である「僕」は主語ではなく与格目的語［＝受容者］の位置に来ているために、やはり共感度関係に矛盾が生じる。

このように、単に〈視点〉の概念を提出したにとどまらず、視点制約による条件づけが文の適格性と結びついていることを示した点に、この理論の斬新さがあった。久野はまた、相互動詞や移動動詞「行く／来る」等についても、同様の分析をおこなっている。

なお、本書では、統語論的観点よりも語用論的観点から会話の場における参加者の役割関係に着目するので、「主語」「与格目的語」のような統語論的ラベルではなく、「話し手」「聞き手」「動作主」「受容者」のラベルを用いることにする。久野の定義に照らしても、「共感」とは「文中の名詞句の指示対象xに対する話し手の自己同一視化」（傍点引用者）のこととされており、問題は生じないと考える。

(2) 久野の〈視点〉概念を敬語と関連づけて論じた研究としては、近藤泰弘と金水敏によるものがある。本章の内容とも関係するので、要点を確認しておきたい。

近藤（一九八六）は、移動動詞「行く／来る」と同様の視点対立が敬語の尊敬語／謙譲語の対立にも見出せるとして、視点概念の有効性を論じた。近藤の議論の主旨は次のようなものである。まず、久野の〈視点〉概念を導入し、視点の置かれる点（たとえば、出発点／到達点）として「主体／対象」を設定する。敬語における尊敬語と謙譲語の分化が動作の〝主体尊敬〟と〝対象尊敬〟の分化であることを考えれば、「主体／対象」は敬語にも適用できる利点がある。つまり、移動動詞の〈視点〉と敬語の〈視点〉は、前者においては〝誰の立場に立って事態を表現するか〟、すなわち《自己同一化の視点》として、後者においては〝誰を敬語的上位に扱うか〟、すなわち《敬意の視点》として、それぞれ捉えられる。さらに、《自己同一化の視点》は、久野が取り上げた「やる／くれる」や「もらう」などの授受動詞にも当然適用できるので、結局、移動動詞・授受動詞・敬語（尊敬語／謙譲語）の三者を、〈視点〉と「主体／対象」の概念で統一的に捉えることが可能となるというわけである。

近藤は続けて、古語の授受動詞の体系が、《自己同一化の視点》ではなく《敬意の視点》によって支配されていたことを指摘する。古語においては、非敬語の授受動詞は全般にきわめて不活発であった。もっぱら敬語形の「たまふ」「たてまつる」（と「たまはる」）だけが生産的であり、それらの語には（現代語の

「やる／くれる」のような）《自己同一化の視点》による分化がない。近藤自身の比重の置き方は微妙であるように見えるが、実質的に近藤の議論は、古語においては《自己同一化の視点》がなかった（あるいは弱かった）ことを論じている。

こうした問題に、金水（一九九五）が一つの見通しを与えている。金水は、近世最初頭のロドリゲス『日本大文典』の中にいわゆる身内敬語抑制についての記述があることに注目し、その時代が、自己同一化的〈視点〉の制約を受ける「やる／くれる」等の授受動詞が定着した時代と重なることを指摘する。「古代語では、授受動詞は敬語的視点に基づく語彙しかなかった訳であるから……人称的視点〔＝近藤の「自己同一化の視点」〕そのものが、語彙・文法システムの中に存在しなかったといってよいだろう。だからこそ、人称的視点に基づく相対敬語も存在しなかったのである。そして室町末期になると、人称的視点に基づく授受動詞の語彙が定着し、やがてこのシステムの中に敬語もはめこまれた。」（金水［一九九五］六六頁）

〈視点〉概念の応用可能性を開いた功績は近藤のものである。しかしながら、金水の総括にも読み取れるように、近藤の立てた《敬意の視点》を久野的な意味での「視点」と呼ぶことの当否が、最終的に問われなければならないだろう。《敬意の視点》の実質は「尊敬語／謙譲語」の分化のことであり、近藤は事実上、敬語的に上位待遇される対象のことを「視点」の位置と見なしていた。だが、しばしば「敬意の対象」と呼ばれるものを「主体／対象」に分け、それらを合わせてさらに「視点」と呼び替えることの合理性は明らかではない。近藤は朝鮮語との対照にも言及しているが、移動動詞・授受動詞・敬語の全般に渡って視点操作の余地が小さい朝鮮語の性格を考えても、《敬意の視点》があると見るよりも、《自己同一化の視点》がない（または弱い）と見た方が議論の全体が整合的になるように思われる。そうした観点から、相対敬語としての日本語敬語に久野の視点概念を統一的に適用できる方途を考えてゆく試みが本章である。

(3)　以下で見てゆく日本語敬語の共感度関係は、滝浦（二〇〇三）で素描したものの改訂版である。

(4)　［注1］でも触れたように、久野の基本的な考え方として、話し手は「自分より他人寄りの視点をとることができない」（発話当事者の視点ハイアラーキー）というものがある。そこから、話し手の話し手自身に対する共感度は別格であり、話し手はつねに完全な自己同一視化をされる存在として捉えられることになる。しかし筆者は、それでもなお〝他人を自分よりもとくに遠ざけはしない〟と捉えることのできる余地があると考えたい。それが「敬語のゼロ度」である。

(5) 動作主／受容者が聞き手と同一人物であるケースは、こうした第三者待遇の特殊例と考えることができる。つまり、尊敬語／謙譲語が距離化の対象とするのはあくまで動作主／受容者であって、たまたま聞き手が同一人物であっても、聞き手その人を遠くに置くわけではない（聞き手を距離化の対象とするのは、丁寧語の機能である）。たしかに、動作主／受容者と聞き手が同一人物であれば、聞き手を指向する丁寧語が共起することが多いために、聞き手もろとも遠くに置かれる印象が強くなる。しかし、次節で見るように丁寧語抜きで尊敬語や謙譲語を用いることが可能なことを考えても、基本的に素材敬語と対者敬語の機能は相互に独立である。［II‐3］や［III‐1］における議論もあわせて参照されたい。

(6) ただし、話し手の側にはまた別の事情があると見ることもできる。「被災者」にせよ「障害者」にせよ「外国人」にせよ、ある人々をそのように呼ぶということ自体が、いくつかの意味特徴によって他から区別される集団として、それらの人々を〝名指す〟ことにほかならない。しかし、〝名指す〟とは、言葉によって相手にじかに触れるような強い指示であり、話し手にとってはその無媒介性が心理的抵抗を生むことになる。そこで話し手は、「方々」という敬語表現を用いることによって、対象との間に距離を置き、名指すことの無媒介性を緩和しようとする、との解釈である。ここで話し手側の感覚と聞き手側の感覚には大きなずれが生じることになるが、それは、コミュニケーションにおける［話し手―聞き手］の根源的非対称性の端的な表れである。

(7) 代表的な例を一つ挙げておく。金田一京助は『日本の敬語』の中で、「日本語でも天皇（並びに御一家）に関する限りは絶対敬語である」と述べている（金田一［一九五九］二〇頁）。

# あとがき

〝日本語の近代〟をめぐる問題は、イ・ヨンスク『「国語」という思想』を端緒とする優れた諸論考によって、「国語国字問題」や「言文一致」といった個々の問題にとどまらない一つの思想史的問題系としての姿を現すようになった。それらの論考が明らかにした最大の点は、「国語意識」がすぐれて近代の産物だったということである。筆者には、明治半ばに唐突な始まり方をした敬語研究とそこで語り出されてゆく「敬語意識」もまた同じではないだろうかと思えた。しかし、それら諸論考のなかで敬語の問題は取り上げられていなかった。また、国語学の文献はあえてその点に言及しないでいるようにも見えた。

敬語研究の捉え直しがおこなわれてこなかったからといって、そのことが直ちに問題となるわけではない。しかし、本書で何度か述べてきたように、当初から〝日本（語）の誇り〟として描き出された敬語と、その証しを立てる気負いに満ちた敬語研究の構えを検討するうちに、初期敬語論の構えが現在の敬語研究にも影を落としているのではないかと思えるようになった。そうした観点で研究史を再検討するなかから、ポライトネス理論との接点が見え第Ⅲ部の主張が導かれた。

本書で〈敬意〉と〈関係認識〉の相克として捉えた対立は、突き詰めていえば、敬語というシステムと敬語の発話主体の関係を捉える構えにおける対立である。本書は、主体をシステムの外に置く〈敬意〉の敬語論に批判的な立場をとり、敬語をシステムとして描く〈関係認識〉の敬語論に可能性を見ようとした。その意味では、本書はシステム論的敬語論、あるいは、敬語をめぐる言語的〝交換〟の敬語論としての性格をより強くもっているだろう。これに対しては、主体が希求するコミュニオンの契機――〝交換〟と対比的にこれを〝贈与〟の契機と呼べるだろうか――を、すべて〝交換〟のコミュニケーションに回収する企てではないかとの批判があるかもしれない。本書が主張するのは、言語においてコミュニオンの契機が存在しないということではなく、〈敬意〉の敬語論者たちが思い描いたような敬語のコミュニオンの中には存在しないということである。言語一般における〝贈与〟の問題を論じるには、本書ともまた違った構えが必要となるだろう。

第I部と第II部の各章は本書のために書き下ろした。第III部の2つの章は、これまでに書いたものを下敷きにし、あるいは再録したものである。[III-1、2]はともに、「敬語論の〝出口〟――視点と共感と距離の敬語論に向けて」『月刊 言語』二〇〇二年五月号別冊（『言語』三〇周年記念別冊「日本の言語学 三〇年の歩みと今世紀の展望」）を下敷きにしている。また、[III-2]は、麗澤大学言語研究センター（LinC）研究セミナー発表（二〇〇四、一）と「現代日本語意味論・文法論研究会」（於・名古屋大学）での研究発表（二〇〇

四、三）をもとにした論文、

「〈視点〉と〈距離〉の敬語論――日本語敬語の語用論的記述理論のために」麗澤大学大学院言語教育研究科論集『言語と文明』第3巻（二〇〇五、三）、三一-三六頁

に若干手を加え再録したものである。発表の機会と貴重なコメントをくださった諸氏に感謝する。

また本書における研究は、H16年度日本学術振興会科学研究費補助金（基盤研究(C)(2)課題番号16520255、研究課題名「敬語の語用論研究――理論的枠組の構築と用例調査による検証」、研究代表者・滝浦真人）による補助を部分的に受けている。

二〇〇三年度の麗澤大学大学院における授業で第I部と第II部の下書き原稿をテキスト代わりに用い、また、いくつかの私的な研究会でも何章かを発表した。その際の質問やディスカッションから多くの教えを受けた。院生たち、そして井上康氏をはじめとする諸氏に感謝したい。

本書のきっかけを筆者に与え、構想から執筆の段階で幾多の有益なコメントをくださった大修館書店編集部（当時）の小笠原豊樹氏にお礼を申し上げたい。その後、編集作業を引き継いで迅速かつきわめて効率的に本書の形をつくってくださった米山順一氏にも感謝申し上げる。

2005年5月

滝浦真人

# 《文　献》

本文および注で引用・言及した文献のみを掲げる。

【欧文文献】

Austin, J. L. (1975) *How to Do Things with Words*. 2nd ed., Harvard University Press〔邦訳　J・L・オースティン〔坂本百大訳〕（一九七八）『言語と行為』大修館書店〕

Benveniste, É. (1966) *Problèmes de linguistique générale*. Paris: Gallimard.〔邦訳　É・バンヴェニスト〔岸本通夫監訳〕（一九八三）『一般言語学の諸問題』みすず書房〕

Brown, Penelope & Levinson, S. (1987［1978］) *Politeness: Some Universals in Language Usage*. Cambridge University Press

Brown, Roger & Gilman, A. (1960) "The Pronouns of Power and Solidarity," in T. Sebeok (ed.), *Style in Language*. M.I.T. Press, pp. 253-276.

Chamberlain, B. H. (1888 / 1889) *A Handbook of Colloquial Japanese*. London: Trübner & Tokyo: Hakubunsha.〔通称、チェンバレン『日本語口語便覧』。邦訳として、チェンバレン〔大久保恵子編訳〕『「日本語口語入門」第2版翻訳』笠間書院、一九九九年。また、第3版の邦訳として、チャンブレン〔丸山和雄・岩崎摂子訳〕『「日本口語文典」全訳』おうふう、一九九九年、がある。〕

Durkheim, É. (1893［1960］) *De la division du travail social*. Paris: Félix Alcan［Presses universitaires de France］.〔邦訳　É・デュルケーム〔田原音和訳〕（一九七一）『社会分業論』青木書店〕

Durkheim, É. (1912［1990］) *Les formes élêmentaires de la vie religieuse: le système totémique en*

*Australie*. Paris: Félix Alcan.［邦訳　É・デュルケム〔古野清人訳〕（一九七五）『宗教生活の原初形態』（岩波文庫）岩波書店］

Durkheim, É. (1934［1963］) *L'Éducation morale*. Paris: Félix Alcan［Presses universitaires de France］.［邦訳　デュルケム、エミール〔麻生誠、山村健訳〕（一九六四）『道徳教育論(1)』（世界教育学選集32）明治図書］

Goffman, E. (1967［1982］) *Interaction Ritual: Essays on Face-to-Face Behavior*. New York: Pantheon Books.［邦訳　ゴッフマン、アーヴィング〔浅野敏夫訳〕（二〇〇二）『儀礼としての相互行為――対面行動の社会学』〈新訳版〉（叢書・ウニベルシタス１９８）法政大学出版局］

Grice, P. (1989) *Studies in the Way of Words*. Harvard University Press［邦訳　Ｐ・グライス〔清塚邦彦訳〕（一九九八）『論理と会話』勁草書房］

Harada, S. I. (1976) "Honorifics." In M. Shibatani (ed.), *Syntax and Semantics, vol. 5: Japanese Generative Grammar*. New York: Academic Press, pp. 499-561.［原田に再録］

Ide, S. (1989) "Formal forms and discernment: Two neglected aspects of universals of linguistic politeness." *Multilingua*, 8. pp. 223-248.

Lakoff, R. (1973) "The logic of politeness: Or minding your P's and Q's." *Chicago Linguistic Society*, 9, pp. 292-305.

Leech, G. N. (1983) *Principles of Pragmatics*. London: Longman.［邦訳　ジェフリー・Ｎ・リーチ〔池上嘉彦・河上誓作訳〕（一九八七）『語用論』紀伊國屋書店］

Levinson, S. (1983) *Pragmatics*. Cambridge University Press［邦訳　Ｓ・Ｃ・レヴィンソン〔安井稔・奥田夏子訳〕（一九九〇）『英語語用論』研究社出版］

Neustupný, J. V. (1978) *Post-Structural Approaches to Language: Language Theory in a Japanese Context*.

University of Tokyo Press.

Rodriguez, J. (1604-08) *Arte da Lingoa de Iapam*. Nagasaki. 〔通称、ロドリゲス『日本大文典』〕

Searle, J. R. (1969) *Speech Acts: An Essay in the Philosophy of Language*. Cambridge University Press. 〔邦訳 J・R・サール〈坂本百大・土屋俊訳〉(一九八六)『言語行為——言語哲学への試論』勁草書房〕

Sperber, D. & Wilson, D. (1986) *Relevance: Communication and Cognition*. Malden: Blackwell. 〔邦訳 スペルベル、ダン&ウィルソン、ディアドレ〈内田聖二他訳〉(一九九三)『関連性理論——伝達と認知』研究社出版〕

Thomas, J. (1995) *Meaning in Interaction: An Introduction to Pragmatics*. London: Longman. 〔邦訳 トマス、ジェニー〈浅羽亮一監修〉(一九九八)『語用論入門——話し手と聞き手の相互交渉が生み出す意味』研究社出版〕

Usami, M. (2002) *Discourse Politeness in Japanese Conversation: Some Implications for a Universal Theory of Politeness*. (ひつじ研究叢書 言語編第26巻) ひつじ書房

Yule, G. (1996) *Pragmatics*. (Oxford Introductions to Language Study) Oxford University Press. 〔邦訳 ジョージ・ユール〈高司正夫訳〉(二〇〇〇)『ことばと発話状況——語用論への招待』リーベル出版〕

## 【邦文文献】

李翊燮(イ・イクソプ)・李相億(イ・サンオク)・蔡琬(チェ・ワン)〔梅田博之監修、前田真彦訳〕(二〇〇四)『韓国語概説』大修館書店

イ・ヨンスク(一九九六)『「国語」という思想』岩波書店

イ・ヨンスク(二〇〇二)「国語学・言語学・国学」『月刊言語』第三一巻第六号(『言語』30周年記念別冊「日本の言語学 三〇年の歩みと今世紀の展望」、二〇〇二年五月号別冊)大修館書店、一五-二六頁

石坂正蔵（一九四四）『敬語史論考』大八州出版（文進堂版）

石坂正蔵（一九五二）「敬語的人称の概念」『法文論叢』二号、熊本大学法文学部［北原編（一九七八）に再録］

井出祥子（一九八七）「現代の敬語理論——日本と欧米の包括へ」『月刊言語』第一六巻第八号（一九八七年七月号）大修館書店、二六―三二頁

井出祥子（二〇〇一）「国際化社会の中の敬意表現——その国際性と文化独自性」『日本語学』第二〇巻第四号（二〇〇一年四月号）明治書院、四―一三頁

井上和子編（一九八九）『日本文法小事典』大修館書店

今村仁司（二〇〇〇）『交易する人間〈ホモ・コムニカンス〉——贈与と交換の人間学』（講談社選書メチエ）講談社

任栄哲〈イム・ヨンチョル〉・井出里咲子（二〇〇四）『箸とチョッカラク——ことばと文化の日韓比較』（ドルフィン・ブックス）大修館書店

上田万年（一八九〇）「欧米人の日本言語学に対する事跡の一二」『国語のため 第二』冨山房、一九〇三年、所収［引用は、『明治文学全集四四』筑摩書房、一九六八年、より］

上田万年（一八九五）「今後の国語学」『国語のため』冨山房、所収［引用は、『明治文学全集四四』一九六八年、筑摩書房、より］

宇佐美まゆみ（一九九八）「ポライトネス理論の展開——ディスコース・ポライトネスという捉え方」『日本研究教育年報』東京外国語大学、一四五―一五九頁

宇佐美まゆみ（二〇〇一a）「『ディスコース・ポライトネス』という観点から見た敬語使用の機能——敬語使用の新しい捉え方がポライトネスの談話理論に示唆すること」『語学研究所論集』第6号、東京外国語大学語学研究所、一―二九頁

宇佐美まゆみ（二〇〇一b）「ポライトネス理論から見た〈敬意表現〉——どこが根本的に異なるか」『月刊言

語』第三〇巻第一二号（特集・〈敬意〉はどこから来るか――ポライトネスと敬意表現、二〇〇一年一一月号）大修館書店、一八-二五頁
宇佐美まゆみ（二〇〇二）「ポライトネス理論の展開」1～12、『月刊言語』第三一巻第一号-五号-七号-一三号（二〇〇二年一月号～一二月号連載）大修館書店
梅田博之（一九七七）「朝鮮語における敬語」『岩波講座日本語 4 敬語』岩波書店
江湖山恒明（一九四三）『敬語法』三省堂
大石初太郎（一九七七）「敬語の研究史」『岩波講座日本語 4 敬語』岩波書店
太田雄三（一九九〇）『B・H・チェンバレン――日欧間の往復運動に生きた世界人』リブロポート
大野仁美（一九九五）「カラハリ狩猟採集民グイの親族名称体系」『アジア・アフリカ言語文化研究』50号、東京外国語大学アジア・アフリカ言語文化研究所、一八五-二〇四頁
岡本真一郎（二〇〇〇）『ことばの社会心理学』ナカニシヤ出版
小熊英二（一九九五）『単一民族神話の起源 〈日本人〉の自画像の系譜』新曜社
加藤正信（一九七四）「全国方言の敬語概観」『敬語講座 6 現代の敬語』明治書院
菊澤季生（一九四三〔一九九五〕）「日本語のめでたさ」『コトバ』第四巻第七号、国語文化研究所〔ゆまに書房〕
菊地康人（一九九四〔一九九七〕）『敬語』角川書店〔講談社学術文庫〕
北原保雄編（一九七八）『論集 日本語研究 9 敬語』有精堂出版
北原保雄（一九七八）「解説」『論集 日本語研究 9 敬語』有精堂出版
金水敏（一九九五）「敬語と人称表現――視点との関連から」『国文学 解釈と教材の研究』第四〇巻第一四号（一九九五年一二月号）学燈社、六二-六六頁
金田一京助（一九四一）「女性語と敬語」『婦人公論』（昭和一六年九月号）中央公論社〔金田一京助全集編集委員会『金田一京助全集 第三巻 国語学II』三省堂、一九九二年、三〇一-三一六頁〕

金田一京助（一九四六）「歌と敬語」『沃野』五（沃野社）［金田一京助全集編集委員会『金田一京助全集 第三巻 国語学II』三省堂、一九九二年、三三〇-三三三頁］
金田一京助（一九四八）「日本語の美しさと日本女性」『国語の進路』（京都印書館）［金田一京助全集編集委員会『金田一京助全集 第三巻 国語学II』三省堂、一九九二年、三三四-三五〇頁］
金田一京助（一九五五）「これからの敬語」『言語学五十年』（宝文館）［金田一京助全集編集委員会『金田一京助全集 第三巻 国語学II』三省堂、一九九二年、三八九-三九四頁］
金田一京助（一九五九）『日本の敬語』角川書店［金田一京助全集編集委員会『金田一京助全集 第三巻 国語学II』三省堂、一九九二年、三五五-四九四頁にも再録］
久野暲（一九七八）『談話の文法』大修館書店
窪田富男（一九九〇）『敬語教育の基本問題（上）』（日本語教育指導参考書17）国立国語研究所
国語審議会（一九五二）「これからの敬語」（第一期国語審議会建議）文部省
国語審議会（一九九八）「新しい時代に応じた国語施策について」（第二一期国語審議会審議経過報告）文化庁
国語審議会（二〇〇〇）「現代社会における敬意表現」（第二二期国語審議会答申）文部省（http://www.mext.go.jp/b_menu/shingi/12/kokugo/toushin/001216.htm）
小森陽一（二〇〇〇）『日本語の近代』岩波書店
子安宣邦（二〇〇〇）『「宣長問題」とは何か』（ちくま学芸文庫）筑摩書房
子安宣邦（二〇〇三）『漢字論――不可避の他者』岩波書店
近藤泰弘（一九八六）「敬語の一特質」、築島裕博士還暦記念会『築島裕博士還暦記念 国語学論集』明治書院、八五-一〇四頁［近藤泰弘『日本語記述文法の理論』ひつじ書房、二〇〇〇年、に再録］
椎野信雄（一九九一）「ドラマトゥルギィから相互行為秩序へ」、安川一編『ゴフマン世界の再構成――共在の技法と秩序』世界思想社

鈴木一彦（一九六八）「言語過程説の成立と文法」、時枝監修・松村他編（一九六七-六八）1　明治書院
鈴木孝夫（一九七三）『ことばと文化』（岩波新書）岩波書店
鈴木睦（一九八九）「聞き手の私的領域と丁寧表現」『日本語学』第8巻第2号（一九八九年二月号）、明治書院、五八-六七頁
鈴木睦（一九九七）「日本語教育における丁寧体世界と普通体世界」、田窪行則編『視点と言語行動』くろしお出版、四五-七六頁
滝浦真人（一九九七）「チャレンジコーナー」『月刊言語』第二六巻第一二号（一九九七年一一月号）大修館書店、一三〇-一三五頁
滝浦真人（二〇〇〇）『お喋りなことば』小学館
滝浦真人（二〇〇一）「〈敬意〉の綻び――敬語論とポライトネスと『敬意表現』」『月刊言語』第三〇巻第一二号（特集・〈敬意〉はどこから来るか――ポライトネスと敬意表現、二〇〇一年一一月号）大修館書店、二六-三三頁
滝浦真人（二〇〇二）「敬語論の〝出口〟――視点と共感と距離の敬語論に向けて」『月刊言語』第三一巻第六号（『月刊言語』30周年記念別冊「日本の言語学　三〇年の歩みと今世紀の展望」、二〇〇二年五月号別冊）大修館書店、一〇六-一一七頁
滝浦真人（二〇〇五）「ことば遊び」、中島平三編『言語の事典』第II部第8章、朝倉書店
チャンブレン（＝チェンバレン）、ビー・エッチ（一八八七）『日本小文典』文部省
辻村敏樹（一九六一）「敬語研究の歴史」、佐伯梅友・中田祝夫・林大編著『国語国文学研究史大成　15　国語学』三省堂
辻村敏樹（一九六七）『現代の敬語』共文社
辻村敏樹（一九七七）「日本語の敬語の構造と特色」『岩波講座日本語　4　敬語』岩波書店

土井忠生（一九四三［一九七一］）『吉利支丹語学の研究』靖文社［三省堂］
時枝誠記（一九三八）「場面と敬辞法との機能的関係について」『国語と国文学』第一五巻第六号、東大国語国文学会［川本茂雄他編『日本の言語学　第1巻　言語の本質と機能』大修館書店、一九八〇年、に再録］
時枝誠記（一九四一）『国語学原論』岩波書店
時枝誠記（一九四一／一九七六）「国語の特質」『言語生活論』岩波書店
時枝誠記監修、松村明他編（一九六七-六八）『講座　日本語の文法』1〜5、明治書院
永田高志（二〇〇一）『第三者待遇表現史の研究』和泉書院
中村春作（一九九四）「『敬語』論と内なる『他者』」『現代思想』第二二巻九号（一九九四年八月号）青土社、一三〇-一四五頁
西田直敏（一九九八）『日本人の敬語生活史』翰林書房
仁田義雄（一九九七）『日本語文法研究序説』くろしお出版
ネウストプニー、J・V・（一九七四）「世界の敬語——敬語は日本語だけのものではない」、林四郎・南不二男編『敬語講座　第8巻　世界の敬語』明治書院［Neustupný, J. V. (1978)は著者自身による英訳］
野田尚史（二〇〇二）「主語と主題——複合的な概念である「主語」の解体に向けて」『月刊言語』第三一巻第六号（『月刊言語』30周年記念別冊「日本の言語学　三〇年の歩みと今世紀の展望」、二〇〇二年五月号別冊）大修館書店、三八-四九頁
橋元良明（二〇〇一）「配慮と効率——ポライトネス理論とグライスの接点」『月刊言語』第三〇巻第一二号（二〇〇一年一一月号）大修館書店、四四-五一頁
原田信一（一九七三）「敬語の規則について」『英語文学世界』（一九七二年八月号）英潮社、一六-一九頁［原田（二〇〇〇）に再録］
原田信一（一九七〇）「時枝文法と生成文法」『英語文学世界』（一九七〇年三月号）英潮社、三〇-三三頁［原田

〔二〇〇〇〕に再録〕
原田信一〔福井直樹編〕（二〇〇〇）『シンタクスと意味――原田信一言語学論文選集』大修館書店
穂積陳重（一九一九）『諱に関する疑』（帝国学士院第一部論文集　邦文第二号）帝国学士院
穂積陳重〔穂積重行校訂〕（一九九二）『忌み名の研究』（講談社学術文庫）講談社
松下大三郎（一九〇一〔一九八〇〕）『校訂日本俗語文典　付遠江文典』誠之堂〔勉誠社〕
松下大三郎（一九二三）「国語より観たる日本の国民性」『國學院雜誌』第二〇巻
三上章（一九四二〔一九七五〕）「敬語法の境界線」『コトバ』第四巻第一二号、国語文化研究所〔ゆまに書房〕
三上章（一九五三〔一九七二〕）「敬語法のA線」『現代語法序説』刀江書院〔くろしお出版〕〔三上（一九四二）を改稿したもの〕
三上章（一九五五〔一九七二〕）「敬語の心理」『現代語法新説』刀江書院〔くろしお出版〕
三上章（一九六三）「いわゆる謙譲」『日本語の論理』くろしお出版
三上章（一九七〇）「敬語法内外」『文法小論集』くろしお出版
水谷静夫（一九九五）『待遇表現論提要』計量計画研究所
南不二男（一九七四）『現代日本語の構造』大修館書店
三橋要也（一八九二）「邦文上の敬語」『皇典講究所講演』七十一・七十二号〔北原編（一九七八）に再録〕
宮地裕（一九六五）「敬語の解釈――主としていわゆる『謙譲語』とその周辺」『国立国語研究所論集・2　ことばの研究』第2集、秀英出版、一八七-二〇四頁〔北原編（一九七八）に再録〕
本居宣長（一七九〇-一八二二）『古事記伝』（倉野憲司校訂『古事記伝』岩波文庫、一九四〇年）
文部省（一九四一）『礼法要項』〔引用は、清水福市閲『礼法要項要義』東洋図書、一九四一年、より〕
安田敏朗（一九九七a）『植民地のなかの「国語学」――時枝誠記と京城帝国大学をめぐって』三元社
安田敏朗（一九九七b）『帝国日本の言語編制』世織書房

山田孝雄（一九二四［一九七〇］）『敬語法の研究』宝文館［宝文館出版］
山田孝雄（一九三九［一九四三］）『国学の本義』國學研究會出版部［畝傍書房］
ロドリゲス〔土井忠生訳註〕（一九五五）『日本大文典』三省堂
ロドリゲス〔池上岑夫訳〕（一九九三）『日本語小文典』岩波文庫
渡辺実（一九七一）『国語構文論』塙書房

162,164,165,167-170,172,
173,179,183,185,186,191,
196,199,201,202,204,233,
254,281-286,288-290,292
ブラウン, R（Brown, Roger）
139,140
穂積重行（ほづみ・しげゆき）
106
穂積陳重（ほづみ・のぶしげ）
105-116,118,122,131,132,
179,181,276-278
松下大三郎
（まつした・だいざぶろう）
vi,27,34,37,38,267,274
三上章（みかみ・あきら）
vi,9,60,64-81,91,96,100,
122,132,211,221,222,224,
228,231,232,247,251,252,
268,270,271,273-275
水谷静夫（みずたに・しずお）
271
三矢重松（みつや・しげまつ）
27,34
南不二男（みなみ・ふじお）
271
三橋要也（みはし・ようや）
vi,17-28,30,33,34,36,211-
213,216,220,265-267
宮地裕（みやじ・ゆたか）
271
本居宣長（もとおり・のりなが）
21,26,33,36,91,105-108,
110,112,114,122,263,276,
278
安田敏朗（やすだ・としあき）
266,272
矢野文夫（やの・ふみお）
24
山田孝雄（やまだ・よしお）
vi,vii,x,17,27-34,36-38,
51,58,60-64,66,88,89,95,
122,132,208,209,211-216,
220,221,225,231,265-268,
272,278,291
山内得立
（やまのうち・とくりゅう）
270
ユール（Yule, George）
iii
リーチ（Leech, Geoffrey N.）
155,156
レイコフ（Lakoff, Robin）
133
ロドリゲス（Rodriguez, João）
v,vi,4-6,9-12,14-16,26,48,
63,96,122,160,232,263-266,
271,296
渡辺実（わたなべ・みのる）
58,59,270

国語審議会（こくごしんぎかい）
82,92,96,277
ゴフマン（Goffman, Erving）
ix,116,124-132,134-136,138,141,158,188,279-281,283,290
小森陽一（こもり・よういち）
34,266
子安宣邦（こやす・のぶくに）
36,270
権田直助（ごんだ・なおすけ）
265
近藤泰弘（こんどう・やすひろ）
295,296
サール（Searle, John R.）
172,173,286,287
佐久間鼎（さくま・かなえ）
273
椎野信雄（しいの・のぶお）
280
鈴木朖（すずき・あきら）
54
鈴木孝夫（すずき・たかお）
52
鈴木睦（すずき・むつみ）
188,189,260
スペルベル&ウィルソン
(Sperber, Dan & Wilson, Deirdre)
284
滝浦真人（たきうら・まさと）
99,289,296
玉上琢弥（たまがみ・たくや）
274
チェンバレン
(Chamberlain, B. H.)
v,vi,5-7,9-11,14-16,19,28,34,96,122,211,232,263,264,266,267,271,291
辻村敏樹（つじむら・としき）
263,269
デュルケーム
(Durkheim, Émile)
ix,107,109,115-124,126,128,129,131,134,135,138,158,203,204,278,279,281
土井忠生（どい・ただお）
5,264
時枝誠記（ときえだ・もとき）
vi,vii,x,9,36-65,75,79,93,96,100,122,209,215,217,222,224,225,227,230-232,247,251,265,268-272,291
トマス（Thomas, Jenny）
282
永田高志（ながた・たかし）
264,265
中村春作
(なかむら・しゅんさく)
22
西田直敏（にしだ・なおとし）
272
仁田義雄（にった・よしお）
292
ネウストプニー
(Neustupný J. V.)
205,290
野田尚史（のだ・ひさし）
292
橋元良明（はしもと・よしあき）
285
原田信一（はらだ・しんいち）
43,220,222-225,227,231,291,292
バンヴェニスト
(Benveniste, Émile)
226,230
ブラウン&レヴィンソン
(Brown, Penelope & Levinson, Stephen)
viii,97,98,105,129,131,133-136,138-142,145,146,149-

# 人名索引

李翊燮・李相億・蔡琬
(イ・イクソプ，イ・サンオク，チェ・ワン)
99,261
イ・ヨンスク（李妍淑）
266,267,299
石坂正蔵
（いしざか・しょうぞう）
17,23,35,39,58,209,214-216,219,272
井出祥子（いで・さちこ）
96-99,138,183,277,282
今村仁司（いまむら・ひとし）
279
任栄哲・井出里咲子
(イム・ヨンチョル，いで・りさこ)
261
上田万年（うえだ・かずとし）
vi,6,22,34,35,263,267
宇佐美まゆみ（うさみ・まゆみ）
97-99,129,141,205,259,283,285
梅田博之（うめだ・ひろゆき）
261
江湖山恒明
（えこやま・つねあき）
265
江藤淳（えとう・じゅん）
277
大石初太郎
（おおいし・はつたろう）
17
オースティン（Austin, John L.）
172
大野仁美（おおの・ひとみ）
279
岡本真一郎
（おかもと・しんいちろう）
282,283
小熊英二（おぐま・えいじ）
23,266
加藤正信（かとう・まさのぶ）
272
菊澤季生（きくざわ・すえお）
268
菊地康人（きくち・やすと）
71,74,75,217,219,274,291
北原保雄（きたはら・やすお）
70,265,269
金水敏（きんすい・さとし）
295,296
金田一京助
（きんだいち・きょうすけ）
vi,36,64,82-95,97,122,264,275-277,297
久野暲（くの・すすむ）
xi,51,233-236,247,251,293,295,296
窪田富男（くぼた・とみお）
229,293
グライス（Grice, Paul）
138,146,148,149,155,171,173,201,284,285,287

[著者略歴]

滝浦真人（たきうら・まさと）

1962年 岩手県生まれ。

東京大学文学部卒業、同大学院人文科学研究科博士課程中退。

専門は言語学、とくにコミュニケーション論・語用論。

共立女子短期大学文科専任講師、同助教授、麗澤大学外国語学部・大学院言語教育研究科助教授を経て、現在、同教授。

著書に『ポライトネス入門』（研究社）、『お喋りなことば――コミュニケーションが伝えるもの』（小学館）など、訳書に『言語学百科事典』（共訳、大修館書店）がある。

なお、本書により「麗澤大学学長賞」を受賞（2006年9月）。

日本《にほん》の敬語論《けいごろん》――ポライトネス理論《りろん》からの再検討《さいけんとう》



NDC815／xiv, 315p／20cm

初版第1刷――2005年6月15日

第2刷――2009年9月1日

著者――滝浦真人《たきうらまさと》

発行者――鈴木一行

発行所――株式会社大修館書店

〒101-8466 東京都千代田区神田錦町3-24

電話 03-3295-6231（販売部） 03-3294-2357（編集部）

振替 00190-7-40504

[出版情報] http://www.taishukan.co.jp

装丁者――井之上聖子

印刷所――壮光舎印刷

製本所――三水舎

ISBN 978-4-469-22171-8 Printed in Japan